HEYNE BIOGRAPHIEN

Zum Autor

GABRIELE STADLER, Dr. phil., lebt als freie Rundfunk- und Fernsehautorin in München. Spezialgebiet: kulturhistorische Themen.

Gabriele Stadler

LUDWIG I.

König von Bayern

Originalausgabe

Wilhelm Heyne Verlag
München

HEYNE BIOGRAPHIE
12/157

ISBN 3-453-00118-4

Inhalt

Vorwort

Wer außerhalb Bayerns und nicht gerade in Historiker-Kreisen von Ludwig I. spricht, muß auf eine Verwechslung mit Ludwig II. gefaßt sein. Der legendenumwobene Märchenkönig, der Enkel Ludwigs I., ist seinem Großvater an Popularität weit überlegen.

Dabei verdanken wir Ludwig I. so publikumswirksame Institutionen wie das Oktoberfest, die Schönheitsgalerie und die Walhalla; auch die Erinnerung an eine wundervoll skandalöse Tänzerin namens Lola Montez wäre ohne ihn verblaßt. Immerhin.

Zum Kinohelden und zur Identifikationsfigur hat er es bei alledem nicht gebracht, zum Glück, wie man sagen muß, in Anbetracht der jahrzehntelangen Verunstaltung seines unglückseligen Enkels. Diesen Enkel überragt Ludwig I. an historischer Bedeutung ganz unumstritten: Denn Ludwig I. hat nicht nur seine bayerische Heimat entscheidend geprägt, er war einer der pflichtbewußtesten Monarchen überhaupt, ein Städtebauer und Kunstmäzen von europäischem Format, sicherlich einer der größten und wirkungsvollsten der bayerischen Geschichte.

Ganz im Gegensatz zu seinem Enkel, dem die Kunst ein persönliches, hermetisch abgeriegeltes Traumreich bereitstellt, dienen die Kunstanstrengungen Ludwigs I. der Staatsrepräsentation und der Volkserziehung. Öffentlich waren die Straßen und die Plätze, die Universität, die Staatsbibliothek und die Sammlungen in den Museen. Sogar seine Wohnräume in der Residenz hat dieser Wittelsbacher zur Besichtigung geöffnet; seinen Enkel hätte allein die Vorstellung entsetzt. Während für Ludwig II. die Kunst sozusagen als Fluchthelfer fungiert und ihm schließlich ein luxuriöses Asyl gewährt, ist sie für Ludwig I. politisches Instrument: »Begehbare Weihehallen« sollen die patriotische und nationale Gemeinschaft fördern und symbolisieren, das viele Geld wird zum ideellen »Wohle des Volkes« ausgegeben – wobei der neoabsolutistische Regent selbstverständlich allein entscheidet, was dem Volk jeweils guttut.

Bei alledem hat sich Ludwig I. besonders durch seine Kunstauffassung auch als ein Bürger seiner Zeit erwiesen. Gerade die außerordentlichen Machtmittel, über die er als König verfügt, zeigen einige der typischen Denkstrukturen des 19. Jahrhunderts in Reinform.

Überdies ist Ludwig ein origineller Typ, eine bemerkenswerte, ausgeprägte Persönlichkeit. Mit ihm zu arbeiten oder gar zu leben war sicherlich kein Vergnügen, aber doch anregend und in vielerlei Hinsicht spannungsreich. Seine Geschichte ist ein bißchen tragisch und ein bißchen komisch, ein bißchen angestaubt und ganz unvermutet modern – voller Widersprüche und Extreme. Man kann den tatkräftigen, kunstsinnigen König bewundern, den Despoten verabscheuen, den liebebedürftigen Schürzenjäger bemitleiden oder sich zum Vorbild nehmen: Gefühle kann Ludwig I. bis heute erregen, auch wenn man bisweilen nicht genau weiß, welche.

Diese Biographie dient der Annäherung an einen Menschen, der von seinem Königsberuf nicht zu trennen ist. Ganz gezielt hat Ludwig I. seinen Nachruhm gesichert, und zwar nicht nur durch sein Engagement für die Kunst: Tausende von Tagebuchblättern, Verordnungen, Notizen und Briefen hat er – ordentlich archiviert – hinterlassen. Aus diesen zum Teil privaten, zum Teil hochpolitischen Selbstzeugnissen und den Aussagen seiner Zeitgenossen wurde der Lebensweg des Monarchen nachgezeichnet. Alle Zitate, die dazu verwendet wurden, sind historischen Darstellungen entnommen, die im Anhang dieses Buches zusammengestellt sind.

1

Die Familie:
Erbfolger gefragt

»Unter Tränen der Rührung und unter heißen Gebeten« wurde der Neugeborene besichtigt: Ein paar Abgeordnete der Münchner Bürgerschaft waren nach Straßburg geeilt, die Kutsche voller Geschenke, »darunter namentlich eine sehr schöne Weihnachtskrippe«. Das war im Spätsommer 1786, wenige Tage nach der Geburt des späteren Bayern- königs Ludwig I. am 25. August. Hocherfreut – so Hans Reidelbachs Überlieferung weiter – habe der Vater seinen Sprößling aus der Wiege genommen, ihn einem Münchner in die Arme gelegt mit den Worten: »Da sehet hier meinen theuren Sohn, saget Euren Mitbürgern zu Hause, daß ich sie nicht minder liebe, wie diesen meinen Sohn.«

Eine Szene, die nicht weiter bemerkenswert wäre, wenn es sich bei Ludwig um den Sohn eines mächtigen Fürsten oder gar um den bayerischen Kronprinzen gehandelt hätte. Aber Bayern war zu diesem Zeitpunkt gar kein Königreich, und Ludwigs Vater war ein einflußloser, armer Pfalzgraf, Oberst in einem französischen Regiment und lediglich der Bruder des regierenden Herzogs von Zweibrücken-Birken- feld, der seinerseits zu den kleinsten unter den zahllosen Herrschern des Reichsfürstenstandes zählte. Dieser – übri- gens hochverschuldete – Wittelsbacher Duodezhof aber war schon seit längerem politisch interessant. Durch eine Reihe ausnehmend günstiger Konstellationen und Verträ- ge galt Pfalzgraf Max Joseph als Anwärter auf die Kurfür- stenwürde in Bayern. Und mit der Geburt seines ersten

Sohnes rückte dieser ungewöhliche Aufstieg in greifbare Nähe.

Dabei legte Max Joseph auf eine derartige Karriere kaum Wert. Nach einem sorglosen und genußvollen Leben stand sein Sinn, und nicht nach Amt und Würden. Daß ausgerechnet er mit 50 Jahren zum ersten bayerischen König avancierte, beweist einmal mehr, wie zufällig Geschichte bisweilen verläuft. Max Joseph jedenfalls hat wiederholt betont, für eine große Stellung sei er nicht geboren, und mit dieser Selbsteinschätzung lag er zweifelsohne richtig. Als Herrscher war Max Joseph trotzdem außerordentlich beliebt, denn dieser Landesfürst war bei aller Bequemlichkeit charmant, bei aller Entschlußscheu jovial und bei aller Unzuverlässigkeit gutmütig und spendabel. Aus der ihm zugefallenen Rolle hat Max Joseph denn auch das Bestmögliche gemacht: Was ihm an geistiger Brillanz fehlte, ersetzte er durch gesunden Menschenverstand, taktisches Geschick und einen beachtenswerten politischen Instinkt. Überdies besaß Max Joseph die Fähigkeit, sich zurückzunehmen. »Daß er sich einem überlegenen Kopf wie Montgelas lange Zeit unterordnete, spricht jedenfalls für ihn...«, meint Heinz Gollwitzer in seiner politischen Biographie über Ludwig I.

Ludwigs Vater wurde am 27. Mai 1756 geboren; zu dieser Zeit begann der Siebenjährige Krieg zwischen Friedrich dem Großen und Maria Theresia. Mit elf Jahren kam er in die Obhut seines Onkels Christian, des regierenden Herzogs von Pfalz-Zweibrücken. Max Josephs Vater war nämlich gestorben, und die Mutter hatte man davongejagt, weil sie ein außereheliches Kind von einem Schauspieler erwartete. Sehr wahrscheinlich hat Max Joseph seine Mutter auch später nie mehr gesehen.

Max Josephs Ziehvater Christian IV. hatte sich als vorzüglicher Landesfürst bewährt. Allerdings war er mit der Tänzerin Marie Camasse, die er zur Gräfin Fohrbach hatte erheben lassen, verheiratet, und seine Nachkommen galten als nicht ebenbürtig, d. h., das Herzogtum Zweibrücken konnte er ihnen nicht vererben. Max Josephs älterer Bruder Karl August kam auf diese Weise an die Regierung und entpuppte sich schnell als rücksichtsloser Despot; die Beziehung zwischen den beiden Brüdern ist dementsprechend gespannt. Ein Glück, daß der französische König Ludwig XVI. dem gerade 14jährigen Pfalzgrafen Max Joseph das Patent als Oberst des elsässischen Elite-Regiments »Royal Alsace« verleiht und ihm damit eine berufliche Zukunft außerhalb des Herzogtums Zweibrücken sichert. Mit knapp 20 Jahren wird Max Joseph dann zum Regimentskommandanten in Straßburg: eine standesgemäße und ehrenvolle Beschäftigung.

Schon Max Josephs Vater und auch sein Bruder hatten dem König von Frankreich gedient, denn auf beiden Seiten legte man Wert auf ein gutes nachbarschaftliches Verhältnis: Für die kleinen, relativ armen deutschen Reichsfürsten in den westlichen Grenzgebieten waren solche Nachbarschaftskontakte von finanziellem Vorteil, und Frankreich hatte sich durch Pensionen, Subsidienverträge und militärische Dienstverhältnisse einen bemerkenswerten politischen Einfluß gesichert. Es ist eine Ironie des Schicksals, daß die Biographie Ludwigs I., der als einer der unnachgiebigsten Franzosenhasser bekannt wurde, von Anbeginn an derart eng mit Frankreich verknüpft ist.

Ludwigs Vater jedenfalls hat gut gelebt in französischen Diensten, er wohnte bei seinem Regiment in Straßburg, machte fleißig Schulden und erwarb sich einen Ruf als Frauenheld. Baronin Oberkirch hat uns eine Charakteristik des jungen Max Joseph hinterlassen. Sie schreibt: »Prinz Max ist sehr extravagant. König Ludwig (gemeint ist der französische König Ludwig XVI.) hat ihm seine Schulden bezahlt, doch er macht immer wieder neue. Er ist ein Bonvivant, von Jagd und Tafelfreuden sehr begeistert und laut Skandalchronik in regem Umgang mit den Damen des Theaters. Seine Manieren sind trotzdem vornehm und elegant, für Hof und Privathaus passend. Er versteht es, auf sehr unterhaltende Art komische Geschichten zu erzählen.

An dem Morgen, den wir in seiner Gesellschaft verbrach-
ten, war er in besonders guter Stimmung. Er machte alle
berühmten Leute nach, Schauspieler, Literaten, unter anderen Voltaire. Er kannte jede unterhaltende Anekdote, die
Abenteuer der berühmten Schauspielerinnen und die
Stammbäume ihrer Liebhaber. Das erzählte er alles in einer
Art, die das empfindliche Ohr nicht beleidigen konnte...
Prinz Max war ein besserer Mann, als er zu sein schien und
wofür er gehalten werden wollte...«

Als Max Joseph gerade 21 Jahre alt ist, stirbt der bayerische Kurfürst Max III. Joseph, und zwar ohne rechtmäßigen
Erben. Mit seinem Tod war also im Jahre 1777 die bayerische Linie der Wittelsbacher erloschen. Einer alten Tradition zufolge fielen erledigte Reichslehen an Kaiser und
Reich zurück; das Reichsoberhaupt konnte entscheiden,
was mit diesem Lehen zu geschehen hatte. Und der damalige Kaiser Joseph II., ein Habsburger, wollte Bayern bei
dieser Gelegenheit Österreich angliedern – ein altes, immer
wiederkehrendes Projekt. Aber Kurfürst Max III. Joseph
hatte vorgesorgt: Durch Hausverträge verpflichtet, mußte
der pfälzische Kurfürst Karl Theodor die Nachfolge in
München antreten. Schweren Herzens übersiedelte er von
Mannheim nach München; die Pfalz und Bayern waren
nach viereinhalb Jahrhunderten der Trennung wieder vereinigt. Karl Theodor allerdings war an Bayern nicht sonderlich interessiert. Viel lieber hätte er sein neues Kurfürstentum den Österreichern überlassen und dafür die reicheren
und einträglicheren Niederlande eingeheimst. Aber das
Geschäft scheiterte am Widerstand der pfälzischen Wittelsbacher und nicht zuletzt an Friedrich dem Großen: Als
Wahrer der Reichsverfassung eröffnete der Preußenkönig
1778 den nahezu unblutigen sogenannten Bayerischen Erb-
folgekrieg gegen Österreich, in dessen Gefolge die Erbfolge
des pfälzischen Hauses in Kurbayern anerkannt und die
Grenzen des Reichsgebietes festgelegt wurden.

Ausgesprochen ungewiß blieb hingegen die weitere Erbfolge in Pfalz-Bayern, denn auch Kurfürst Karl Theodor

konnte keine männlichen Nachkommen vorweisen. Zwar zeugte er, neben vier weiteren unehelichen Kindern, einen Sohn mit einer Schauspielerin, aber derartige »Bastarde« waren ja bekanntlich nicht erbberechtigt. Eine zweite wittelsbachische Seitenlinie rückt unter diesen Umständen auf: das Haus Zweibrücken-Birkenfeld, dem, wie gesagt, auch Ludwigs Vater Max Joseph angehört. Der aber hat sich gerade verliebt, und zwar ausgerechnet in eine Schauspielerin. Als ob man davon im Hause Wittelsbach nicht genug hätte!

Ganz aufgeregt wird sogleich die Schreckensnachricht verbreitet, daß »die Schauspielerin den Prinzen derart in ihren Bann gezogen hat, daß er ihr einen jährlichen Pensionsvertrag ausgefertigt hat... und daß sie ihre Macht bis zu der Infamie ausgenutzt hat, ihm eine Heirat vorzuschlagen...« Der Familienclan und auch die französische Regierung sind tief beunruhigt: Schließlich soll Max Joseph durch eine standesgemäße Heirat – plus männlichem Erben – den Anspruch der Zweibrücker Linie auf die Erbfolge in Bayern festigen und – nicht zuletzt – damit den österreichischen Expansionswünschen entgegentreten.

Aber der lebenslustige Prinz ist an der großen Politik vorerst gar nicht interessiert. Zwar ist er bereit, nach München zu ziehen, sich – wenn es sein muß – auch standesgemäß zu verheiraten und ein halbwegs erträgliches Verhältnis zu seinem Onkel, dem bayerischen Kurfürsten Karl Theodor, herzustellen, aber ganz umsonst will er derartige Opfer nicht bringen. Zuerst einmal verlangt er von Karl Theodor 100 000 Gulden in bar, sodann ein Haus in der Theatinerstraße, Versorgung für 100 Pferde, Holz, ausreichend Wild, Öl und Fische für die Tafel. Karl Theodor, der die Zweibrücker Verwandtschaft ohnehin nicht leiden kann und nach wie vor mit Österreich ins Geschäft kommen möchte, lehnt ab. Als dann die bayerischen Stände dem beliebten pfälzischen Prinzen eine kleine Versorgung in Aussicht stellen und der Kurfürst auch dazu die Genehmigung verweigert, wird Max Joseph in Bayern populär. »Gehet in ein anderes Land, o Prinz«, heißt es in einem Pamphlet, »schafft Euch dort ein glücklicheres Heim als das, welches Euch der bayerische Herrscher wünscht, der Fremde liebt, Euch verkennt und seine Millionen zur Bereicherung seiner Bastarde verwendet. Seht Bayern, wie ihr hintergangen werdet! Der Prinz von Zweibrücken wird gezwungen wegzugehen... Die Würfel sind gefallen! Bayern verkauft!« Eine bessere Reklame hätte Max Joseph sich nicht wünschen können. Und auf der tiefen Abneigung, die ihn mit seinem despotischen Onkel Karl Theodor verbindet, basiert die Sympathie, die ihm die bayerischen Patrioten entgegenbringen.

Die Nachfolge Max Josephs in München ist damit freilich noch lange nicht gesichert. Sofern das Haus Zweibrücken überhaupt zum Zuge kommt, wäre ja zuerst einmal Max Josephs älterer Bruder, der regierende Herzog Karl August, an der Reihe. Mit großem Unbehagen sieht man in München dieser Erbfolge entgegen, denn Karl August ist nicht nur leichtsinnig wie sein Bruder Max, sondern ein größenwahnsinniger Verschwender, der sein Herzogtum ruiniert und enorme Schuldenberge angehäuft hat. Bisweilen hatte man sogar seine Entmündigung erwogen. 1784 allerdings erledigt sich das Problem sozusagen von selbst: Der einzige Sohn Karl Augusts stirbt, und aus seiner zerrütteten Ehe sind keine weiteren Nachkommen zu erwarten; jetzt kommt er für eine Nachfolge auf dem Kurfürstenstuhl in München ohnehin nicht mehr in Frage.

Für Max Joseph beginnt nun definitiv der Ernst des Lebens. Seine neuerliche Liaison mit einer Bürgerlichen, der jungen Witwe Madame Dupin, hat er sofort zu beenden und sich schleunigst nach einer geeigneten Partie umzusehen. Das heißt wie immer in derartigen Fällen: Die Familie sieht sich für ihn um. Nach mehreren gescheiterten Projekten fällt die Wahl der Kuppler auf Auguste Wilhelmine von Hessen-Darmstadt: »Madame la Princesse Auguste vereinigt mit einer schlanken Taille, einem angenehmen und interessanten Gesicht hervorragende Eigenschaften des

Herzens...«, heißt es in einer Art Gutachten, das man dem unfreiwilligen Ehekandidaten übergibt. Daß Auguste Wilhelmine ihre schlanke Taille einer Anlage zur Schwindsucht verdankt und außerdem schwerhörig ist, hat man großzügig übersehen – Hauptsache der Filou kommt endlich in feste, standesgemäße Hände.

Die Ehe geht bei alledem ausgesprochen gut. Max Joseph arrangiert sich mit seiner neuen Rolle, wird ein liebevoller Gemahl, und Auguste Wilhelmine hat keinen Grund zur Klage. Wobei sie ihre Ansprüche wohlweislich nicht zu hoch geschraubt hat: Sexuelle Treue beispielsweise scheint sie nicht unbedingt zu erwarten. So schreibt sie einmal einer Freundin, ihr »allerliebster Gatte« sei ihr *bis jetzt* noch treu und ein andermal dem Gatten selbst: »Ich gestehe Dir mit meinem natürlichen Freimut, daß ich dafür viel empfindlicher bin, Dein Herz mit jemand zu teilen, als Deinen Körper.« Eine Haltung, mit der man als Gemahlin eines berühmten Frauenhelden mit Sicherheit am ehesten überlebt.

Pünktlich nach Jahresfrist entbindet Auguste Wilhelmine dann von einem gesunden Knaben, dem späteren Bayernkönig Ludwig I. Jetzt hat sie alles erreicht, wovon eine Frau in ihrer Position gewöhnlich träumt. An ihren Darmstädter Lehrer, Pfarrer Lichthammer, schreibt sie euphorisch: »Von jeher war ich die glücklichste der Töchter und jetzt bin ich die glücklichste der Mütter und Weiber.« Derartige »Bekenntnisse« sind nach der Geburt eines Erbfolgers nahezu unumgänglich.

Die Bescheidenheit, Güte und Herzensbildung von Ludwigs Mutter wurde vielfach gepriesen. Daß sie ihrem Mann auch geistig überlegen war, steht zu vermuten, jedenfalls war sie viel ernsthafter, viel nachdenklicher als Max Joseph. Vor ihrer Heirat hatte sich Auguste Wilhelmine häufig am Pariser Hof aufgehalten. Mit Marie Antoinette, der Gemahlin Ludwigs XVI., war sie befreundet, obwohl sie die Lebensart der französischen Hofgesellschaft durchaus nicht teilte. »Seitdem ich in diesem Lande bin«, schrieb sie einmal nach Hause, »habe ich mein liebstes Schauspiel, den Aufgang und Untergang der Sonne, noch nicht gesehen. Man macht hier den Tag zur Nacht und die Nacht zum Tag. Das Leben verfliegt mit Besuchen, Diners, Gesellschaft, Schauspielhaus, Herausputzen, Hasardspielen und Tanzen bis tief in die Nacht hinein, und auf einmal steht man am Ende seiner Laufbahn, ohne an Gott, an seine Nebenmenschen, an seine Pflichten, an sein Gewissen und an Religion gedacht zu haben... Ich danke täglich meinem gütigen Gott, daß ich in einem anderen Lande geboren bin... ich möchte für alles in der Welt nicht hier leben.« Ganz ähnlich hat sich später auch Ludwig geäußert. Auch ihm waren die typischen höfischen Zerstreuungen, wie sie besonders in Paris gepflegt wurden, zu nichtssagend und zu oberflächlich: Vergnüglich konnte er dies alles überhaupt nicht finden, schon gar nicht, nachdem sein Erzfeind Napoleon den französischen Hof repräsentierte. Als Ludwig 1806 zum ersten Mal in Paris zu Gast war, schrieb er an seinen Erzieher Sambuga: »Meinen nachdenklichen Geist nahm ich mit, ich glaube, daß er mich bis an das Ende meines Lebens nicht mehr verlassen wird. Nicht in der Einsamkeit allein, oft auch im bewegenden, tobenden Getümmel denke ich nach, füllen große Wahrheiten meine Seele.«

Ludwigs Vater war, wie gesagt, von ganz anderem Naturell und blieb der als besonders leichtfertig verdächtigten französischen Lebensart bis ins hohe Alter verbunden. Zahlreiche Konflikte zwischen Vater und Sohn waren so bereits in den verschiedenen Charakterstrukturen angelegt.

Bei alledem ist auch Max Josephs Glück durch die Geburt seines Sohnes gemacht. Schon im Jahr der Eheschließung hatte er von Ludwig XVI. ein Darlehen von 950 000 Louisdors und in den beiden folgenden Jahren noch einmal 80 000 Louisdors erhalten, Freundschaftsgeschenke, die dem designierten Kurfürsten von Pfalz-Bayern galten. Und weil Max Joseph wußte, was man seinen Geldgebern und

Protektoren schuldig ist, nannte er seinen Erstgeborenen Ludwig, nach seinem Taufpaten, dem französischen König Ludwig XVI. – was noch ein großzügiges Taufgeschenk und die Verleihung eines Oberstpatents für den Neugeborenen zur Folge hatte.

Ein weniger kostspieliges, dafür um so originelleres Geschenk hatten die Regimentskameraden Max Josephs dem frischgebackenen Vater überreicht: ein Seidenkissen, das gefüllt war mit den abrasierten Bärten der gesamten Kompanie. Besonders an dieses Geschenk hat sich Ludwig später gern erinnert, auch wenn er es höchstwahrscheinlich niemals benutzt hat, genausowenig wie jenes Oberstpatent des französischen Königs. Alles in allem jedoch hatten ihn vor allem die Franzosen bestens ausgestattet und versorgt.

Die Französische Revolution beendete die Idylle in vielerlei Hinsicht. Schon im Sommer 1789 war die Mutter mit dem dreijährigen Ludwig und seiner einjährigen Schwester Augusta von Straßburg nach Darmstadt geflohen. Der Vater blieb vorerst bei seinem elsässischen Regiment, mußte sich aber bald seinerseits nach Deutschland absetzen. Auf der Flucht vor den republikanischen Truppen Frankreichs lebte die Familie dann abwechselnd in Mannheim, Darmstadt und Rohrbach bei Heidelberg, bis sie sich schließlich 1795 ins mittlerweile neutrale Preußen – nach Ansbach – retten konnte. Die elsässischen Besitztümer waren verloren, das Herzogtum Zweibrücken besetzt, das Geld knapp und die Zukunft äußerst ungewiß.

In Ludwigs Gedächtnis haben sich diese Jahre der Flucht und des Exils tief eingegraben: das revolutionäre Frankreich – bisweilen Frankreich überhaupt – hat er lebenslang gehaßt und als existentiell bedrohlich empfunden. Kein Wunder auch, nachdem er immer wieder erleben mußte, wie die – berechtigte – Angst vor »den Franzosen« seine Familie umhertrieb. Bei einer dieser Fluchtaktionen ist der damals achtjährige Ludwig fast zu Tode gekommen. Das war in der Nacht vor Weihnachten des Jahres 1794. Die feindlichen Franzosen waren bis an den Rhein vorgedrungen und bombardierten Mannheim, wo die mittlerweile vierköpfige pfalzgräfliche Familie sich gerade niedergelassen hatte. Um sechs Uhr früh wird die Beschießung so stark, daß die Mutter – Max Joseph ist offenbar nicht zu Hause – sich mit ihren Kindern im Keller verkriecht; kurz danach schlagen mehrere Bomben ein, töten eine Kammerfrau und verletzen fünf Mitglieder des Personals. Die hochschwangere Mutter stürzt daraufhin mit ihren beiden Töchtern aus dem Haus und vergißt in ihrer Panik Ludwig, der durch den Aufprall einer Bombe in einen anderen Kellerteil gestürzt war. Von seinem Erzieher Joseph Anton Kirschbaum wird Ludwig schließlich gefunden und mit knapper Not aus dem Haus geschafft.

Zu diesem traumatischen Erlebnis kamen die zahllosen Schauergeschichten, die Ludwig von Kindsbeinen an über die Franzosen gehört hat: Von ihnen wurden die Schlösser der Familie geplündert und in Brand gesteckt, viele Menschen aus ihrer Heimat vertrieben und schließlich der Patenonkel, der französische König Ludwig XVI., und dessen Frau Marie Antoinette auf grauenhafte Weise ermordet. Vor allem Ludwigs Mutter war von dieser Nachricht auch persönlich tief erschüttert; sie war ja mit Marie Antoinette befreundet. Die Angst ums Überleben hat Ludwig also früh kennengelernt, und diese Angst war für ihn grundsätzlich mit allem, was aus Frankreich kam, verbunden.

Dabei hatten sich die Wittelsbacher schon oft an Frankreich gehalten, wenn es darum ging, einen Übergriff Österreichs auf die bayerischen Erblande abzuwehren. Und auch wenn man mit dem revolutionären Frankreich natürlich keine gemeinsame Sache machen wollte, so waren die meisten Bayern doch entschlossen abzuwarten, bis sich die Lage beruhigt haben würde, um dann erneut auf Frankreich rechnen zu können.

Skizzieren wir an dieser Stelle kurz die politische Entwicklung in Bayern seit Ausbruch der Französischen Revolution:

Den damaligen bayerischen Kurfürsten Karl Theodor hatten die mit dem Sturm auf die Bastille am 14. Juli 1789 eingeleiteten Ereignisse auch persönlich getroffen. Er hatte nämlich zur Versorgung seiner zahlreichen unehelichen Kinder insgesamt rund 20 Millionen Gulden in französischen Bankhäusern hinterlegt, die mit dem alten Regime nun um und um wertlos wurden. Zum anderen fürchtete Karl Theodor – wie alle Herrscher – den Übergriff der revolutionären Bewegung auf sein Land. Alle nur im mindesten der Rebellion oder einfach nur des Widerstandes verdächtigten Personen ließ er deshalb verfolgen. Und zwar derart, daß selbst ausgesprochen konservative Gemüter sich erregten: »Er will immer einsperren, henken und rädern, und nirgends ist ein Beweis«, schreibt erbost der Geheime Kanzler von Kreittmayr, der ansonsten durchaus keine liberale Politik vertritt. Die Situation in Bayern ist also allein durch Karl Theodors Überreaktion auf die Revolutionsereignisse außerordentlich gespannt.

Unter Karl Theodor steht Bayern überdies auf der Seite Österreichs, gegen den Willen der Bevölkerung und den der bayerischen Stände. Uralt war die Rivalität zwischen den Häusern Habsburg und Wittelsbach, und immer wieder wollte der eine auf Kosten des anderen seinen Besitz vergrößern, wobei die mächtigen Habsburger zumeist den Sieg davontrugen. Das Nachbarland Österreich galt den patriotischen Bayern deshalb als der sozusagen »natürliche« Feind.

Nachdem 1792 das Königtum in Frankreich abgeschafft worden war, begann der erste Koalitionskrieg zum Schutz der Legalität; Österreich und Preußen hatten sich gegen Frankreich verbündet. 1793, nach der Hinrichtung Ludwigs XVI., treten England, Holland, Spanien und das gesamte deutsche Reich diesem Bündnis gegen Frankreich bei. Im Verlaufe dieses Krieges besetzen die Franzosen u. a. das linke Rheinufer und dringen 1796 auch gegen Bayern vor. Der Kurfürst flieht, und die Landstände schließen daraufhin eigenmächtig einen Waffenstillstand mit den Franzosen. Der österreichische Gesandte berichtet entsetzt: »Die Leute sagen, man muß die Franzosen unterstützen, um Österreich zu demütigen, damit es nicht mehr an die Akquisition von Bayern denken kann. Dieses ist die allgemeine Sprache der Geistlichkeit, aber mehr noch des Adels... Ohne an das große Übel zu denken, wünscht man die Franzosen, und da hilft keine vernünftige Vorstellung dagegen, man äußert, nur nicht österreichisch, ansonsten alles...«

1797 schließen Österreich und Frankreich den Frieden von Campoformio, nachdem Napoleon Bonaparte zu seinem ersten und glänzenden Feldzug gegen Italien ausgerückt war. Österreich tauscht jetzt mit Frankreich Belgien gegen Venedig und bewilligt die Abtretung des linken Rheinufers, wozu Zweibrücken und große Teile der Kurpfalz – also Wittelsbacher Besitz – zählen. Die Empörung über diese verräterische Aktion ist groß. Max Joseph, auf dem Papier der Herzog von Zweibrücken, stellt sich an die Spitze der Opposition gegen Karl Theodor, der nach wie vor an seiner österreichischen Politik festhält.

Für Ludwigs Vater Max Joseph kommen in jener Zeit drängende Geldsorgen hinzu. Zwar war er nach dem Tod seines Bruders 1795 zum Herzog von Zweibrücken avanciert, aber der neue Titel brachte ihm gar nichts ein, nachdem das Herzogtum von den Franzosen besetzt war: »Ich glaube nicht«, bemerkt er nach seiner Ernennung, »daß jemals eine Regierung unter mißlicheren Verhältnissen angetreten wurde als die meinige. Ich bin aller meiner Länder beraubt, und es bleibt mir nichts als ein stark belehntes Mobiliarvermögen zur Erbschaft, das mir nur neue Lasten zu meinen eigenen auferlegt.« Nicht weniger als neun Millionen Gulden Schulden muß der neue Herzog von seinem Bruder übernehmen, hinzu kommen seine eigenen Schulden, und dem gegenüber stehen so gut wie keine Einnahmen. Max Joseph muß sich also wohl oder übel an seinen ungeliebten Onkel, den bayerischen Kurfürsten, halten. Der wiederum nimmt einen letzten Anlauf, die Nachfolge der Zweibrücker in München zu verhindern. Nach dem lange ersehnten Tod seiner Frau hat sich der mittlerweile 70jährige Karl Theodor schnell noch einmal vermählt, und zwar mit der 17jährigen österreichischen Erzherzogin Marie Leopoldine. Mit ihrer Hilfe will Karl Theodor endlich einen ehelichen Nachkommen produzieren.

Die junge Frau allerdings erfüllt ihre Aufgabe mehr als mangelhaft, und schon bald muß der Heiratsstifter, der österreichische Gesandte Graf Lehrbach, zerknirscht nach Wien melden: »Es geht im Ehebette nicht ganz gut.« An den ersehnten Erbfolger ist also gar nicht zu denken, und das ungleiche Paar ist – kaum verheiratet – lediglich durch gegenseitige Abneigung verbunden: »Sie hat keine Religion, doch demokratische Grundsätze«, bemerkt Karl Theodor über seine unwillige Gemahlin und möchte sie am liebsten einsperren lassen. Marie Leopoldine wartet unterdessen auf den Tod des Angetrauten und verliebt sich in dessen Kammerdiener, den Gardeoffizier Graf Arco. Von ihm, und nicht von Karl Theodor, erwartet sie dann ein Kind. Aber als sie das verrät, ist Karl Theodor glücklicherweise gerade gestorben.

Das »Unternehmen Marie Leopoldine« war also gründlich danebengegangen. Gekrönt wurde der diplomatische Fehlschlag sodann von Marie Leopoldines Sympathie für Max Joseph. Was die frischgebackene Kurfürstin eigentlich hätte verhindern sollen – nämlich die Nachfolge des Zweibrücker Herzogs in München – förderte sie statt dessen nach Kräften. Mit ihrer Hilfe wurde der Regierungswechsel in München vorbereitet.

In Bayern hatte man diese Entwicklung mit größtem Wohlgefallen verfolgt. Wohl selten hatte sich eine hochherrschaftliche Ehebrecherin derart beliebt gemacht. Denn außer den Österreichern wünschten sich alle Max Joseph auf dem Kurfürstenstuhl in München: die bayerische Bevölkerung, weil »der Maxl« so leutselig und umgänglich war, die bayerischen Patrioten, weil er mit dem Erzfeind Österreich gewiß nicht zusammensteckte, und – nicht zuletzt – die französische Regierung, weil sie sich mit Max Joseph ein leichtes Spiel erhoffte. So schreibt der französische Gesandte kurz vor Max Josephs Berufung nach München:

»Der neue Kurfürst wird wenig geeignet sein, die Schwierigkeiten seiner Stellung zu meistern. Sie wissen, daß er in bezug auf Charakter und Talent eine Null ist. Er wird aber einen verabscheuten Fürsten ersetzen, und wenn man seine ersten Schritte richtig lenkt, wird man aus der durch seine Berufung zu erwartenden Begeisterung große Vorteile ziehen können. Ich sage Begeisterung, weil der Herzog von Zweibrücken von den Bayern tatsächlich angebetet wird. Ohne Geist, ohne Gewandtheit, aber ziemlich gutmütig, hat dieser Fürst verstanden, sich mit einer ungeheuren Popularität zu umgeben...«

Als im Februar 1799 der allseits verhaßte Kurfürst Karl Theodor endlich stirbt, übernimmt Max Joseph umgehend die Regierung. Sein Einzug in München ist triumphal; unter dem Jubel der Bevölkerung bezieht die neue kurfürstliche Familie die bayerische Residenz. Der unter zahlreichen Entbehrungen herangewachsene Ludwig, mittlerweile 12 Jahre alt, ist plötzlich Kurprinz.

2

Kindheit und Jugend:
»... von Vertrauenhaben, von Herz-
ausschütten kein Gedanke...«

Drei Jahre vor dem Einzug Max Josephs in München war seine Frau Auguste Wilhelmine gestorben. Die ständige Flucht sowie die Geburt von fünf Kindern hintereinander und eine Fehlgeburt hatten ihre ohnehin schwache Gesundheit aufgezehrt. Sie starb am 30. März 1796, ein knappes Jahr nach der Geburt ihres zweiten Sohnes, Karl Theodor, an den Folgen einer Lungenentzündung. Vier Kinder hatten die Mutter überlebt, eine kleine Tochter namens Amalie war 1794, mit vier Jahren, im Darmstädter Exil gestorben. Ludwig ist neun Jahre alt, als er die Mutter, an der er sehr hängt, verliert.

Ein Jahr nach diesem schrecklichen Ereignis heiratet der Vater erneut, und zwar die 21jährige badische Prinzessin Karoline Friederike Wilhelmine. Diese Stiefmutter kann Ludwig nicht akzeptieren; zeitlebens wird sie ihm fremd bleiben und die Mutter nicht ersetzen können. Auch wird Max Josephs zweite Frau Karoline insgesamt acht Kinder gebären, die – so Ludwigs Wahrnehmung – ihr näher stehen als die angeheirateten. Schon früh zieht er sich deshalb aus der neuen Familie weitgehend zurück. Ebenso wie seine Schwester Auguste spricht er später von Karoline als »der Königin«, hingegen von Max Joseph als dem Vater. Diese sprachliche Gepflogenheit kennzeichnet das außerordentlich schlechte, kalte Verhältnis zwischen Ludwig und seiner Stiefmutter. Auf ein gutes Verhältnis zwischen Ludwig und dem Vater kann man daraus allerdings umgekehrt nicht schließen. Die traurige Wahrheit ist, daß die Beziehung zwischen Vater und Sohn von Anfang an gestört ist, oder besser: überhaupt niemals zustande kommt. Nach dem Tod seiner Mutter muß Ludwig also lernen, ganz ohne menschliche Nähe, Zärtlichkeit und Zuwendung zurechtzukommen. Seine extreme Verschlossenheit, aber auch sein selbstherrliches, autokratisches Temperament haben sich sicherlich in dieser Lebensphase entwickelt. Dabei ist Ludwig offenbar schon von Natur aus schwer zugänglich und nicht leicht zu behandeln. Er ist jähzornig, launisch und eigenwillig bis zur Verstiegenheit – in allem das glatte Gegenteil seines Vaters, der ein unkompliziertes, fröhliches und charmantes Kind gewesen war.

Aber Ludwigs Vater hatte schon als Kind mehr Glück als sein Sohn Ludwig, der schwerhörig geboren wurde. Gezeigt hatte sich diese Behinderung, als Ludwig, trotz aller Anstrengungen, erst mit drei Jahren sprechen lernte, und das nur schlecht und unverständlich. Mit allen damals zur Verfügung stehenden Mitteln wurde an einer Verbesserung des Hör- und Sprechvermögens gearbeitet, aber es half wenig: Ludwig blieb sein Leben lang halb taub und konnte sich nur mühsam und stotternd verständigen. Hinzu kam, daß er im Alter von drei Jahren an den Blattern erkrankte und davon häßliche Narben zurückbehielt, die sein Gesicht für immer entstellten. Daß derartige Schädigungen Ludwigs Persönlichkeit ganz entscheidend mitgeprägt haben, muß man kaum noch sagen. Jedenfalls entwickelte sich der Erbfolger früh zum Eigenbrötler, der, extrem verletzbar, im Laufe der Zeit ein nahezu pathologisches Mißtrauen entwickelte. Häufig wirkte Ludwig schon in frühen Jahren ausgesprochen schrullig, wurde demzufolge nicht immer ernst genommen, wodurch sich sein Mißtrauen und seine Verletzbarkeit wiederum steigerten.

Alles in allem hat die Natur es Ludwig ausgesprochen schwergemacht, sich in der ihm zugedachten Rolle zurechtzufinden. Den Kriterien der höfischen Gesellschaft konnte er schon als Kind und Jugendlicher nicht genügen: Ein Prinz, der schwer hört, demzufolge stets viel zu laut spricht, und das noch stotternd, wird allenfalls mit süßsaurem Lächeln und aufgrund seiner Position geduldet. Ludwig hat das wohl gespürt und folgerichtig seine Position immer und überall eingesetzt und betont. Gleichzeitig hat er die aristokratische Lebenshaltung – vor allem während der Kronprinzenzeit – zutiefst verabscheut, die höfische Etikette mißachtet und sich so widerspenstig gezeigt, wie er nur konnte. Warum auch sollte ausgerechnet er es den anderen leichtmachen?

Der heranwachsende Ludwig hätte sicherlich mehr noch als jedes »normale« Kind reichlich Zuwendung und Aufmerksamkeit gebraucht. Aber der Vater konnte nicht warm – werden mit seinem so andersartigen Sohn, war überdies nicht sonderlich einfühlsam und in Erziehungsfragen eine glatte Null. Nicht daß Max Joseph sich nicht bisweilen seine Gedanken gemacht hätte, aber es kam eben zumeist das Falsche dabei heraus. So versuchte er z. B. der Gespensterfurcht des jungen Ludwig zu begegnen, indem er die schauerlichsten Gespenstergeschichten so lange erzählte, bis der Sohn vor Angst zitterte. Danach zwang er ihn, nachts allein den Wallgraben an der Schloßmauer entlang zu gehen. Auch in den dunklen Galerien, inmitten gespenstischer Ahnenbilder, und in den unheimlichen Marmorsälen mußte Ludwig sich alleine aufhalten; von den Ahnen wurde ihm dann noch erzählt, daß sie um Mitternacht zum Leben erwachten und bald den linken, bald den rechten Fuß vorsetzten. Als diese Roßkur zur größten Verwunderung Max Josephs nicht fruchtete, beschloß man, der Sache durch ein aufklärerisches Exempel Herr zu werden: Ludwig wurde zusammen mit seiner Schwester Auguste in den Marmorsaal geführt, Legationsrat Gravenreuth spielte den Geisterbeschwörer und fragte, wen er erscheinen lassen sollte. Ludwig klammerte sich an seine Schwester und wünschte sich Julius Cäsar. Daraufhin erhob sich hinter dem bereitgestellten Büffet eine in einen roten Teppich gehüllte Gestalt, daneben ein zweiter »Geist«, der von einem der Leibmohren des Vaters dargestellt wurde. Nachdem dieses Schreckensbild seine Wirkung gezeigtigt hatte, warfen die Akteure ihre Vermummung ab, und man erklärte den Kindern, wie alles gemacht worden war. Der Effekt dieser Prozedur läßt sich erahnen, wenn man erfährt, daß die Erzieherin Augustes einen Nervenschock erlitt.

Ludwig selbst hat das quälende Verhältnis zu seinem Vater später auf folgenden Nenner gebracht: »Mir war's als schrecklich, vor ihm zu erscheinen, der mich einschüchterte, blieb es mein Leben lang ihm gegenüber. Wir waren in zu vielem das Gegenteil voneinander.« Und an anderer Stelle: »Erst kurz vor seinem Tod bekam mein Vater eine gute Meinung von mir, hatte vor, sich an mich zu schließen. Wie bereits erwähnt, abgeschreckt hat mich mein Vater, (mir) gewaltige Furcht eingeflößt, von Vertrauenhaben, von Herzausschütten kein Gedanke in mir, der sehr empfindlich..., den es große Überwindung kostete, (von) ihm etwas zu begehren...«

Auch innerhalb der restlichen Familie blieb Ludwig weitgehend isoliert. Die jüngere Schwester berichtet dem mittlerweile 32jährigen, man habe sich von Jugend auf »die unselige Mühe genommen«, dem Vater »alles haarklein zu erzählen, was einen Schatten auf Dich werfen könnte«. Dieser Schatten bestand – für Max Josephs Begriffe – in der »unmännlichen« Sensibilität des Sohnes, seinen Verstiegenheiten, seiner Heftigkeit und – nicht zuletzt – den politischen Anschauungen Ludwigs. Erstaunlich früh hatten sich dessen traumatische Erfahrungen mit den Folgen der Französischen Revolution zur politischen Haltung verdichtet. Schon den Zehnjährigen haben die Diplomaten Gravenreuth und Cetto wegen seiner antifranzösischen Gesinnung beim Vater angeschwärzt. Und von dem Verhältnis Max Josephs zu seinem 14jährigen Sohn berichtet der österreichische Gesandte, Graf Seilern: »Der Kurfürst fängt nunmehr an, offenbar seine Abneigung gegen den

Kurprinzen zu bezeigen und hat selben gestern aus dem Cercle unter dem Vorwand weggeschafft, daß er die Haare nicht genugsam gepudert habe, worauf es des Abends hieß, er liege krank zu Bette... Es ist furchtbar, wie dieser junge Prinz ganz verschiedene Grundsätze von seinem Vater hat, der ihn kaltsinnig behandelt.«

Zur Verteidigung Max Josephs muß man sagen, daß er gerade in jener ersten Zeit in München unter bisher ungeahntem Druck stand. Er hatte von seinem Vorgänger Karl Theodor nicht nur einen riesigen Schuldenberg, sondern vor allem ein von den Österreichern nahezu besetztes Land übernommen. Was die bayerische Bevölkerung, die Stände und alle Patrioten von ihm erwarteten, lag auf der Hand: die möglichst schnelle Beseitigung der österreichischen Übermacht in Bayern. Wie aber sollte er das anstellen, nachdem sein Vorgänger im Herbst 1798 unter der Führung Österreichs der zweiten Koalition gegen Frankreich beigetreten war? Aus diesem Bündnis, in dem auch England und Rußland zusammengeschlossen waren, konnte Max Joseph keinesfalls von einem Tag auf den anderen aussteigen. Auf der anderen Seite mußte die Unabhängigkeit Bayerns von Österreich langfristig eingeleitet werden. Und letztendlich kam zur Unterstützung bei diesem Vorhaben nur Frankreich in Frage.

Der Friede von Lunéville, geschlossen am 2. Februar 1801 zwischen den Habsburgern und Napoleon, bot Bayern die Gelegenheit zum Anschluß an Frankreich. Heinz Gollwitzer schreibt: »Es bedurfte, um nun für über ein Jahrzehnt eine Neuorientierung der bayerischen Außenpolitik einzuleiten, nicht erst einer gezielten Indiskretion Frankreichs: Aus Paris sickerte durch, daß Österreich in Lunéville neuerdings versucht hatte, Frankreichs Einverständnis für eine vollständige oder teilweise Annexion Bayerns zu erreichen. Der Revolutionsstaat hatte sich im eben zu Ende gegangenen Krieg als eine militärisch überlegene Macht präsentiert. Unter dem Konsulat Bonapartes befand man sich auf dem Weg, vom gesellschafts- und verfassungspolitischen Radikalismus der Revolution entschieden abzurücken. Hinsichtlich der deutschen Politik setzte sich in Frankreich gegen die Tendenz der konsequenten Protektion der Kleinstaaterei jene andere durch, die kraftvolle, durchaus lebensfähige Mittelstaaten ins Leben zu rufen, an Frankreich zu binden und insbesondere gegen Österreich auszuspielen suchte. In diesem Sinn erfuhr Bayern seit 1801 erhebliche Begünstigungen. Wenn in der Folge Frankreich und Rußland als offizielle Vermittlungsmächte bei der Reichsdeputation in Regensburg fungierten, die das Entschädigungsgeschäft im Reich zustande bringen sollte, so hat von beiden der französische Staat ein derartiges Übergewicht erlangt, daß es für Bayern überhaupt nur einen vernünftigen Weg gab: den Anschluß an Paris zu suchen. Die Entscheidungen, die zwischen 1801 und 1805 in München fielen, waren nicht von Sympathie oder Doktrin diktiert, sondern allein von der Staatsräson.« Kein Wunder also, daß Max Joseph seinem Frankreich-feindlichen Sohn immer wieder vorhält, er sei politisch ungeschickt und weltfremd. Zumal Max Joseph den Anschluß an Frankreich *auch* als patriotische Aktion begreift: Schließlich ist man in Bayern zu Beginn des 19. Jahrhunderts nur auf diese Weise vor Österreich sicher.

Der Patriotismus des jungen Ludwig allerdings wird nicht aus rationalen, staatsmännischen Überlegungen, sondern aus Emotionen gespeist. In seinen Augen erscheint Napoleons Frankreich lediglich als feindliche, aggressive Macht. Als im Sommer 1800 eine französische Armee unter Moreau in Bayern vordringt, muß die Familie, die sich ja kaum in München niedergelassen hatte, schon wieder fliehen. Das Elend des vorangegangenen Jahrzehnts wiederholt sich auf diese Weise. Außerdem hört Ludwig, wie sich die Eroberer in seiner neuen Heimatstadt benehmen, wie sie aus dem kurfürstlichen Hofkeller und der Hofküche in Saus und Braus leben und wie sie die Kunstsammlungen und Gemäldegalerien plündern. Wie kann der Vater ausgerechnet mit diesem Volk einen Freundschaftsvertrag schließen, wie einem Mann vertrauen, der ganz offensichtlich ein Dieb ist? Ludwig begreift nicht, daß politische Entscheidungen jenseits moralischer Bewertung getroffen werden. Auf jeden Fall verhärten sich die Fronten zwischen Vater und Sohn zunehmend, wozu Max Joseph durch sein unsensibles Verhalten kräftig beiträgt.

Auch befindet sich in allernächster Nähe des Vaters ein Mann, den Ludwig von Kindsbeinen an wegen seiner französischen Lebensart und Gesinnung verabscheut. Es ist Maximilian de Garnerin, Freiherr von Montgelas. Den überaus brillanten Juristen und Völkerrechtler macht Ludwig für die »Franzosenfreundlichkeit« des bayerischen Hofes verantwortlich. Und dies durchaus zu Recht.

Montgelas' Vater stammte aus altem savoyischem Adelsgeschlecht, seine Mutter aus Bayern; 1859 wurde er in München geboren, sprach allerdings kaum deutsch und schon gar nicht bayerisch. Auch Ludwig mußte ihm in französischer Sprache schreiben, was ihm allerdings nicht schwerfiel, denn er hatte sich – trotz seiner »teutschen« Gesinnung – schon als Knabe gern mit der französischen Sprache beschäftigt. (Daß er es bei alledem niemals zu einer halbwegs korrekten Aussprache gebracht hat, kann in Anbetracht seines Hörfehlers kaum verwundern; in Diplomatenkreisen hat man sich dessen ungeachtet stets über Ludwigs schauderhaftes Französisch mokiert.) Montgelas jedenfalls sprach nicht nur fließend französisch, er hatte sich auch vollständig der französischen Aufklärung verschrieben. Während für Ludwig ein Herrscher nach wie vor als Stellvertreter Gottes anzusehen und mit entsprechender, absoluter Machtfülle auszustatten war, plädierte Montgelas für eine neue, rationale, auf Verträgen beruhende Staatsordnung: Nicht göttlicher Wille, sondern menschliche Vernunft und Übereinkunft sollten den Staat lenken, der Herrscher sollte gebunden sein an solche Übereinkunft und sich als erster Diener des Staates begreifen; Religion und Kirche hatten sich den solchermaßen rational festgelegten Staatsinteressen unterzuordnen. Verkörpert in Ludwig und Montgelas kollidierte auf diese Weise die traditionelle christliche Staatslehre mit der des aufklärerischen Rationalismus. Unter Montgelas wurden die Religionsfreiheit in Bayern durchgesetzt und die Säkularisation. Zahlreiche Klöster wurden aufgehoben, der Rest dem Verfügungsrecht weltlicher Herrscher übergeben. Tiefgreifende Verwaltungsreformen sowie eine Neuorganisation des Schulwesens und anderer sozialer Einrichtungen, für die bislang hauptsächlich die Orden zuständig gewesen waren, blieben nicht aus: In kurzer Zeit wurde Bayern buchstäblich auf den Kopf gestellt und zu einem modernen Staatswesen im Sinne der französischen Aufklärung.

Ludwig steht diesem Staat fremd, ja feindselig gegenüber. Nicht nur, daß Montgelas' Radikalkur, zu der u. a. die Abschaffung der Fronleichnamsprozession gehört, Ludwigs christlicher Grundhaltung und seinem Traditionsbewußtsein zuwiderlaufen, er sieht auch sein frühgewonnenes Selbstverständnis als – künftiger – Herrscher von Gottes Gnaden ernsthaft bedroht. Welche Rolle bleibt dem König in einem solchen Staat? Womöglich die des »Unterschreibers«? Auf jeden Fall kann schon der heranwachsende Ludwig den Staatsminister Montgelas nicht leiden. Auch macht er sich vor, daß seine Konflikte mit dem Vater auf den Einfluß Montgelas' zurückgehen. Der Staatsminister wird sozusagen zum bösen, mit Ludwigs Worten zum »unteutschen« Geist.

Als er sich 1817 endlich stark genug fühlt, ihn mit Hilfe seines politischen Beraters, Karl Philipp Fürst von Wrede, zu stürzen, schreibt er seinem Vater: »Wo Minister Montgelas den großen Einfluß hatte, da war keine Vereinigung zwischen Vater und Sohn, kein Vertrauen in die Regierung möglich.« An anderer Stelle behauptet er, daß Montgelas sich ein »Geschäft daraus mache, das Ansehen der Krone herabzusetzen«, daß er als Finanzminister versage und es darauf anlege, die »Liebe zu Gott und Fürst« zu beseitigen. Ohne Montgelas eine Gelegenheit zur Stellungnahme zu geben, läßt Max Joseph ihm daraufhin seine Entlassungsur-

Ludwig I., König von Bayern
Lithographie von G. Bodmer, um 1835

Die Mutter,
Wilhelmine Auguste, Prinzessin von Hessen-Darmstadt,
erste Gemahlin Max Josephs

König Maximilian Joseph I.
(Gemälde von Carl Joseph Stieler, 1816)
und seine Gemahlin Karoline
(Aquarell von Ph. J. Becker, 1805)

Einzug Napoleons
in München am 24. Oktober 1805.
Zeitgenössischer Stich nach einem Ölgemälde
von Nicolas-Antoine Tamay (Ausschnitt)

kunde überbringen, nach 21 Dienstjahren, völlig unerwartet und in äußerst verletzender Form.

Die von Ludwig berufene »Vereinigung zwischen Vater und Sohn« blieb jedoch trotz Montgelas' Sturz aus. Wenngleich es Ludwig durchaus versöhnlich stimmte, daß er es mit 30 Jahren endlich einmal geschafft hatte, seinen Vater politisch zu beeinflussen. Bis zu diesem Zeitpunkt hatte Max Joseph es strikt abgelehnt, seinen Sohn an Regierungsentscheidungen auch nur im geringsten zu beteiligen und ihn statt dessen vor allem mit städtebaulichen Aufgaben beschäftigt.

Auf der anderen Seite hatte Max Joseph seinen Erstgeborenen schon früh im dynastischen Spiel eingesetzt. So z. B., als er den gerade 13jährigen anläßlich des Vertrages von Gatschina, einer Art Freundschaftsvertrag zwischen Rußland und Bayern, mit der Tochter des Zaren Paul, der Großfürstin Katharina, verlobte. Die Hochzeit sollte 1804, nach Ludwigs Volljährigkeit, vollzogen werden. Gesehen hatten sich die beiden Kinder noch nie, aber Ludwig war mit dieser Verlobung erstmals eine – wenn auch passive – politische Bedeutung zuerkannt worden. Die Verwandtschaft der Wittelsbacher mit einem der mächtigsten regierenden Häuser sollte sicherstellen, was der Vertrag von Gatschina vorsah: den Schutz Bayerns vor Übergriffen gleich welcher Macht auch immer, wobei zuerst an Österreich gedacht war. Daß durch eine solche Ehe überdies ein enormer dynastischer Glanz auf die Wittelsbacher fallen könnte, hat Ludwig offenbar schnell verstanden; gegen das Verlobungsgeschäft hat er sich deshalb in keiner Weise aufgelehnt. Ganz im Gegenteil: Solange es irgend ging, hielt Ludwig an der Verbindung mit der russischen Kaisertochter fest, um so mehr, nachdem Bayern sich mit Frankreich verbündet hatte und Rußland im feindlichen Lager stand. Gescheitert ist der Heiratsplan dann doch, und zwar an den Interventionen Österreichs und Frankreichs. Eine derart manifeste Extratour konnte sich der bayerische Erbfolger eben nicht erlauben.

Die mangelnde Anpassungsfähigkeit Ludwigs hat Max Joseph immer wieder beklagt. Sie ist ganz offensichtlich Bestandteil seiner Natur, denn Ludwigs Erziehung war durchaus nicht geeignet, Widerspruchsgeist und selbständiges, kritisches Denken zu fördern. Überhaupt setzte die intellektuelle Entwicklung Ludwigs relativ spät ein. Bis zu seinem zehnten Lebensjahr machte ihm das Lernen große Schwierigkeiten und überhaupt keinen Spaß. Er beschäftigte sich am liebsten allein und lebte in seiner Phantasiewelt. Ganz plötzlich, mit elf Jahren, schien er dann aufzuwachen und machte rasche Fortschritte.

Sieben Jahre lang hatte man Ludwig ausschließlich weiblicher Fürsorge anvertraut. Seiner Mutter stand die Witwe des Arztes und Hofrates Weyland zur Seite, hinzu kamen eine elsässische Kinderfrau und eine Kindsmagd. Die zärtliche Hofrätin konnte das Herz ihres kleinen Schützlings gewinnen, und Ludwig blieb ihr lebenslang zugetan. Schwieriger wurde es, als man ihn 1793, mit sieben Jahren, einem Hofmeister namens Joseph Anton Kirschbaum unterstellte. Kirschbaum, der an französischen Kriegsschulen Völkerrecht gelehrt hatte, war ein konservativer und – im Vergleich zu Max Josephs Erzieher Agathon Keralio – ein vollkommen durchschnittlicher Mann. Daß ausgerechnet er ausgewählt wurde, zeigt einmal mehr, wie wenig Mühe Max Joseph sich mit der Erziehung seines Erstgeborenen gemacht hat. Heinz Gollwitzer meint: »Einen Mißgriff, wie er an Fürstenhöfen in dieser Hinsicht nicht selten vorkam, hatte man mit seiner Wahl nicht gerade gemacht, aber eine Sternstunde für den Erbprinzen kann man die Bestallung des Hofmeisters auch nicht nennen. Es handelt sich bei Kirschbaum um einen verantwortungsbewußten, aber sicher keinen inspirierenden Lehrmeister ... Ludwig hat den pädagogischen Eifer Kirschbaums stets anerkannt, aber gleichzeitig betont, daß dieser sein Herz nie zu gewinnen verstanden habe. Aus der Rückschau seiner Autobiographie schildert der König Kirschbaum als eitlen, jähzornigen, streitsüchtigen und kleinlichen Pedanten.«

Kirschbaum war ein entschiedener Gegner der Französischen Revolution, was für einen Fürstendiener unerläßlich war. Später hat er sich vor allem durch seine übereifrige Dienstfertigkeit bei Ludwig sehr unbeliebt gemacht, denn Kirschbaum stand grundsätzlich auf der Seite seines Arbeitgebers – also Max Josephs – und nicht auf der seines Zöglings. Mit großer Vorsicht wählte Kirschbaum die für seine Begriffe geeigneten Unterrichtsgegenstände aus. Selbstverständlich mußte die Hofsprache Französisch gelernt werden und Latein; letzteres betrieb Ludwig mit viel Widerwillen und wenig Erfolg. An Literatur wurden ihm vor allem harmlose Lustspiele und Erbauungsstücke vorgesetzt sowie Fabeln und Gedichte, die zur Gedächtnisübung auswendig zu lernen waren. Die großen Werke der Literatur, die ja immer auch kontrovers sind, blieben ausgespart. Bedeutende Zeitgenossen wie Schiller oder Goethe hat Ludwig später aus eigenem Antrieb kennengelernt.

Wie alle Erzieher Ludwigs war auch Kirschbaum ein durchaus amusischer Mensch, die Welt der Kunst wurde durch ihn gewiß nicht eröffnet, eher schon durch die Theateraufführungen, die der Knabe während des Mannheimer Exils besuchen durfte. Das dortige Nationaltheater erlebte damals unter der Intendanz von Wolf Heribert Freiherr von Dalberg und August Wilhelm Iffland seine Blütezeit. Hier hatte Dalberg – wenngleich mit erheblichen Eingriffen – 1782 auch Schillers »Die Räuber« uraufgeführt, und hier war eines der Zentren der deutschen Theaterkultur des ausgehenden 18. Jahrhunderts. Zeitlebens und gern hat sich Ludwig an die Mannheimer Inszenierungen erinnert; hier sah er zuerst Glucks Oper »Iphigenie auf Tauris« und war begeistert von Shakespeares »Julius Cäsar«, einem Drama, das später wegen seiner revolutionären Szenen vom Spielplan abgesetzt wurde. Der damals Siebenjährige schwärmte überdies für die zehn Jahre ältere Schauspielerin und Sängerin Karoline Jagemann, die nachmalige Lebensgefährtin des Großherzogs Karl August von Weimar. Mit ihr pflegte Ludwig eine jahrelange Brieffreundschaft, auch hat sie ihn später, als er König war, gelegentlich besucht. Ein Glück also, daß der kleine Ludwig nicht nur auf die Hofgesellschaft und seine Erzieher angewiesen war, sondern auch mit den sog. Komödianten in Berührung kam. Er hätte sonst wohl schwerlich seinen berühmten Kunstsinn entwickeln können.

Eine zweite wichtige Figur in Ludwigs Kindheit und Jugend wurde sein Religionslehrer Joseph Anton Sambuga. Dieser selbstverständlich katholische Pfarrer war noch von Ludwigs Mutter, die übrigens protestantisch war, ausgewählt worden. 1797 trat er sein Amt an. Sambuga zählte ursprünglich zu den Vertretern der gemäßigten katholischen Aufklärung und schwenkte später auf eine zunehmend konservative Linie ein, d. h., er befürwortete entschieden die kirchliche Restauration und stand den Jesuiten nahe.

Sambuga sah, wie auch Kirschbaum, seine Aufgabe vor allem darin, alle für damalige Begriffe »zersetzenden« und liberal-aufklärerischen Einflüsse von Ludwig fernzuhalten. So war er z. B. entsetzt, als er erfuhr, daß der Vater seines Zöglings Büsten von Voltaire, Diderot, D'Alembert und Rousseau besaß. Die Ideen dieser Männer hatten nämlich in den Augen streng konservativer Monarchisten die Französische Revolution herbeigeführt. Sambuga schreibt in diesem Sinn: »Die Bilder von Männern, die das Unglück eines Weltteils auf ihrer Waagschale haben, die durch ihre Grundsätze die Menschheit verwüstet haben, sollten nicht in den Wohnungen der Fürsten stehen... Es ist die unerwartetste Erscheinung, daß noch itzt, wo es entschieden ist, daß diese Männer die Revolution und den Fürstenmord herbeiphilosophierten, ihre Bilder in den Palästen noch geduldet werden können...« Auch von den sinnlichen Fresken im Mannheimer Schloß sah Sambuga das Seelenheil des jungen Ludwig bedroht. Wenn man ihn gelassen hätte, hätte Sambuga diese »Unanständigkeiten« sicherlich entfernt oder zumindest verhängt. Jedenfalls hielt er noch dem 25jährigen – und mittlerweile verheirateten – Ludwig eine seitenlange Moralpauke, als der es wagte, eine Venus-statue zu bestellen; auch hielt er es für seine Christen-pflicht, sich über das Dekolleté von Ludwigs mit Eugène Beauharnais verheirateter Schwester Auguste gehörig zu empören. Wie ein solcher Mann das »Verhältnis der Ge-schlechter« mit Ludwig behandelt hat, kann man sich leicht ausmalen. Besonders erfolgreich ist er mit solcher Pädago-gik allerdings nicht gewesen. Für weibliche Schönheit war Ludwig bekanntlich bis ins hohe Alter sehr anfällig, und auch wenn man nicht so ganz genau weiß, wie weit er in seinen zahlreichen außerehelichen Beziehungen jeweils gegangen ist: So prüde und verklemmt wie Sambuga war Ludwig gewiß nicht.

Die Erziehungsmaßnahmen Sambugas blieben aber nicht auf der ganzen Linie wirkungslos. Da wäre zuerst einmal die Religion. Als Sambuga sein Amt antrat, erklärte der kleine Prinz, daß er von Geistlichen, Beichte und Gottes-dienstbesuch überhaupt nichts halte. Dem Religionslehrer hat es wahrscheinlich die Sprache verschlagen, als der 11jährige zur Begründung anführte, Heinrich VII. sei bei seiner Kommunion vergiftet worden. Einen derartigen Geschichtsunterricht konnte Sambuga schwerlich guthei-ßen, und er machte sich schleunigst daran, zuerst einmal alle aufklärerischen Geschichtsbücher zu konfiszieren. So-dann ließ er Ludwig und auch dessen Schwester Auguste nicht mehr mit den Erwachsenen speisen, weil sie ja auch bei dieser Gelegenheit Religionszersetzendes hätten erfah-ren können. Zumal die höfische Atmosphäre zu Sambugas größtem Kummer alles andere als religiös gewesen ist. Man sprach beispielsweise nicht einmal ein Tischgebet und schien sich überhaupt, wie Sambuga bemerkt, alter Sitten »zu schämen«. In seinem Tagebuch beklagt er denn auch, daß sich in der Umgebung Ludwigs für »Religion und Gottseligkeit... fast gar kein Leben« finde. Und an anderer Stelle: »Es muß weit gekommen sein, wenn man sich an einem Hofe öffentlich zu sagen versteht: Ein Fürst darf keine Religion haben! Eine abscheuliche Zweideutigkeit!...

Je mehr ich den Hof kennenlerne, desto mehr scheint sich mir die Hoffnung einer gesunden Erde im Dunkel der Zukunft zu verlieren. Deine Aussaat ist auf diesem dürren Erdreich vergeblich, sagte ich mir...«

Was Ludwig angeht, ist Sambugas »Aussaat« sicherlich nicht vergeblich gewesen. Heinz Gollwitzer faßt zusammen: »Sambuga war kein brillanter Kopf. Was wir schriftlich von ihm besitzen, ist ohne Originalität oder höheren Rang. Aber er überzeugte als sittliche Persönlichkeit durch die Festigkeit seines Charakters, durch seine selbstlose Geduld und Beharrlichkeit. Er wußte, was er wollte, und verstand es trotz unleugbarer Einseitigkeiten, als fähiger Erzieher zu seinem Ziel zu gelangen. Durch großen Ernst, Geradlinigkeit, Aufrichtigkeit und Selbstdisziplin beeindruckte er allmählich auch den widerstrebenden Ludwig, so daß sich ein herzliches Vertrauensverhältnis zwischen dem Schüler und seinem Religionslehrer einstellte. Was Kirschbaum nie gelang, brachte Sambuga zuwege: Er übte einen auch beim erwachsenen Ludwig noch feststellbaren und von diesem wiederholt bezeugten prägenden Einfluß aus, und zwar in zentralen Bereichen.«

Zum einen wurde Ludwig zum gläubigen und praktizierenden Katholiken. Dazu gehört, daß er, trotz protestantischer Mutter und Stiefmutter, der römisch-katholischen Kirche zeitlebens unbedingten Vorrang vor allen anderen Religionsgemeinschaften eingeräumt hat. In seinem den Großen der deutschen Nation gewidmeten Ruhmestempel, der Walhalla – womöglich Ludwigs ureigenstem Bauwerk –, fehlte demzufolge bei der Eröffnung die Büste Martin Luthers. Eine Entscheidung, mit der er sich viele Feinde, auch unter Katholiken, gemacht hat.

Zum anderen fußt Ludwigs – gleichermaßen umstrittenes – Selbstverständnis als Regent auf Sambugas Anstrengung, seinen fürstlichen Schüler zu einer vollkommen unabhängigen, im umfassenden Sinne »souveränen« Herrscherpersönlichkeit heranzubilden. Laut Sambuga muß ein Fürst, der ein guter Christ ist, alle Macht im Staat in Händen halten und sie unumschränkt zur Durchsetzung christlicher Ideale verwenden. Wer sich als Herrscher nicht absolut selbständig erhielte, so eine von Sambugas Lehren, wäre nur »ein in Majestät gehüllter Ball, mit dem die Leute spielen«. Derartige Lektionen hat sich Ludwig gut gemerkt. Sein Leben lang blieb er dem absolutistischen Regierungssystem und dem Gottesgnadentum, als dessen ideologischer Grundlegung, verbunden. Daß er sich damit zunehmend ins Abseits manövriert hat und letztendlich genau an dieser Haltung politisch gescheitert ist, steht auf einem anderen Blatt.

Zum Abschluß seiner Lehrjahre als Fürst besuchte Ludwig mit 17 Jahren die Universitäten Landshut und Göttingen. Nach zwei Semestern kam er nach München zurück; von einem normalen Studium konnte also keinesfalls die Rede sein. Auch mußte Ludwig, wie alle Söhne regierender Häuser, selbstverständlich kein Examen ablegen, der Universitätsaufenthalt diente lediglich dem Kennenlernen dieser Institutionen und der Vertiefung bereits erworbener Kenntnisse. Seinen Religionslehrer Sambuga, der wegen seiner orthodoxen, antiaufklärerischen Haltung bei Max Josephs Staatsminister Montgelas in Ungnade stand, durfte Ludwig nicht nach Landshut oder Göttingen mitnehmen. Statt dessen wurde er von Joseph Anton Kirschbaum, seinem ungeliebten Hofmeister, begleitet. Ein Vergnügen wird der Studienaufenthalt allein deshalb nicht gewesen sein, denn Kirschbaum erlaubte seinem Zögling nach wie vor auch nicht die geringsten Freiheiten. Darüber hinaus darf man sich nicht vorstellen, daß Ludwig etwa wie ein ganz normaler Student zur Universität ging, sondern Kirschbaum wählte die Vorlesungen aus, die er zu hören hatte, und der entsprechende Professor hatte sodann zum Privatunterricht in den hochherrschaftlichen Gemächern zu erscheinen. Auf diese Weise wurden Kontakte mit anderen Studenten nahezu unmöglich. Lediglich in Göttingen, der damals renommiertesten deutschen Universität, ist es Ludwig gelungen, auf privaten Festen zwei Studiengenossen näher kennenzulernen: den Katholiken Graf Karl von Seinsheim und den Protestanten Freiherr Heinrich von der Tann. Mit beiden blieb er sein Leben lang eng befreundet.

Ansonsten wurden Ludwig während seiner kurzen Studentenzeit keinerlei Lebenserfahrungen ermöglicht. Er hat u. a. Moralphilosophie, Geschichte, Rechtswissenschaft, Nationalökonomie, Politik und Naturkunde belegt, eifrig Kolleghefte vollgeschrieben, aber alles in allem seinen Horizont lediglich durch Fakten bereichert. Sein vielberufener »tätiger Geist«, seine hohe, unbhängige Intelligenz setzten sich erst durch, nachdem er der gewohnten und überaus uninspirierenden Umgebung einmal für längere Zeit entkommen konnte.

3

Aufbruch in das Reich der Kunst: »Wer einmal im Himmel war, für den ist die Erde nichts mehr...«

Mit 17½ Jahren hatte man Ludwig vorzeitig für volljährig erklären lassen. Sein Vater war damals schwerkrank und wollte sicherstellen, daß der Sohn die Regentschaft im Ernstfall sofort übernehmen konnte. Für Ludwig war mit dieser Regelung ein Zugewinn an formaler politischer Bedeutung verbunden: Unter familienrechtliche Bestimmungen des kurfürstlichen Hauses mußte er jetzt seine Unterschrift setzen. Niemand wäre indessen auf den Gedanken gekommen, dem Jüngling auch faktische politische Entscheidungskompetenz einzuräumen; sein Vater hielt »den Louis« nach wie vor für unreif, und das Regiment in Bayern führte ohnehin dessen leitender Minister, Freiherr Maximilian von Montgelas. Trotz alledem fürchtete Montgelas den Kurprinzen zumindest als Stimmungsmacher: Seine Franzosenfeindlichkeit, sein »Teutschtum« waren mittlerweile nicht mehr nur in Hofkreisen bekannt, und Ludwigs Einfluß auf den schwachen und wankelmütigen Vater war schwer einzuschätzen. Auf jeden Fall war Montgelas überhaupt nicht begeistert, als Ludwig im September 1804 von Göttingen nach München zurückkehrte. Im Einvernehmen mit Max Joseph beschloß deshalb der Minister, den unberechenbaren Hitzkopf aus Bayern zu entfernen. Eine sogenannte Bildungsreise wurde dem Prinzen deshalb offeriert – angeblich zur Belohnung nach beendeten Studien in Landshut und Göttingen.

Daß sich Ludwig diesem Angebot nicht versperrt, ist selbstverständlich: Am bayerischen Hof fühlt er sich sowieso nicht wohl, und eine große Reise ist allemal verlockend. Allerdings will Ludwig auch bei dieser Gelegenheit seine politische Haltung demonstrieren. Er will nämlich in das mit Napoleon verfeindete England fahren, in jenes Land also, das der Korse treffen wollte, als er am 5. Juni 1803 das mit dem Inselstaat durch Personalunion verbundene Kurfürstentum Hannover besetzen ließ. Kampflos hatte sich die kleine Armee damals ergeben, sehr zur Empörung Ludwigs, der niederschrieb, wie er anstelle eines hannoveranischen Ministers gehandelt hätte: »Mein Plan geht dahin, unser Vaterland mit allen Kräften zu verteidigen... mein Votum wäre also fest und unabänderlich, daß wir einen Aufruf an das ganze Land ergehen lassen, worin wir ihm die Gefahr ans Herz legen... von einem der raubgierigsten, unersättlichsten Völker unterjocht und ausgesogen zu werden... Wir wollen damit größere Nationen... erwekken, sie gegen Frankreich, gegen Europas sein wollenden Alleinherrscher bewaffnen und machen, daß unser Vaterland, wie so viele andere Länder, von der Tyrannei dieses Volkes befreit werde.« Höchstwahrscheinlich haben weder Montgelas noch Max Joseph dieses Schriftstück zu Gesicht bekommen, aber es hätte sie wohl auch kaum noch überrascht: »Er ist ganz offenherzig und, wie mir scheint, nicht mit den jetzigen Gesinnungen seines Hofes einverstanden«, notiert um dieselbe Zeit Kurfürst Ferdinand von Salzburg.

Bei alledem scheidet England als Reiseziel aus. Ludwigs Hofmeister Joseph Anton Kirschbaum, der verlängerte Arm von Max Joseph und Montgelas, plädiert daraufhin für Italien, einen durch seine kulturelle Bedeutsamkeit sozusagen neutralisierten Boden. Auch war schließlich Goethe rund 18 Jahre zuvor nach Italien aufgebrochen, wenngleich unter ganz anderen Voraussetzungen als Ludwig: Der

Dichter nämlich hatte sich bei Nacht und Nebel davonstehlen müssen, weil man ihn, wie er schreibt, »sonst nicht fortgelassen hätte«. Den bayerischen Kurprinzen hat man, wie gesagt, mit Freuden und mit Erleichterung ziehen lassen.

Am 12. November1804 machte sich die kleine Reisegruppe dann auf den Weg nach Süden; von Kirschbaum und seinem Studienfreund Graf Karl Seinsheim wurde Ludwig begleitet. Wenn Montgelas und Kurfürst Max Joseph geahnt hätten, was jetzt an Projekten und Rechnungen auf sie zukommen sollte, hätten sie den Störenfried womöglich lieber zu Hause behalten. Denn Ludwig hat seine Kunstbegeisterung und seine geradezu fanatische Sammellust in Italien entwickelt. Den ersten längeren Aufenthalt nahm man in Venedig. Gut vorbereitet war Ludwig dort angekommen, zählte doch die Information über bedeutende Baudenkmäler und Kunstschätze zum selbstverständlichen Bildungsrepertoire eines Fürsten. Von der Kunst zu hören ist indessen etwas anderes, als sie zu sehen und in ihrer natürlichen Umgebung zu erleben: Ludwig war überwältigt. Eine solche Reise hatte er noch nie unternommen. Sicher, er kannte weite Teile seiner elsässischen Heimat, war in Bayreuth, Hannover, den Hansestädten und im Harz gewesen, aber eine ganz andere, fremde Kultur hatte er bisher nur auf dem Papier kennengelernt. Damals war die Welt selbst für Fürsten ausgesprochen klein, zumindest im Vergleich mit heute.

Ludwig erwies sich schnell als vielseitig interessierter Besucher, nicht nur die alte, sondern auch die zeitgenössische Kunst stand auf seinem Programm. Antonio Canova, der hochangesehene klassizistische Bildhauer, hatte damals gerade eine Ausstellung in Venedig. Dessen Darstellung der Hebe, der griechischen Göttin der Jugend, wurde Ludwig zum Kunsterlebnis an sich: »Es ergriff mich wunderbar. Alle hatten sich aus dem Saale entfernt, aber ich blieb wie festgewurzelt; es war nicht Sinnenreiz, nicht Sinnenlust, es war die Macht der Kunst...« Und dann drängte sein – wie er selbst sagt – »dichterisch-schwärmerisches Gemüt« nach Ausdruck:

Was für ein Zauber hält mich hier gefangen!
In mir ein wonnig nie gespürtes Regen,
Durchdrungen plötzlich von der Weihe Segen:
Der Sinn für Kunst war in mir aufgegangen.
Verloren stand ich da in Glutverlangen,
Ich sah dich mir entgegen nun bewegen,
Und Lieb und Sehnsucht in mein Herz sich legen;
In neue Welt sich die Gefühle schwangen.
Ich konnte mich der Stelle nicht entrücken,
In deinem Anblick war mein ganzes Leben,
Ich schwamm, dich, Hebe, sehend, in Entzücken.
Dir ist die ew'ge Jugend froh gegeben,
Und ew'ger Ruhm Canova'n wird beglücken;
Der Lorbeern schönste Künstler nur erstreben.

Zahlreiche Künstler hat Ludwig später in Rom persönlich kennengelernt, unter anderem den dänischen Bildhauer Bertel Thorvaldsen, der durch seine Jason-Statue und seine Amor-und-Psyche-Gruppe berühmt geworden war. Mit ihm blieb Ludwig über Jahrzehnte eng verbunden. Überhaupt hat er fast alle damals in Rom geknüpften Kontakte sorgsam gepflegt und der späteren Kunststadt München zunutze gemacht. Die damals 63jährige deutsch-römische Malerin Angelika Kauffmann, deren poetisch-romantische Bilder er seit langem kannte und schätzte, wird für Ludwig zur zentralen Figur: Sie versteht es vorzüglich, den überaus begeisterungsfähigen Prinzen zu lenken. Sie zeigt ihm die Meisterwerke der klassischen Malerei und bestärkt ihn in dem Wunsch, einige davon für die heimischen Galerien zu erwerben. Sie, die einst Goethe porträtiert hat, überredet auch Ludwig, ihr zu sitzen, und vor allem: Sie führt in ein in die Kreise der in Rom lebenden deutschen Künstler, macht ihn mit Malerkollegen wie Joseph Anton Koch und Johannes Friedrich Müller bekannt.

Sehr schnell fühlt sich der 18jährige in dieser Gesellschaft ausnehmend wohl, zumal man ihm überall große Sympathie entgegenbringt. Kein Wunder auch, denn Ludwig ist der Ruf eines Mäzens vorausgeeilt. Zwar handelt er die Preise stets herunter, aber er kauft, und er kauft viel, und es steht zu erwarten, daß er diese Gewohnheit beibehalten wird.

Zwei hervorragende Berater und Kunstagenten kann Ludwig sodann in Italien gewinnen: Johann Georg Dillis, den Inspektor der kurfürstlichen Gemäldegalerien, und den Bildhauer und Maler Johann Martin von Wagner, einen überragenden Kenner und Liebhaber des Altertums. Die Antikensammlung Ludwigs und schließlich die Errichtung eines Antikenmuseums, der Glyptothek, wäre ohne Wagner kaum denkbar. Die Idee zu diesem Tempel, in dem Götter und Heldengestalten wohnen sollen, hat Ludwig aus Italien mitgebracht. Darüber hinaus will er eine neue Gemäldegalerie gründen. Wagner weiht er ein in seine hochfliegenden Pläne: »An Zahl werden die großen Museen das meinige übertreffen, in der Quantität kann sich nicht, an Qualität soll sich meine Sammlung auszeichnen. Das schönste Kaufbare in Rom zu erwerben ist mein Wille.« Daß dies alles eine Menge Geld verschlingt, kann man sich denken. Ludwig überzieht dann auch sein Reisebudget ganz beträchtlich, leiht sich gar 5000 Gulden vom bayerischen Gesandten am päpstlichen Hof. Ludwigs Hofmeister Kirschbaum ist empört. Umgehend informiert er den Vater: »Prinz Ludwig hat nachgefragt, welche italienischen Meister der Galerie in München fehlen und spricht davon, Gemälde zu kaufen, als hätte er Hunderttausende Gulden zur Verfügung... Er will von Eurer kurfürstlichen Hoheit eine Summe von zehn- bis zwanzigtausend Scudi verlangen. Ich habe all diesem edlen Eifer für die Künste für den Augenblick einen Riegel vorgeschoben. Euer kurfürstliche Hoheit... wird darin den Ungestüm seiner Wünsche erkennen, wenn er einmal einen ausgesprochenen Geschmack an einer Sache gefunden hat.« Für Kirschbaum ist

Ludwig nichts weiter als ein unbeherrschter Verschwender, dem man durch strengste Kontrolle das Handwerk zu legen hat. Dabei hat der Kurprinz ein ganz konkretes kulturpolitisches Konzept in Italien entwickelt. Und dieses Konzept ist, wie auch sein »Teutschtum«, gegen die offizielle bayerische Politik gerichtet. Johann Georg Dillis teilt er es als einem der ersten mit: »Als Stiefkind wird bei uns die Kunst behandelt, als Luxussache... ich höre sie, die gehaltlosen Reden, was braucht man Künstler zu sein, für das Militär, das Landbauwesen? Als wenn Kunst nicht in allem sein sollte, so lang dies nicht ist, sind wir immer noch zum Teil Barbaren.« Was seinen Vater betraf, lag Ludwig mit dieser Einschätzung gewiß nicht falsch. Nehmen wir das Beispiel Glyptothek. Als Max Joseph sich endlich einmal zur Baustelle begab, sprach er, zu seinen Begleitern gewandt, dazu noch auf Französisch: »Sehen Sie meinen Narren von Sohn, er ist bereit, eine Million auszugeben für Bruchstücke, während er es ablehnt, Wäsche für seinen Haushalt zu kaufen.«

Zwischen solchen Wertvorstellungen und denen Ludwigs liegen in der Tat Welten, und durch Italien hat sich die Kluft zwischen Vater und Sohn vertieft, oder besser: Sie hat sich in ihrem ganzen Ausmaß gezeigt. Daß Ludwig »zerbrochene Puppen« und Gemälde sammelt, läßt sich in Gottes Namen verkraften, aber daß der künftige bayerische Herrscher sich weigert, an der Krönung Napoleons zum König von Italien am 28. Mai 1805 teilzunehmen, ist doch mehr als ärgerlich. Zumal der Vater ihm ausdrücklich erklärt hat, daß ein Fürst fähig sein müsse, sich zu verstellen, und seine Anwesenheit in Mailand dringend erwünscht sei. Aber Ludwig hat in Italien eben anderes im Sinn, als zu lernen, wie man sich politisch opportun verhält. Er will sich, wie gesagt, vor allem als Mäzen etablieren, und zwar nicht allein für die bildende Kunst.

Für Schiller beispielsweise will er in Rom ein Grundstück kaufen und ihm darauf ein Haus bauen; der edle Plan wird durch den Tod des Dichters am 9. Mai 1805 zunichte.

Außerdem ist Ludwig rund um die Uhr mit Besichtigungen beschäftigt, und in den Ruhepausen liest er abwechselnd die Bibel und Homer, vertieft seine Kenntnisse in italienischer Landes- und Kulturgeschichte. So jedenfalls pflegt man die Italienreise Ludwigs fast durchgängig darzustellen.

In Wahrheit hat der fürstliche Tourist auch ganz andere, sehr vitale Interessen. Heinz Gollwitzer, der 1986 eine umfangreiche Biographie über Ludwig I. vorgelegt hat, schreibt: »Der 18jährige auf Reisen hatte noch andere Gedanken im Kopf als die an seine ästhetische und intellektuelle Fortbildung. Sehr natürlicherweise hatten die Frauen begonnen, den jungen Mann zu beschäftigen, und wenn sich die Bildungsreise durch eine *éducation sentimentale* hätte bereichern lassen, wäre ihm dies willkommen gewesen. Sein hoher gesellschaftlicher und künftiger politischer Rang kam ihm bei Annäherung an das weibliche Geschlecht zustatten. Seine Eigenliebe ließ ihn jedoch eher an andere Ursachen denken. Die durchweg ›besseren‹ Schichten angehörigen Damen, für die er damals entflammte, haben mit Sicherheit den Anfänger als solchen durchschaut und sich über ein etwas komisches Gebaren belustigt.«

Schon in Venedig war Ludwig nicht nur für die Kunst, sondern auch für eine gewisse Frau Artemis, die Freundin eines älteren Grafen, entflammt. Mit ihr hatte er sich sogar öffentlich auf der Straße gezeigt. Seinem Vater, der sich früh als Frauenheld erprobt hatte und nach wie vor nicht im Ruf eines Kostverächters stand, meldete Ludwig sogleich: »Die Dame in Venedig hat mir einen angenehmen Eindruck gemacht, aber es war keine ernste Angelegenheit und keinerlei Leidenschaft im Spiele...« Und er beteuerte: »Ich habe noch niemals eine Frau oder ein Mädchen berührt.«

Trotz alledem will Ludwig sich offenbar dem Vater gegenüber als Frauenkenner profilieren, ihm zeigen, daß er nicht nur auf dem Papier mündig und erwachsen ist. In Neapel, der zweiten längeren Station seiner Italienreise, erbringt er einen erneuten Beweis: Jetzt ist eine Frau von

W., die Tochter des amerikanischen Gesandten in Paris, die Auserwählte. Und weil die Dame zufällig im gleichen Hotel wie Ludwig und seine Reisebegleiter wohnt, drohen allzu verfängliche Situationen. Zumal Kirschbaum gehört hat, wie Ludwig zu dem österreichischen Gesandten Graf Kaunitz – »auch so einem leichtlebigen jungen Mann« – gesagt hat, es wäre eine ausgezeichnete Sache, wenn man seine Angelegenheiten gleich bei sich im Hause habe. Daß der Hofmeister derart ungeheuerliche Frivolitäten sofort nach München meldet, weiß Ludwig längst; es ist nicht unwahrscheinlich, daß er Kirschbaum und seinen Vater einmal gehörig ärgern will. Auch am neapolitanischen Hof enttäuscht er alle in ihn gesetzten Erwartungen. Königin Marie Caroline will ihn nämlich mit einer ihrer Töchter verheiraten, aber Ludwig winkt ab: »Von seiten des Hofes überschüttet man mich mit Höflichkeiten«, schreibt er dem Vater, ». . . Aber all das ist nicht imstande zu erreichen, daß ich die Prinzessin mehr liebe oder gar heirate. Ich würde dies als mein größtes Unglück betrachten!« Den eigentlichen Grund enthüllt er an anderer Stelle: »Die zwei Töchter der Königin sind nichts weniger als hübsch, und ich möchte keine von ihnen zur Frau haben.« Für solche Argumente zeigt der Vater Verständnis. Wenngleich Ludwig ihm seine neue Flamme vorsichtshalber verheimlicht. »An die Geliebte« schreibt er unterdessen ein Gedicht – zahllose ähnliche werden im Verlaufe seines 81jährigen Lebens folgen:

Wild stürmend braust mein heißbewegtes Blut. . .
Ich spüre neues, nie gefühltes Leben,
Ich sehe in der Welt nur Dich allein. . .
Nur in der Liebe einzig lebt der Himmel,
Und außer Liebe alles bloßer Wahn.

Ludwigs Hofmeister ist von derartigen Gefühlsausbrüchen überfordert. »Gott behüte uns vor einem zu nahen Feuer«, meint der besorgte Aufpasser, »denn wir sind sehr leicht zu entflammen.« Für Kirschbaum ist Ludwig bestenfalls ein groß gewordenes Kind, das er glaubt beschützen zu müssen. Und weil der Erzieher Fürsorge stets mit Gängelei verwechselt, versucht er Ludwig von allem fernzuhalten, was ihn womöglich irritieren oder ihm gar schaden könnte. Also gilt es, gerade in Italien sorgsam über des Jünglings Umgang mit Wein, Weib und Gesang zu wachen. Auf diese Weise allerdings wird Kirschbaum mit seinem Schützling überhaupt nicht fertig. Schon in Venedig und Neapel war er ihm ständig ausgerissen und hatte sich allein in der Gegend herumgetrieben. In Neapel hatte er überdies die gesamte Reisegruppe in größte Gefahr gebracht, weil er so tief wie irgend möglich in den Krater des Vesuv hinuntersteigen mußte: Die Sohlen seiner Stiefel waren schon angebrannt, und nur mit knapper Not kam man nach diesem Abenteuer überhaupt noch nach Hause. »Das ist doch eine offenbare Torheit«, schrieb Kirschbaum damals empört an Max Joseph. »Wie kann man denn eine halbe Stunde vor Einbruch der Dunkelheit und dem schon drohenden Schlackenregen über chaotisch liegende Lava direkt in den Krater eines bebenden, feuerspeienden Berges gehen?« – Kirschbaum hatte auch wirklich keinen leichten Job! Und dazu noch die Frauen und der übertriebene Aufwand mit den Künstlern: Auf der ganzen Linie wollte Ludwig einfach nicht mehr auf ihn hören. In größter Not und Verzweiflung wendet sich der bedauernswerte Kirschbaum immer wieder an Max Joseph in München. Ihm hat er wahrlich Erschütterndes zu melden: in »so gar nicht fürstlicher Art« verkehre der Sohn mit deutschen Künstlern in Rom. In der Osteria des spanischen Weinhändlers Don Raffaele werde allzu eifrig gezecht, und überhaupt lasse der Lebenswandel des Fürsten gar Schlimmes vermuten, zum Beispiel den »drohenden Ruin von Gesundheit« und gutem Ruf; »verlorene Frauen« seien nämlich auch im Spiel. Aufgrund solcher Berichterstattung droht Max Joseph endlich, den Sohn aus Italien zurückzurufen. Ganz aufgeregt schreibt der Vater dem Louis, wie immer in französischer Sprache: »Wenn Sie wüßten, wie sehr Sie Ihren Vater kränken, der Sie so zärtlich liebt, würden Sie sich nicht so ungehörig bloßstellen. Ich habe Sie reisen lassen um Ihrer Fortbildung willen und nicht, damit Sie sich Seele und Körper zerstören. Ich hoffe, daß Sie zu Kirschbaum das Vertrauen haben, das ein Mann verdient, dem Sie Ihre moralische Existenz verdanken... Ich befehle Ihnen daher, seinen Ratschlägen zu folgen... Im übrigen bitte ich Sie, nicht so schauerlich zu schmieren, wenn Sie mir schreiben und besser Orthographie zu lernen, denn ich brauche oft zwei Tage, um Ihre Briefe zu entziffern...«

Wie demütigend solche Zurechtweisungen auf Ludwig wirken mußten – und es sicherlich auch sollten –, läßt sich denken. Seine ganze Wut konzentriert sich jetzt auf Kirschbaum. Und der ist mit seinen Nerven am Ende. Eines Tages kommt es dann fast zu tätlichen Auseinandersetzungen zwischen dem jähzornigen Kirschbaum und seinem ebenfalls jähzornigen Zögling. Empört bittet Ludwig seinen Vater um Ablösung jenes Begleiters: »Ein Mann, der mich so behandelt hat, kann nicht mehr in meiner Umgebung bleiben...« Einige Zeilen später hat er sich offenbar beruhigt: »... obwohl (Kirschbaum) mich sehr beleidigt hat, will ich ihm aber doch nicht schaden und höre deswegen nicht auf anzuerkennen... daß ihm im Grunde nichts so sehr am Herzen liegt als mein Glück. Wollen Sie ihm daher Ihre Gnade erhalten.«

Die noble Geste mag Max Joseph versöhnt haben: An einige Spielregeln vermochte sich Ludwig doch immerhin zu halten. Jedenfalls wurde die Machtprobe zugunsten Ludwigs entschieden, Geheimrat Kirschbaum wurde abberufen und durch General Graf Reuß ersetzt. Euphorisch notiert Ludwig: »Meines Lebens glucklichster Tag in Italien, nachdem mein Hofmeister entfernt.«

Auf eine formelle Aussöhnung mit Kirschbaum hat Ludwig später großen Wert gelegt. Obwohl er seinen ehemaligen Erzieher niemals leiden konnte, hat er ihn wiederholt besucht, ihn eingeladen und ihn – als König – 1827 zum Staatsrat ernannt. In Italien allerdings mußte der 18jährige sein Recht auf Selbständigkeit durchsetzen. Und er hat es geschafft: Den Aufpasser war er los und mit ihm die beständige Verpflichtung zur Wahrung höfischer Etikette. Auf dieser Basis hat sich Ludwig in Italien einen vom Vater weitgehend unabhängigen Wirkungskreis erschlossen. Die berühmtesten Künstler machten ihm den Hof, und der Umgang mit Frauen ließ sich unbeobachtet erproben. Was für ein Leben im Vergleich mit dem in München!

Insgesamt 23mal ist Ludwig nach Italien gereist, einen derart treuen Touristen dürfte es selten geben. Und Ludwig war ja auch in vielerlei Hinsicht mehr als ein durchschnittlicher Tourist, nicht nur, weil er die Landessprache selbstverständlich perfekt beherrschte. In keinem Land – Bayern eingeschlossen – hat Ludwig sich zeitlebens so wohl gefühlt wie in Italien, dem, wie er sagte, »irdischen Paradies«. Das Leben im Süden wurde ihm zum »seligen, steten Genuß« und Rom zum »Wunder«. Als er nach seiner fast einjährigen ersten Reise nach München zurück mußte, war er alles andere als glücklich: »Innigste, namenlose Wehmut fasset mich bei dem Gedanken / Immer an dich, o Rom, nie zu vergleichende Stadt!« Rom vor allem wurde Ludwig zur zweiten Heimat. 1827 hat er sich dort einen Landsitz gekauft, die sogenannte Villa Malta, ehemalige Residenz des Botschafters des Malteserordens. Das hoch auf dem Pincio gelegene Haus mit Blick über die Altstadt war dem Kronprinzen bereits 1818, auf seiner zweiten Italienreise, angeboten worden. Damals war es ihm zu teuer, aber als er König wurde, griff er sofort zu. Ein Distichon Ludwigs, 1839 veröffentlicht, kennzeichnet die besondere Bedeutung dieses Platzes: »Wie wert bist zu mir, liebes Asyl, wo endlich den Menschen / Findet der König auf's neu, welchen daheim er verlor.« Die Villa Malta also als »innere Fluchtburg« und die Reise nach Italien als Möglichkeit, der höfischen Etikette zu entkommen. Bei seiner ersten Italienreise war er als »Graf von Haag« aufgetreten und bei der zweiten als »Graf von Spessart«. Daß er beide Male sofort identifiziert wurde, mag ihm geschmeichelt haben.

Bei alledem ist Ludwigs Bedürfnis nach Rückzug durchaus ernst zu nehmen. Als er im Oktober 1817 erneut nach Italien aufbrach, änderte er die höfischen Gepflogenheiten denn auch sogleich. Nicht der vornehmste seiner Reisebegleiter, nämlich Graf Sceberras Testa Ferrata, durfte neben ihm in der Kutsche sitzen, sondern der ihm angenehmste, sein Jugendfreund Graf Seinsheim. Mit von der Partei waren diesmal außerdem Johann Georg Dillis und der Arzt Johann Nepomuk Ringseis. Ludwig hatte nämlich gerade eine schwere Lungenentzündung überstanden, die er im milden italienischen Klima auskurieren sollte. Dr. Ringseis, der sich später hervortat, indem er das Gesundbeten wissenschaftlich zu begründen suchte, hat diese zweite, für München wiederum sehr bedeutende italienische Reise sorgfältig protokolliert: ». . . der Kronprinz (behandelte uns) vielfach als gute Kameraden. Nicht als wäre er der Mann gewesen, eine Verletzung des schuldigen Respekts in wesentlichen Dingen zu dulden, oder in jenen Formen des Anstands, welche auch dem nicht hofmännisch Geschulten das natürliche Gefühl einem Fürsten gegenüber eingeben mußte. Aber es waren für die Dauer der Reise alle solche Formen der Etikette über Bord geworfen, die einem vernünftigen Genuß sowie der geistig ausnutzenden Verarbeitung des Gesehenen, Erlebten, Erlernten zum Hinderniß sein konnten. Wer von uns etwas Bedeutsames oder Erheiterndes zu sagen hatte, dem fiel nicht ein zu warten, bis der Prinz ihn angeredet, sondern er brachte es vor nach Ort und Gelegenheit.«

Bemerkenswert ist für Ringseis auch, daß der Prinz – wenn der guter Laune war – den Grafen Seinsheim »Karlchen« und ihn »Doktorchen« oder gar »Muckerl« nannte – in Italien war eben alles anders als in Bayern. Ringseis meint: »In jenem eifrigen Wohlgefallen . . . galten wir dem Prinzen nicht bloß als Wesen seines Gefolges und Dienstes, sondern hatten ihm eine persönliche Bedeutung, jeder für sich.« Durch solche Äußerungen kann man auf das menschliche Klima in München einiges schließen.

Die italienische Reise führt 1818 auch nach Unteritalien und nach Sizilien, wo sich Ludwig für die Reste der griechischen Tempel, aber auch für die Capella Palatino in Palermo begeistert. Beeinflußt von dem strengen Katholiken Ringseis, der mit der »hellenisierenden Bildung« des Kronprinzen auf Kriegsfuß steht, befreundet sich Ludwig in Rom mit den sogenannten Nazarenern, einer Gruppe von deutschen Malern, die ihre Motive aus der Bibel und der mittelalterlichen Dichtung wählen und sich seit 1810 in der ewigen Stadt niedergelassen haben. Zu diesem Kreis zählen unter anderem Julius Schnorr von Carolsfeld, Philipp Veit, Friedrich Overbeck und Peter von Cornelius. Schnorr von Carolsfeld, Repräsentant des romantischen Historismus, wird 1825, unmittelbar nach Ludwigs Thronbesteigung, an die Münchner Akademie berufen und darf fünf Säle sowie den Festsaalbau der umgestalteten Residenz mit Darstellungen aus den Nibelungen und der deutschen Kaisergeschichte schmücken. Peter von Cornelius schließlich gilt dem jungen Ludwig als der bedeutendste zeitgenössische Künstler überhaupt. Ihn wünscht er sogleich an München zu binden, zumal auch der preußische Kronprinz, der spätere König Friedrich Wilhelm IV., an dem gefeierten Mann, dem sogenannten Goethe der Malerei, interessiert ist. Ludwigs nach Rom beorderter Baumeister Leo von Klenze soll ihn beauftragen, drei Säle der Münchner Glyptothek mit monumentalen Fresken auszumalen. Cornelius erbittet sich vier Jahre Zeit und 10000 Gulden, die der Kronprinz ohne Zögern bewilligt. Später wird der von Klenze fortwährend angefeindete Cornelius als Akademiedirektor nach Düsseldorf berufen und ist zur großen Enttäuschung Ludwigs trotz der jahrelangen Arbeit an der Glyptothek für München verloren.

Auf seiner zweiten Romreise hatte Ludwig seine überaus vielfältigen Kunstinteressen entwickelt: Klenze sollte die Bauwerke der griechischen Klassik für Bayern aufbereiten, Cornelius den romantischen Historismus vertreten, antike Statuen sollten neben »altdeutschen« Gemälden glänzen, und die italienische Renaissance war auch mit von der Partie. Ringseis jedenfalls ist zufrieden, daß der ehemalige »Hellenist« jetzt auch für die christlich-vaterländische Kunst Sinn hat. Erleichtert notiert er: »Als nun in Rom ein Cornelius, ein Overbeck, ein Veit und so viele andere hochbedeutende Männer ihren Geist und ihren Gesinnungsernst in die Waagschale warfen, da war es ein leichtes, den Kronprinzen zu gewinnen, nicht zum *Aufgeben* der bisherigen Ideale, aber zur *Erweiterung* des noch *einseitig* Aufgefaßten und Ausgebildeten.«

Eine große Gefahr allerdings stand für München in jener Zeit im Raum. Die für das Mittelalter schwärmenden Nazarener fanden nämlich, daß die Residenzstadt zu wenig deutsch-kulturelle Atmosphäre böte, im Gegensatz etwa zu Nürnberg, das die Romantiker, u. a. auch Stifter und Eichendorff, als »deutsch und rührend treu« rühmten. In diesem Zusammenhang galt ja auch der von Ludwig so verehrte Cornelius als der neue deutsche Dürer. Wie sehr der Kronprinz von dieser deutschromantischen Schwärmerei ergriffen wurde, berichtet Klenze: »Noch in Rom war der Kronprinz von der Lust besessen, dereinst die Residenz von München hinwegzunehmen, weil diese Stadt kein historischer Ort sei. Ich weiß nicht, woher diese Idee zuerst gekommen sein mochte, aber Dr. Ringseis hob oft die Schönheit Nürnbergs mit ihren alten Kirchtürmen heraus, daß sie sich immer fester setzte. Folgende Gedichte, welche mir der Kronprinz mitteilte, waren Ergebnisse dieses Widerwillens: ›Soll ich sagen, was mir am meisten zuwider auf Erden? / Münchens Lage und Bau, Münchens Gesellschaft und Luft.‹« Klenze war über diese Entwicklung tief beunruhigt, zumal ihm als Bauherr zahlreiche Aufträge verloren zu gehen drohten. Man denke nur an die Walhalla, jene Ruhmeshalle der ausgezeichneten »Teutschen« in der Form eines griechischen Tempels. Viele Nazarener, allen voran Cornelius, konnten diese Zusammenstellung durchaus nicht verstehen und plädierten energisch für einen »ächt original deutschen Baustyl« des Denkmals.

Daß sie mit solchen Forderungen erfolglos blieben, ist um so erstaunlicher, als Ludwig sich gerade in der entscheidenden Planungsphase ganz öffentlich auf die Seite der in Rom lebenden Nazarener gestellt hat. Indiz dafür ist unter anderem die altdeutsche Tracht, jene Kleidung, die der Mode des 16. und 17. Jahrhunderts nachempfunden war und deutschnationale Gesinnung bekunden sollte. Im großen ganzen sah das so aus: Man ging im grauen oder schwarzen, bis zum Hals geschlossenen Rock mit breitem, weißem Hemdkragen, trug lange, herabhängende Haare, ein schwarzes mit einem Kreuz geziertes Samtbarett und an der Seite je nach Laune einen Hirschfänger oder einen Dolch; hinzu kamen bisweilen auch hohe Stiefel, wie sie die alten Ritter dereinst anhatten.

Während der Befreiungskriege wurde die altdeutsche Tracht hauptsächlich von Studenten getragen. Für sie war sie Zeichen vaterländischer und auch republikanischer Gesinnung – daß ausgerechnet ein Kronprinz sich dieser Gesinnungsmode anschloß, darf zu Recht verwundern: »Ich lebe so frei und ungestört fast wie auf der Universität«, berichtet Ringseis aus Italien, »die übrige Gesellschaft und unser gnädigster Herr mit abgelegten Strahlen der Hoheit mischt sich in das republikanische Leben der hiesigen Künstlerschaft, erhöht und begeistert es.« Für Ludwig allerdings geht es wohl weniger um das »republikanische Leben« als vielmehr um die einst von Ernst Moritz Arndt geforderte »Verbannung und Vertilgung der französischen Art und Sprache«. Den Dichter der Befreiungskriege hatte er 1814 in Frankfurt kennengelernt; von ihm geht die Anregung zur altdeutschen Tracht aus. Damals hatte Arndt unter anderem für einen Federhut mit den deutschen Volksfarben plädiert, und der Schriftsteller und Verlagsbuchhändler Rudolf Zacharias Becker hatte gar die Einführung eines Feierkleides zur Erinnerung an den Einzug der Deutschen in Paris am 31. März 1814 gefordert. Auf derartige Bestrebungen ist auch Ludwigs modisches Gebaren zwischen 1814 und 1820 zurückzuführen. Abgelegt hat er den altdeutschen Rock übrigens erst, als er eines Tages in Brückenau einen Seiltänzer in dem ehrwürdigen Gewand seine Sprünge machen sah: Eine derartige Profanisierung hehrer »teutscher« Ideale war ganz und gar nicht nach Ludwigs Geschmack.

Trotz allem hat man die altdeutsche Tracht jahrelang als politische Botschaft verstanden und durchaus ernst genommen. Sogar Maximilian von Montgelas erwähnt sie in seinen »Denkwürdigkeiten«; sie sei – so der Staatsminister – hervorgegangen aus einer Ablehnung französischer Kultur und als Instrument politischer Willensäußerung nicht zu unterschätzen: »Männer und Frauen glichen nun alten Porträts, konnten sich gegenseitig wiedererkennen und die Zahl ihrer Gesinnungsgenossen ermitteln, so daß die Führer, indem sie hiermit ein öffentlich anerkanntes Unterscheidungszeichen aufstellten, in der Tat mit großer Gewandtheit handelten.« Von den Regierenden war die solchermaßen zum Komplott geeignete Gruppenbildung selbstverständlich nicht gerne gesehen. Außerdem wurde immer wieder darauf hingewiesen, daß man die Wiederbelebung der deutschen Nationalgröße keinesfalls der Schneiderzunft anvertrauen dürfe und daß es überdies darauf ankäme, sich in jeder Hinsicht als Zeitgenosse, das heißt, als Träger gegenwärtiger politischer und kultureller Entwicklung zu erweisen. Daß man sich in Bayern dennoch mit scharfen Gegenmaßnahmen zurückhielt, liegt auf der Hand: Schließlich waren die Königskinder selbst – also Ludwig und sein Bruder Karl – in die altdeutsche Tracht-Affäre verstrickt. Montgelas berichtet: »Gegen die lächerlichen, angeblich deutschen Kleidertrachten, welche Persönlichkeiten des 19. Jahrhunderts das Ansehen gaben, den Gräbern des 16. entsprungen zu sein, erließ man, aus Rücksicht auf die Prinzen, welche dergleichen duldeten oder selbst begünstigten, zwar kein bestimmtes Verbot, aber die Polizeidirektoren erhielten Anweisung, bei Fremden wie Einheimischen auf deren Ablegung zu dringen.«

Wieder einmal hatte also der Kronprinz sozusagen die Staatsräson unterlaufen. In Rom konnte er sich dann nach Herzen austoben. Zuerst einmal hat er die altdeutsche Tracht allen seinen Reisebegleitern verordnet. Ringseis berichtet: »Der Münchner Polizei zum Trotz tragen wir altdeutsche Röcke, der Kronprinz brachte schon einen aus der Heimat mit, und nun hat er auch den Grafen Seinsheim und mich aufgefordert, uns solche machen zu lassen. Übrigens ist man hier diese Tracht schon an den Künstlern gewohnt. Auch Schnurr- und Knebelbart mußt ich mir wachsen lassen.« Daß man mit solcher Kostümierung unangenehm auffällt, trägt Ringseis mit Fassung, was bleibt ihm auch anderes übrig? »Wir ziehen täglich viel in Rom herum. Unsere Kleidung lenkt aller Augen auf sich. Ich will hoffen, es sei der edle Schnitt derselben hieran Ursache und ihre großartige Form, die fast nicht zuläßt, daß man etwas Unedles darin tue oder nur eine unedle Haltung annehme. Nur hie und da scheinen mir einige schalkhafte Römerinnen über uns zu lachen, und andere sagten sogar: ›...sieh was für schöne Masken nach der Fastnacht!‹ Aber heimlich, denke ich, gefallen wir ihnen doch, und wenn auch nicht, so sind wir starkmüthig genug, uns darüber hinwegzusetzen. Die deutschen Künstler, und es sind deren 80 hier, werden sich wohl nach und nach alle so kleiden; denn das Beispiel des hier allgemein und insbesondere von den Künstlern geliebten und verehrten Kronprinzen ist eine mächtig wirkende Autorität.«

Seine altdeutsche Tracht hat der Kronprinz der gesamten deutschen Gemeinde in Rom mit Nachdruck empfohlen. »Er liebte es aber auch, alle Deutschen in diesem Rock und mit dem Barett zu sehen, und wer, namentlich unter den Künstlern, nicht die Mittel besaß, sich diese Kleidungsstükke selbst anzuschaffen, dem verehrte er sie«, berichtet Henriette Herz. »Ein Deutscher in gewöhnlicher Tracht wurde zuletzt gewissermaßen anrüchig. Er galt für einen Undeutschen... Noch heute ist mir in der Erinnerung der Augenblick ergötzlich, in welchem ich meinem guten Immanuel Bekker, der ein Lebelang sich um nichts weniger Not gemacht hatte als um seine Kleidung, endlich aber der vielen... Andeutungen in betreff derselben satt und müde geworden war, mit süßsaurem Lächeln im altdeutschen Rocke in mein Zimmer treten sah.«

Wie immer waren zur Unterwerfung am ehesten diejenigen bereit, die es am nötigsten hatten, also alle, die vom Wohlwollen des Prinzen besonders abhängig waren. Bezeichnenderweise hat Peter von Cornelius niemals jenen altdeutschen Rock getragen, was übrigens seinem Ansehen bei Ludwig durchaus nicht geschadet hat. Zumal er Cornelius eine der schönsten und aufwendigsten Huldigungsfeiern seines Lebens verdankt: das Abschiedsfest der deutschen Künstler am 29. April 1818, dem Vorabend von Ludwigs Rückreise nach München. Für dieses oft beschriebene, grandiose Fest hatte ein deutscher Bankier und Kaufmann namens Schultheiß sein hochherrschaftliches Haus zur Verfügung gestellt, und Peter von Cornelius hatte die künstlerische Ausgestaltung geplant und überwacht. Die Linien der Architektur wurden mit Lorbeergewinden verstärkt, und meterhohe, von hinten angestrahlte Transparentgemälde schmückten die Wände. Friedrich Overbeck hat das beziehungsvollste Transparentbild für das Fest in der Villa Schultheiß gemalt: einen Zug der Förderer und Beschützer der Künste aller Zeiten; in diesen Zug sollte sich Ludwig einreihen, und er ist dem handfesten Hinweis ja bekanntlich auch gefolgt.

Das drei Meter hohe, später auf Leinwand gezogene Gemälde ist heute im Kölner Wallraf-Richartz-Museum zu besichtigen. Den Zug der würdigen Männer führt Perikles an, gefolgt von Augustus und Maecenas, danach kommen Karl der Große, Lorenzo di Medici und die Päpste Leo X. und Julius II. Neben den Kurfürsten Johann Wilhelm von der Pfalz reiht sich Franz I. von Frankreich zu Kaiser Maximilian I. in Ritterrüstung. Dahinter schließen den Zug »ein Bischof von Köln mit einem Dogen von Venedig und dem Bürgermeister einer deutschen Reichsstadt«. Den

Landschaftshintergrund hat angeblich Carl Philipp Fohr gemalt, ihn krönt – wie könnte es anders sein – eine »altdeutsche« Burg.

Was das Fest an weiteren Attraktionen bereithielt, schildert einer der Besucher, der schwedische Dichter Per Daniel Amadeus Atterbom: »Rückert las... ein hübsches Gedicht an den Kronprinzen vor, in dem die schönen Künste sprachen (und)... Nach der Tafel eröffnete der Kronprinz den Ball und tanzte mit allen anwesenden jungen deutschen Damen sowie mit den Künstlerfrauen, welche sämtlich Italienerinnen und größtenteils jung und schön sind... dann setzte er sich zu den älteren Damen, den Frauen von Humboldt und Herz und so weiter, worauf die anderen Damen um ihn einen Halbkreis bildeten, und nun bat er um das Absingen einiger deutscher Nationallieder. Ein vortrefflicher Chor, geleitet von Dr. Ringseis..., stimmte nun vor diesem Halbkreise das bekannte ›Am Rhein, am Rhein‹ an, darauf Goethes ›Was hör ich draußen vor dem Tor‹, dann das alte ›Es ritten drei Reiter zum Thore hinaus, Ade!‹ und zuletzt einige Tiroler Weisen. Diese Szene kam mir wirklich wie ein schöner Traum vom Mittelalter vor...«

Daß Ludwig »tief bewegt« war, muß man kaum noch sagen. Laut Ringseis war er beim Abschied nahezu stumm vor Glück und Schmerz. »Auf Wiedersehen in Deutschland«, soll er noch gerufen haben, um gleich anschließend, um vier Uhr morgens, die Stadt zu verlassen, »sinnend«, wie Ringseis berichtet, »was Er erwidern sollte«.

In Florenz, der ersten Station auf der Heimreise, hatte er eine Idee. Ringseis erzählt: »In des Kronprinzen Eigentümlichkeit lag es nicht, goldene Schalen zu verschenken, aber... goldenen Rheinwein, köstlichen alten vom Jahre 1634, den er selber in hohen Ehren hielt und nur zu feierlichem Anlaß aus seinem Würzburger Hofkeller hervorholen ließ, sandte er einstweilen den Künstlern mit goldenen Worten aus Florenz nach Rom... Recht sinnig und herzlich war es gemeint, aber es ist über das unpraktische Geschenk viel gelächelt worden; denn ob auch in einer köstlichen... immerhin bestund es in einer einzigen Flasche, und als sie endlich an's rechte Ziel gelangt war, da beriethen sich die Künstler hin und her, was sie mit dem kostbaren Naß beginnen sollten; denn auch in mäßigen Gaben verteilt, wollte dasselbe nicht klecken für so Viele. Da that ihnen der Dresdener Porträtmaler Karl Vogel von Vogelstein den Gefallen zu erkranken, nun war eine gute Verwendung gefunden, man schenkte ihm den Wein zur Stärkung in der Konvalescenz.« Sicherlich hätten sich die 80 relativ armen deutschen Künstler in Rom über ein paar Kistchen ordentlichen – sagen wir 1800er – Jahrgang mehr gefreut. Aber ein Fürst bleibt eben doch ein Fürst, auch wenn er zu seinem Reisearzt »Muckerl« sagt und mit Italienerinnen vergnügt das Tanzbein schwingt.

Vor allem als fürstlicher Gönner war Ludwig gefragt, als Bauherr und Kunstmäzen. Diese Rolle hat er denn auch zeitlebens mit Erfolg und großer Begeisterung übernommen. Ganz so, wie er es den »Teutschen Künstlern in Rom« bereits 1818 poetisch versichert hatte:

Wie zum freudig schattenreichen Baume
Einst der Samen wird, der ausgestreut,
Geht das Schöne, was nur einem Traume
Glich, verklärend in die Wirklichkeit.

Und mit seinen lebensfrischen Ästen
Wölbt der Baum sich über Deutschland ganz,
Und von Nord nach Süd, von Ost nach Westen
Wird die Heimath überstrahlt von Glanz.

Tiefe, feste Wurzeln wird er schlagen
In dem ganzen teutschen Vaterland,
In der Zukunft Ferne wird er ragen,
Wenn des Staatsmanns Werk schon längst verschwand.

Aus Italien hatte Ludwig einiges mitgebracht, was sein Staatswerk in der Tat überlebt hat: Die Triumphbögen römischer Cäsaren finden sich wieder im Münchener Siegestor, Roms und Ravennas altchristliche Basiliken wurden Vorbild für die Basilika des Heiligen Bonifatius, die Allerheiligen-Hofkirche – ebenfalls in München – weist auf die Capella Palatina in Palermo; der Loggia dei Lanzi in Florenz ist die Feldherrnhalle nachempfunden, und so weiter und so fort...

Gesund war Ludwig in Italien übrigens nicht geworden, so daß seine Ärzte bereits im Oktober 1820 einen erneuten längeren Aufenthalt im Süden befürworteten. Diese Empfehlung war ihm wichtiger als die beste Medizin: »Wer einmal im Himmel war, für den ist die Erde nichts mehr, und dem Bewohner des Paradieses behagt es anderswo nicht.« Noch deutlicher hätte Ludwig seine damalige Abneigung gegen das Leben in der bayerischen Residenz kaum zum Ausdruck bringen können. Kein Wunder also, daß er in München immer wieder krank und in Rom nicht allzu gesund wurde. Außerdem hat sich Ludwig unsterblich in eine Italienerin verliebt.

Aber das gehört in ein ganz anderes Kapitel.

Beobachtungen zur Persönlichkeit des
jungen Ludwig:

Bettina von Arnim 1809 an Goethe:

»Auf den Festen, die man hier Akademien nennt, . . . hab ich den Kronprinzen kennengelernt, ich habe eine Weile mit ihm gesprochen, ohne zu wissen, wer er sei, er hat etwas Zusprechendes, Freundliches und wohl auch originell Geistreiches; sein ganzes Wesen scheint zwar mehr nach Freiheit zu ringen als mit ihr geboren zu sein; seine Stimme, seine Sprache und Gebärden haben etwas Angestrengtes, wie ein Mensch, der sich mit großem Aufwand von Kräften an glatten Felswänden hinaufhalf, eine zitternde Bewegung in den noch nicht geruhten Gliedern hat. Und wer weiß, wie seine Kinderjahre, seine Neigungen bedrängt oder durch Widerspruch gereizt wurden, ich seh ihm an, daß er schon manches überwinden mußte, und auch, daß sich Großes aus ihm entwickeln kann; ich bin ihm gut, ein so junger Herrscher in der Vorhölle, wo er leiden muß, daß sich jede Zunge über ihn erbarmt; seine guten Münchner, wie er sie nennt, sind ihm nicht grün, ja wartet nur, bis er mündig ist, entweder er beschämt Euch alle, oder er wird's Euch garstig eintränken.«

Graf de la Garde 1817/18 an den Herzog von Richelieu:

»Der Kronprinz hat einen ebenso selbstherrlichen Charakter, ist von ebenso leicht entzündlicher Laune wie Zar Paul I., er wird niemals zugeben, unrecht getan zu haben . . . und hat die losesten Sitten . . . Einer der Gründe für die Antipathie Ludwigs gegen den Prinzen Eugen ist dessen gewaltiges Vermögen und die Pracht, mit der er sich umgibt, eine großartige Lebensführung, die mit des Kronprinzen fast zynischer Einfachheit im Gegensatze steht.

Sparsam bis zum Geiz, gibt er doch für Bauten 120 von den 250 Tausend Gulden aus, die er Einkommen hat und versagt sich alles, außer Bruchstücke von Statuen und alte Gemälde. Aber seine Manie für den Ankauf von Kunstwerken ist keine Liebe zur Kunst. Argwöhnisch bis zum äußersten und mißtrauisch gegen jedermann, ist er hart gegen Arme und gegen die Persönlichkeiten seiner Umgebung. Damals, als der Kronprinz wegen der Verfassung zurückkehrte, erklärte er den Ministern gleich, daß sie zu wenig freiheitlich wäre. Beim Artikel über das Indigenat rief er aus: ›Aber alle Deutschen sind Eingeborene‹, denn der Germanismus . . . ist eine seiner hauptsächlichsten Manien. Er hat eine Art unerklärlicher, übertriebener Vorliebe für Österreich... Er haßt die Preußen und die übrigen deutschen Mächte, und da er nicht weiß, wie er das mit seiner Abneigung für Frankreich vereinen soll, hat er sich ein Trugbild geschaffen, das unter dem Namen ›Deutschait‹ das Idol ist, dem er sich weiht... Er ist ein Chaos von nicht zusammenhängenden und unvereinbaren Wünschen, die seine Sprunghaftigkeit erklären. So bildet auch der Gedanke an seine künftige Herrschaft den Schrecken aller, die denken... Seine moralischen und religiösen Grundsätze sind sehr rein und stehen in merkwürdigem Gegensatz mit seinem Benehmen in verschiedener Beziehung ... Wenn er seinen Vater überlebt, wird seine Herrschaft stürmisch werden... Denn seine Reizbarkeit zeugt nicht von Kraft . . .«

4

Begegnung mit Napoleon:
»... wo bey Champagner ich teutsche Gesinnung aussprach.«

Von ebenso entscheidender Bedeutung wie Ludwigs Ita-
lien-Aufenthalt wurde seine Begegnung mit Napoleon. Sie
war das größte Erlebnis seiner Jugend, eines der größten in
seinem langen, ereignisreichen Leben.

Als eine grauenhaft-faszinierende Macht wirkte Napoleon auf seine Zeitgenossen, auch auf Ludwig. Dieser
Napoleon war weitaus mehr als eine politische Realität, er
war ein Mythos. Gleichgültig konnte man ihm nicht begegnen, man mußte ihn bewundern oder hassen. Napoleon
hat, sagte Goethe, »einen jeden aufmerksam auf sich gemacht«. Durch seine »dämonische« Mächtigkeit, so Goethe
weiter, habe Napoleon eine Art der Ergebung und des
Widerwillens bei den Unterworfenen erzeugt, die alles an
den Tag bringen mußte, was in den Menschen steckte.
Auch der bayerische Kronprinz hat Napoleon als einen
Dämon empfunden. Am Ende, als der schon Besiegte von
Elba aus zum Rachezug gegen Europa rüstete, spricht
Ludwig von einem »Ungeheuer«, das sich »aus dem Mee-
re... (erhob), wieder verheeren wollend alle Länder...«;
um eine apokalyptische Gestalt, um ein schreckliches,
überirdisches Wesen scheint es sich bei Napoleon zu handeln, und nicht um einen Menschen aus Fleisch und Blut.
Napoleon wird mit anderen Worten »vergöttert«, sowohl
von seinen Verehrern als auch von seinen Feinden: Er ist so

Carl Ludwig August, Kronprinz von Bayern
Oben: Lithographie um 1810
Unten: Ölgemälde von Wilhelm von Kobell, um 1807

Die Villa Malta in Rom.
Foto um 1910

Kronprinz Ludwig
(Mitte, mit ausgestrecktem Finger)
in der Gesellschaft deutscher Künstler in der
›Spanischen Weinschenke‹ in Rom.
Ölgemälde von Franz Ludwig Catel, 1824

Angelika Kauffmann:
Der bayerische Kronprinz in der Tracht
der Hubertusritter, 1805-1807

unfaßbar, daß normale, menschliche Kategorien für ihn nicht hinreichen.

Die erste Generation der Romantiker, die Brüder Schlegel, Schleiermacher und Tieck hatten Napoleon als Verkörperung einer »heiligen Revolution« gefeiert; Beethoven wollte ihm seine dritte Sinfonie widmen. Sie alle sahen in ihm einen der Ihren, einen, der von einfacher Herkunft, wie sie, einen atemberaubenden Aufstieg vollbracht hatte. Mit Napoleons Beispiel vor Augen feierten die Denker und Dichter die Naturgewalt des Genies, eine Gewalt, die alle Bindungen sprengt, sich unaufhaltsam durchsetzt und eine vollkommen neue Welt erschafft. Zur Zeit der ersten Triumphe Napoleons steht dessen Büste in den Arbeitszimmern zahlloser Geistesheroen; Goethe kann sich gar nicht daran satt sehen.

Nach der Schlacht von Jena und Auerstedt, Napoleons Sieg über Preußen, seinem Marsch nach Berlin, der Verhängung der Kontinentalsperre gegen den englischen Handel, beginnt im Oktober 1806 der allgemeine Umschwung. Napoleon, der jetzt fast alle deutschen Territorien besetzt hält, wird zum Mephisto, zum genialen, aber schauderhaften Unmenschen und bösen Geist. Zur Beschwörung des guten Geistes, des deutschen Nationalgeistes, plant Kronprinz Ludwig von Bayern um diese Zeit einen Ruhmestempel geistiger Macht und Herrlichkeit: die Walhalla. Davon mehr im folgenden Kapitel.

Mit seinem Haß auf Napoleon steht Ludwig – zumindest nach 1806 – bei weitem nicht allein; wohl selten ist jemand mit solcher Inbrunst gehaßt worden wie dieser korsische Machtmensch. Wobei der Haß aus ganz unterschiedlichen Quellen gespeist wird: Die einen hassen den Despoten und Unterdrücker, die anderen den Revolutionär, wieder andere den Verräter an den Idealen der Revolution. Ludwig haßt den fremden Eroberer, den anmaßenden Beherrscher Europas und, nicht zuletzt, das Produkt einer Umwälzung, unter der er bereits als Kind und insgesamt 10 Jahre lang erheblich zu leiden hatte.

Eine persönliche Begegnung mit Napoleon hatte Ludwig, so lange es ging, vermieden. Während seiner ersten Italienreise hatte er im Dezember 1804 von Napoleons Kaiserkrönung erfahren und war empört, daß dieser ›Emporkömmling‹ dem Papst die Kronen aus der Hand genommen und sie sich und seiner Gemahlin Josephine selbst aufgesetzt hatte. Getröstet hatte er sich vorerst mit der Vergänglichkeit »ird'scher Macht«, denn, so Ludwig in Rom: »Vormacht des Geistes besteht ewig und ewig allein.« Dem »Korsen«, wie er Napoleon stets despektierlich nannte, prophezeite er einen schnellen Niedergang, den er durch »teutschen« Patriotismus noch beschleunigen wollte. »Teutsch« und »Teutschland« schrieb Ludwig mit *t*, um an den alten germanischen Stamm der Teutonen zu erinnern und so eine durch Geschichtsbewußtsein vermittelte Verbrüderung herbeizuführen: Einigkeit macht stark – eine Parole, die in Anbetracht der Zersplitterung des damaligen Deutschland und der daraus hervorgegangenen Handlungsunfähigkeit zum patriotischen Programm wurde.

»Es gehorchet Teutschland«, klagte Ludwig 1805, »sich selbst vernichtend dem Korsen und die Zwietracht allein hat es besiegt und besiegt's.« Sonderlich optimistisch klingt das nicht. Und zum Optimismus gab es um diese Zeit für Ludwig auch gar keinen Grund mehr.

Im Sommer 1805 begann der dritte Koalitionskrieg gegen Frankreich; England, Österreich, Rußland und Schweden hatten sich gegen Napoleon verbündet. Die Engländer siegten am 21. Oktober bei Trafalgar, die Österreicher und die Russen wurden am 2. Dezember bei Austerlitz geschlagen. Bayern hatte sich in diesem Krieg von Anfang an auf die Seite Frankreichs gestellt und war dafür mit der Aussicht auf Gebietsvergrößerung belohnt worden. Montgelas hatte diesen Handel vorangetrieben und Max Joseph schließlich überzeugt. Ludwig, der sich auf der Rückreise aus Italien in Bern aufhielt, versuchte seinen Vater in letzter Minute umzustimmen: »Ich weiß, mein ausgezeichneter Vater«, schrieb er am 24. September 1805, »daß Sie Aufrichtigkeit lieben, aber ich bitte Sie, nur nicht mit den Franzosen zu gehen, unsere Waffen nicht mit den ihrigen zu vereinen und nicht mit den Ungerechtigkeiten dieser Nation gemeinsame Sache zu machen, die alles Recht mit Füßen tritt. Glauben Sie nicht, daß ich Österreicher bin, ich bin es gewiß nicht, ich bin ein Feind der Ungerechtigkeit.«

Genützt hat dieser Brief nichts, denn Max Joseph sah die Interessen Bayerns allein auf französischer Seite gewahrt. Und der Erbfolger Ludwig hat sich von diesem Zeitpunkt an der Staatsräson verstärkt zu fügen. Schon im August 1805 hatte Montgelas darauf bestanden, daß der Kurprinz bei seiner Rückreise aus Italien den in Mailand als Vizekönig eingesetzten Stiefsohn Napoleons, Eugène Beauharnais, besucht. Wenige Monate zuvor hatte er noch eine Erkrankung vorschützen können, um die Krönung Napoleons zum König von Italien nicht mitansehen zu müssen. Aber jetzt half nichts mehr: Der Pflichtbesuch bei Beauharnais wird zum Anfang einer langen Reihe von diplomatischen Gesten, die der 19jährige bayerische Erbfolger zu leisten hat. Ende September 1805 muß er bei seinem Aufenthalt in Bern dem dortigen Vertreter Frankreichs seine Aufwartung machen und sich wenige Wochen später schließlich sogar in seiner – besetzten – Geburtsstadt Straßburg vor der Gemahlin Napoleons, der Kaiserin Josephine, verbeugen. Wie widerwillig Ludwig dies alles absolviert, bleibt nicht verborgen. Zum Entsetzen seiner Begleiter verkündet er in Straßburg sogar laut und vernehmlich: »Das sollte mir die teuerste Siegesfeier sein, wenn diese meine Geburtsstadt wieder deutsch wird.« Ein geradezu ungeheuerlicher Affront, der selbstverständlich sofort zu Napoleons Ohren gelangt.

Zur ersten Begegnung zwischen Napoleon und Ludwig kommt es im November 1805 in Linz an der Donau. Montgelas hatte dem Kurfürsten vorgeschlagen, seinen Sohn nach Linz mitzunehmen, um, wie er in seinen Erinnerungen schreibt, »den Prinzen mit dem politischen System, das die Staatsregierung angenommen hatte, zu versöhnen und den Eindruck der hervorragendsten Persönlichkeit des Zeitalters auf ihn zu erproben«. Das Unternehmen ging schief. Zwar hatte der gewaltige Feldherr und Eroberer auf Ludwig durchaus Eindruck gemacht, aber an eine »Bekehrung« war gar nicht zu denken.

Am 1. Januar 1806 wird Bayern zum Königreich von Napoleons Gnaden. Der 19jährige Ludwig ist vom Sohn eines kleinen Pfalzgrafen zum Kronprinzen avanciert. Diesem Aufstieg allerdings steht er mit sehr gemischten Gefühlen gegenüber: Irgendwann einmal König zu werden ist schön und gut, aber diese Würde ausgerechnet Napoleon zu verdanken, ist ein ärgerlicher Makel. Sein Leben lang hat Ludwig diesen Makel großzügig übersehen; von Frankreichs Beteiligung an der bayerischen Monarchie hat er niemals auch nur andeutungsweise gesprochen – was man nicht bewältigen kann, muß man eben verdrängen, und zwar komplett.

Napoleon hat sich mehrfach um die Gunst des widerspenstigen bayerischen Thronfolgers bemüht. Schließlich war ein Regierungswechsel – wenngleich nicht zu erwarten – doch nicht grundsätzlich auszuschließen, und überdies konnte der eitle und erfolggewohnte Kaiser sich wohl schwer damit abfinden, daß es ihm nicht gelingen sollte, einem halberwachsenen bayerischen Burschen zu imponieren. Kurz nach der siegreichen Schlacht bei Austerlitz hatte er Ludwig den Säbel, den er dort getragen hatte, und auch eine eigenhändige Skizze des Schlachtverlaufs geschenkt. Wohl kaum jemand wäre von solchen Symbolen der Feldherrenkunst nicht fasziniert gewesen. Ludwig jedoch hatte mit Militärischem ohnehin nichts im Sinn und notierte knapp, daß der Säbel noch schmutzig war. Auch eine Art von Kommentar, möglich jedoch nur im stillen Kämmerlein. Nach außen hin mußte Ludwig natürlich äußerste Freude demonstrieren.

Wieviel Selbstbeherrschung dem frischgebackenen Kronprinzen abverlangt wurde, zeigt die Geschichte um die Vermählung seiner ältesten Schwester Auguste. Schon

1804 hatte Napoleon Auguste für seinen Stiefsohn Eugène Beauharnais vorgemerkt. Der selbsternannte Franzosenkaiser hatte nämlich den Wunsch, einen hocharistokratischen Stammbaum anzulegen: Durch verwandtschaftliche Beziehungen mit alten, erblichen Dynastien Europas sollte die allzu traditionslose neue Monarchie verankert und gefestigt werden. Mit dem angesehenen Haus Wittelsbach macht Napoleon den Anfang.

Eugène Beauharnais ist der Sohn aus der ersten Ehe der Kaiserin Josephine. Als Napoleon ihn 1805 zum Vizekönig von Italien ernennt, ist er 24 Jahre alt, ein eleganter und liebenswürdiger junger Mann, auf den sein Stiefvater große Hoffnungen setzt. Ludwig, der Eugène, wie gesagt, in Mailand besuchen muß, kann erwartunsgemäß mit ihm nicht warm werden. Obwohl Eugène sich auf Anweisung Napoleons große Mühe mit dem Bayernprinzen macht: »Ich war mit ihm so galant, als es mir nur irgend möglich war«, meldet Eugène dem Kaiser. Und weiter: »Ludwig ist ein junger Mann von neunzehn Jahren, der weniger ungelenk scheint, als es sonst im allgemeinen die deutschen Prinzen sind. Er hat das Unglück, taub zu sein und zu stottern, was beim Gespräch außerordentlich stört.«

Ludwigs Schwester Auguste blieb von diesen Gebrechen verschont, und sie ist insgesamt ansehnlicher als ihr zwei Jahre älterer Bruder, was für Napoleon jedoch kaum ausschlaggebend gewesen sein dürfte. Auch ist es ihm gleichgültig, daß die 17jährige Auguste dem Erbprinzen von Baden versprochen ist und – wie die Gerüchte sagen – diesen Mann auch liebt: Wenn es um Politik geht, zählen Gefühle bekanntlich nicht. Auguste jedenfalls wird zum Objekt napoleonischer Prestigepolitik. Und sie findet dies durchaus nicht selbstverständlich. Bitter beklagt sie sich in zahlreichen Briefen an ihren Bruder, daß man sie aufopfern wolle und nennt eine »schändliche Verbindung«, was der Vater und Montgelas unter dem Druck Napoleons anstreben. »Die bedauernswerte Prinzessin fiel darüber öfters in langanhaltende Ohnmachten«, meldet der österreichische

Gesandte Graf Buol, und Ludwig beobachtet hilflos und mit Ingrimm, wie man seine geliebte Schwester an den Erzfeind verschachert. Im Dezember 1805 ist die Entscheidung nach langem Hin und Her definitiv gefallen. Max Joseph, der es sein Leben lang versteht, unangenehmen und belastenden Situationen aus dem Weg zu gehen – häufig muß er sich in solchen Fällen erbrechen oder er erleidet schwere Gallenanfälle –, Max Joseph also zieht es vor, eine persönliche Aussprache zu vermeiden, und schreibt seiner Tochter statt dessen einen Brief: »Gedenke, mein liebes Kind«, heißt es darin unter anderem, »daß Du das Glück nicht nur Deines Vaters, sondern jenes Deiner Brüder und Bayerns begründen würdest, das diese Verbindung heiß ersehnt.«

Ausgerechnet Ludwig wird gezwungen, seiner Schwester diesen Brief zu überbringen. Auguste ist verzweifelt, aber sie gibt schließlich nach: »Wenn also die Ruhe meines geliebten Vaters und das Glück des ganzen Volkes davon abhängt, so opfere ich mich, so grausam auch mein Geschick werden möge«, schreibt sie an Max Joseph, der in seiner Residenz krank im Bett liegt. Fünf Tage später kommt Napoleon in München an, besorgt eine Tasse mit dem Porträt der unglücklichen Braut und schickt sie seinem Stiefsohn nach Mailand, auf daß Eugène wenigstens einmal sieht, mit wem er sich zwei Wochen später verheiraten soll. Dazu schreibt der einfühlsame Stiefvater: »An den Vizekönig Eugène Beauharnais. Mein Vetter, ich bin in München angekommen, ich habe Ihre Heirat mit der Prinzessin Auguste arrangiert und bereits veröffentlicht. Heute morgen hat diese Fürstin mir einen Besuch gemacht, und ich habe sehr lange mit ihr gesprochen. Sie werden beiliegend ihr Porträt auf einer Tasse finden, aber sie sieht viel besser aus.« Und zwei Tage später: »Mein Vetter! Spätestens zwölf Stunden nach Erhalt dieses Briefes werden Sie in größter Eile abreisen und sich nach München begeben.«

Der Vizekönig gehorcht aufs Wort, ebenso wie vorher Max Joseph, dann der Briefüberbringer Ludwig und schließlich Auguste. Am 14. Januar 1806 wird die bayerische

Prinzessin mit Eugène Beauharnais vermählt. Zumindest Napoleon ist ausgesprochen heiter. Später wird die der Staatsräson gewidmete Ehe wie durch ein Wunder überaus glücklich. Nach dem Sturz Napoleons erhält Eugène den Herzogstitel von Leuchtenberg und zieht mit Auguste nach München. Als Mitglied der bayerischen Königsfamilie hat Ludwig seinen französischen Schwager allerdings niemals anerkannt.

Kurz nach der Vermählung seiner Schwester Auguste mit Eugène Beauharnais wird Ludwig von Napoleon nach Paris eingeladen. Auch diese Aktion dient der Festigung der Beziehungen zwischen Frankreich und seinem wichtigsten deutschen Verbündeten. Ablehnen kann Ludwig nicht. Am 10. Februar 1806 kommt der Kronprinz in Begleitung hoher Militärs in Paris an. Napoleon gibt sich außerordentlich familiär, stellt Ludwig eine prachtvolle Wohnung in seiner Residenz – den Tuilerien – zur Verfügung, lädt ihn zu zahlreichen offiziellen Veranstaltungen ein und speist jeden Samstag mit ihm im Kreise seiner Angehörigen. Auf diese Weise hat Ludwig die Möglichkeit, den dämonischen Beherrscher Europas aus allernächster Nähe zu beobachten, und dies insgesamt sieben Monate lang. Was Ludwig dabei erlebt, bringt er – wie immer – sorgfältig, ja geradezu pedantisch zu Papier. Diese Aufzeichnungen des 19jährigen Kronprinzen liegen den folgenden Abschnitten zugrunde.

Napoleon brauchte Ludwig nicht zu fürchten, wohl aber Ludwig Napoleon. Schon vor seiner Abreise nach Frankreich hatte der Kaiser sich einen rohen Spaß gemacht: »Ihr Vater wird mir für Ihren Pariser Aufenthalt seine väterliche Gewalt übertragen«, erklärte er dem Bayernprinzen, und fügte hinzu: »Ich werde Sie in Arrest schicken können und das Recht auf Leben und Tod über Sie haben.« Mit derartigem Grobianismus konnte der empfindliche Ludwig überhaupt nicht umgehen; auch unterschied sich seine Auffassung von väterlicher Gewalt wohl ganz erheblich von der Napoleons: Ludwig war und blieb also gewarnt. Zu einer gewissen Vorsicht oder gar taktischer Klugheit im Umgang mit Napoleon hat er es dennoch nicht gebracht. Vor allem dann nicht, wenn sein Nationalbewußtsein und seine »teutsche« Gesinnung sich meldeten. Kurz nach der Erhebung Bayerns zum Königreich wollte Ludwig gar mit Napoleons Hilfe den verhaßten Staatsminister Montgelas stürzen. Mit Napoleons Hilfe! Wo doch Montgelas als Wegbereiter und bedeutendster Exponent der bayerisch-französischen Freundschaft galt! Max Spindler, der Nestor der bayerischen Geschichtsschreibung, kommentiert Ludwigs Unternehmen wie folgt: »Dieser erste Vorstoß Ludwigs gegen Montgelas gehört in die Reihe jener Husarenstreiche, an denen Ludwigs ganzes Leben, nicht bloß seine Jugend, reich ist, von deren Torheit, wenn sie bekannt wurden, alle Welt, nur er nicht überzeugt war. Napoleon ging mit keinem Wort auf die vorgebrachten Beschwerden ein, und Ludwig mußte froh sein, wenn der Kaiser die Waffe, die er ihm in die Hand gegeben hatte, nicht gegen ihn gebrauchte.«

Der Aufenthalt Ludwigs am französischen Hof fiel mit Ereignissen von großer politischer Tragweite zusammen. Das Jahr 1805 hatte mit der Niederwerfung Österreichs geendet, im Juni 1806 entsagte Kaiser Franz I. der Krone, und das Heilige Römische Reich Deutscher Nation hörte auf zu existieren.

Zur gleichen Zeit zwang Napoleon 16 deutsche Reichsstände, unter ihnen Bayern, Württemberg und Baden, zur Gründung des sogenannten Rheinbundes, einem militärischen Bündnis mit Frankreich. Mit Ausnahme von Österreich, Preußen, dem dänischen Holstein und Schwedisch-Vorpommern schlossen sich nach und nach 39 deutsche Einzelstaaten dem Rheinbund an. Ihre politische Selbständigkeit hatten sie in der Hoffnung, bei der Neugliederung Deutschlands territoriale Gewinne zu erzielen, restlos aufgegeben. Rund 200 000 deutsche Soldaten mußten für jeden napoleonischen Feldzug bereitgestellt werden, wobei Bayern mit 30 000 Soldaten das meiste Kanonenfutter aufzubringen hatte. Ganz Süddeutschland war überdies von französischen Truppen besetzt; allein in Bayern, zu dem seit dem Frieden von Preßburg (27. Dezember 1805) das ganze österreichische Tirol, das preußische Ansbach und die Reichsstadt Augsburg hinzugekommen waren, standen 150000 französische Soldaten. So war es kein Zufall, daß der als Gegner der Rheinbundpolitik bekannte Ludwig sich ausgerechnet während der entscheidenden Verhandlungsphase am Hof Napoleons aufhielt. Auch diente er, ebenso wie der um die gleiche Zeit in Paris energisch festgehaltene Erbprinz Karl von Baden, als Bürge für die Bundestreue seines Vaters. Max Spindler bezeichnet die beiden deutschen Fürstensöhne gar als »Geiseln am Cäsarenhof«.

Napoleon tat indessen alles, um seinem Gast den Zwangsaufenthalt so angenehm wie möglich zu machen. Ludwig konnte über seine Zeit nach freiem Ermessen verfügen und auch kleine Einladungen geben, was er häufig tat. Eine Tafel zu zwölf Gedecken, die aus der Hofküche bedient wurde, stand zu seiner Verfügung; für Ausfahrten hatte der Kaiser ihm ein eigene Kutsche bereitgestellt. Mit just dieser napoleonischen Kutsche ließ er sich eines Tages nach Vincennes fahren, um das Grab des Herzogs von Enghien zu besuchen. Jenen Herzog hatte Napoleon wegen angeblicher, aber unbewiesener Teilnahme an einer Verschwörung durch ein Kriegsgericht erschießen lassen. Welch ein Wagnis, ausgerechnet das Andenken dieses Mannes zu ehren! Ein Wagnis, von dem Napoleon sicherlich erfuhr, zumal er seinen Gast mit einer Reihe von Dienern umgeben hatte, die ihn nach Kräften ausspionieren sollten. Und mit Ludwig hatten sie ein leichtes Spiel, denn der Bayernprinz war unbeherrscht auf der einen und allzu naiv auf der anderen Seite. Bis ins hohe Alter hat Ludwig sich diese Naivität bewahrt. So schreibt der 1861, in Erinnerung an seinen Pariser Aufenthalt: »In Vincennes war ich am Grab des Herzogs von Enghien, äußerte aber nichts. So klug war ich in Versailles nicht, wo bey Champagner ich teutsche Gesinnung aussprach.« Als ob seine

Haltung dem »Korsen« nicht ohnehin durchsichtig gewesen wäre, ob er nun im Einzelfall einmal schwieg oder nicht. Wie sehr muß er doch – bei aller Neigung zur Dämonisierung – seinen Erzfeind unterschätzt haben! Dazu paßt, daß Ludwig auf der anderen Seite die eigene Position gegenüber Napoleon in maßloser Eitelkeit überschätzt hat. Mehr als 50 Jahre nach seinem Aufenthalt in Paris meint er: »Könnte ich Napoleon lieben, so wäre es, weil er mich so gehaßt hat.« Als ob der geniale Feldherr sich mit dem Haß auf einen kleinen, aufmüpfigen Bayernprinzen aufgehalten hätte! Auch Max Spindler meint, Ludwigs übermächtige Abneigung gegen den Kaiser der Franzosen habe sein Urteil derart getrübt, »daß er die Größe Napoleons gar nicht erkannt« hat, nicht einmal später im Alter und aus gehörigem Abstand. Zum Phänomen Napoleon war – zumindest für Ludwig – offenbar kein Abstand zu gewinnen. Lediglich die unglaubliche Arbeitskraft des mächtigen Imperators wußte Ludwig mehrfach zu rühmen; allerdings nicht, ohne sich selbst sofort daran zu messen. An Max Joseph schreibt er: »Heißen Dank bin ich Ihnen, bester Papa, schuldig, daß Sie mich von frühester Jugend an Beschäftigung gewöhnen ließen.« Will Ludwig mit Napoleon konkurrieren?

Fest steht, daß Ludwigs Verhältnis zu Napoleon durchaus ambivalent und widerspruchsvoll war. Fast alle seine Notizen verraten die Angst, der faszinierenden Persönlichkeit des Kaisers ganz gegen seinen Willen und seine rationalen Überzeugungen zu erliegen. Sieben Monate lang führte Ludwig einen schweren inneren Kampf, an dem er sicherlich gewachsen ist. Immer wieder mußte er sich zur Räson rufen, immer wieder sich vor Augen führen, was dieser zweifelsohne geniale Mensch in Europa angerichtet hatte; äußerste geistige Disziplin war dazu erforderlich. Zumal Napoleon, Stratege von Natur aus, nichts unversucht ließ, um Ludwig in seinen Bann zu ziehen: »Der Kaiser fuhr fort mich zu loben«, berichtet Ludwig fast verzweifelt, »(aber) ich kann sicher nicht sagen, ob er wirklich mit mir zufrieden ist, ich betrachtete ihn, und seine

Miene ließ mich im Zweifel darüber. Wenn er meine Meinung kännte, wäre er es sicher nicht; denn sie deckt sich nicht mit der seinen.«

Danach zählt er beschwörend auf, was ihn von Napoleon trennt, aber es hilft nichts. Am Ende muß er sich gestehen: »Und dennoch versteht es dieser nämliche Mensch, mir Begeisterung für sich einzuflößen.« Betroffen fügt er rasch hinzu: »Aber nur für Augenblicke«, und bricht den Bericht ab, nicht ohne sich noch schnell vom Verdacht der Käuflichkeit zu reinigen: »Die Erhöhung, die ihm mein Haus zu verdanken hat, hat niemals dieses (Gefühl der Begeisterung) in mir hervorgerufen, nicht einen einzigen Augenblick hat sie in mir eine solche Wirkung hervorgebracht...« Drei Jahre später, als er Napoleon bei Abensberg auf dem Schlachtfeld begegnet, sagt er zum ersten – und letzten – Mal, worauf seine zeitweilige Begeisterung für den Korsen gründet: »Ein Genie kann hinreißen im Moment.« Wie schwer muß ihm dieses Zugeständnis gefallen sein!

Alles in allem bemühte sich Ludwig sehr, seine positiven Gefühle für Napoleon zu unterdrücken. Und er bemühte sich mit Erfolg. Zu Hilfe kam ihm, neben seinem Nationalbewußtsein und seinem ausgeprägten Desinteresse an militärischen Belangen, die bis zum Starrsinn gehende Beharrlichkeit, an einem einmal gefaßten Urteil oder Ziel festzuhalten. Der persönliche Umgang mit dem Kaiser konnte seine Haltung zwar für Augenblicke erschüttern, aber auf die Dauer nicht verändern. Zwar war Ludwig durchaus beeindruckt von dem Glanz des französischen Hofes – »Glanz« war eines seiner Lieblingswörter schlechthin –, aber er war intelligent genug, nicht die Fassade für das Ganze zu halten: Bei aller Anfälligkeit für luxuriöse Aufmachung blieb er skeptisch und nicht korrumpierbar. Er ließ sich nicht einreihen in die Zahl der willenlosen Bewunderer, die Napoleon um sich scharte, und erlaubte sich seine eigene, unverrückbare Meinung, mit der er allerdings zumeist hinter dem Berg hielt und halten mußte. Dennoch spürte Napoleon, daß ihm hier ein stabiler innerer Widerstand entgegengesetzt wurde, und er griff zuletzt zu dem plumpsten, aber auch vielversprechendsten Mittel, indem er ihn fragte, wie ihn sein Vater finanziell halte und ob er ihm ein wenig unter die Arme greifen könne. Ludwig lehnte höflich, aber bestimmt ab. »Ich bin fest entschlossen«, so beendet er die Niederschrift des Gespräches, »mich nicht an den Kaiser zu wenden, wenn ich, was äußerst unwahrscheinlich ist, Geld brauchen sollte.« Auch erkannte Ludwig gerade in der Umgebung des mächtigsten Mannes die Gefahren der Macht: »Der Regenten Leben muß dem Nachdenken und dem Handeln gewidmet sein, für die Seelen und die Körper«, schrieb er in seiner Wohnung in den Tuilerien. Und weiter: »... des Regenten Schritte leite Gerechtigkeit. Ich begreife nicht, wie man das Heil seiner Seele in die größte Gefahr bringen kann, um etwas mehr Land, gesetzt auch die ganze Erde, dieses Stäubchen in der Weltenuhr an sich zu bringen.« An anderer Stelle formulierte er dann eine ganz massive Anklage: »Napoleon tritt mit Füßen, hat mit Füßen getreten und tritt noch täglich mit Füßen die heiligsten Rechte, und in Zukunft wird er es bestimmt genauso machen, und er wird niemals aufhören, so zu handeln, wenn er eine günstige Gelegenheit findet.« Allein dieser leidenschaftliche Haß gab Ludwig die Kraft, den Versuchungen des Genies zu widerstehen und über dem faszinierenden Menschen Napoleon nicht den Kaiser und Politiker zu vergessen.

Bei alledem ist es Ludwig gelungen, seinen Pariser Zwangsaufenthalt gewinnbringend zu gestalten. Napoleon war gerade dabei, seine militärischen Erfolge kulturell zu manifestieren: Alte, traditionsreiche Zeremonielle wurden erneut am französischen Hof eingeführt, und am Anfang der Champs-Élysées entstand ein mächtiger Triumphbogen. Ludwig beobachtete dies alles mit großer Neugier und mit Interesse; später hat er ja bekanntlich in München einen ganz ähnlichen Triumphbogen errichtet.

Auch verstand es der Kronprinz durchaus, sich zu integrieren: Die letzte Karnevalswoche sei er jede Nacht auf einem anderen Ball gewesen, berichtete er seiner Schwester nach München. Und wenn er nicht zum Tanzen ging, besuchte er Theater oder Konzerte, Kunstsammlungen oder Ateliers von Malern. Zwischendurch durfte er Napoleon zu Paraden und Truppeninspektionen begleiten und wurde schließlich – eine besondere Ehre – auf verschiedene Staatsratssitzungen mitgenommen, die sehr lehrreich waren, weil damals gerade für den Auf- und Ausbau des napoleonischen Staates wichtige Gesetzentwürfe erörtert wurden. Unermüdlich hat Ludwig diese Sitzungen verfolgt, und unermüdlich hat er jede Chance wahrgenommen, das politische Alltagsgeschäft des bedeutendsten Staatsmannes seiner Zeit kennenzulernen.

Auf diese Weise wurde Ludwig von Napoleon in vielfacher Art angeregt. Unter seinen Papieren aus der Pariser Zeit befinden sich Aufzeichnungen zur Sanierung des bayerischen Staatshaushaltes, zur Gründung einer Landesuniversität, zur kirchlichen Neuorganisation, zu Bekleidung, Verpflegung und Altersversorgung der bayerischen Soldaten. Bloß als Privatmann und bloß zum Vergnügen hat sich Ludwig in Paris ebensowenig aufgehalten wie vorher in Rom, immer stand die Vorbereitung auf das Herrscheramt an erster Stelle; auch seine Kunstinteressen entwickelte Ludwig im Bewußtsein seiner künftigen Position. So blieb er bei aller Kunstschwärmerei durchaus nüchtern: Im Louvre beispielsweise beschäftigte er sich auf der einen Seite intensiv mit der Frage, welche der italienischen Landschaften Claude Vernets im Süden und welche in Frankreich entstanden waren, während er auf der anderen Seite Beleuchtungsprobleme studierte und darüber nachdachte, ob man Künstler besolden solle. Dreimal täglich pilgerte Ludwig in dieses »unschätzbare« Museum – auf dem Heimweg erprobte er dann die Vorteile eines gedruckten Stadtführers und beschloß, einen Wegweiser durch München einzuführen, der in deutscher und französischer Sprache in jedem Gasthaus ausliegen sollte. Erst zwanzig Jahre später konnte Ludwig manche seiner Pariser

Gedanken verwirklichen; wie schwer muß ihm die lange Wartezeit gefallen sein!

Am 27. August 1806 machte sich Ludwig auf die Rückreise nach München. Unterwegs schrieb er dem Vater: »Wie froh war ich, Frankreich im Rücken zu haben, seinen Kaiser nicht zu sehen und seine nicht besseren Satelliten!« Er ahnte nicht, daß er Napoleon schon bald in Berlin treffen muß, und zwar nach der Schlacht von Jena und Auerstedt, bei der bayerische Truppen an der Seite des siegreichen Feldherren gegen Preußen gekämpft hatten. »Ich beschwöre Sie«, hatte Ludwig vor diesem Bruderkrieg an seinen Vater geschrieben, »... aus Liebe zu dem treuen Bayern, Ihre Truppen nicht aus Ihrem Königreich zu schicken, nicht einen Mann...; sollte der Krieg mit Preußen ausbrechen, es wäre schrecklich für uns.«

Ludwig vermochte es, wie gesagt, nicht zu verhindern, und man kann sich vorstellen, mit welchen Gefühlen er nach der Schlacht ins französische Hauptquartier nach Berlin gereist ist. Max Joseph bittet ihn eindringlich, sich ja bloß nichts anmerken zu lassen. »Wisse«, schreibt er seinem Louis, »daß (Napoleon) nur zu sehr Deine Abneigung gegen ihn mutmaßt, dies ist die Ursache, warum ich Dich zu ihm schicke... Sei überzeugt, daß es mir tausendmal lieber wäre, die Sachen stünden noch wie vor zwanzig Jahren, da dieses aber nicht möglich ist, so suche ich jetzt zu machen, was das Beste meines Hauses erfordert...« Zahlreiche weitere Zusammenkünfte Ludwigs mit Napoleon werden in diesem Sinne erforderlich. Und jedesmal muß man in München befürchten, daß es eines Tages doch zu einem folgenschweren Zusammenstoß kommt. So erneut, als Ludwig am 25. Januar 1807 in Napoleons Hauptquartier nach Warschau reist, wo der Kaiser den Krieg gegen Rußland eröffnet. Vorsorglich redet man dem Kronprinzen auch vor diesem Treffen ins Gewissen; der Schwager Eugène Beauharnais muß es diesmal besorgen. Er schreibt: »Ich habe mit großer Freude, mein lieber Bruder, von Ihrer Reise zur *grande armée* erfahren. Da sind Sie auf einem

schönen Schauplatz und in der ersten und besten Kriegs-
schule der Welt... Haben Sie volles Vertrauen in die Güte
des Kaisers, arbeiten Sie daran, sein Wohlwollen zu erwerben, es ist nützlich für Ihre Familie und wird Ihnen, wie den
Völkern, die Sie beherrschen werden, stets notwendig
sein... Was den Freimut betrifft... ich verstehe darunter
jenen gegenüber dem Kaiser... muß man sich manchmal
verstellen. Ich sehe, wie Sie sich entrüsten. Ihre Stirn zieht
sich in Falten bei dem Wort verstellen. Und doch was ist es
im Grunde? Bloß das nicht sagen, was man denkt, das ist
alles... In den Salons der Fürsten fehlt es niemals an
Personen, die das kleinste Wort wägen, besprechen, ausle-
gen, wiedersagen und verdrehen. Ich rate Ihnen, mein
lieber Louis, den militärischen Dingen Geschmack abzuge-
winnen. Heute und weithin in die Zukunft wird es nötig
sein, daß Könige Militärs sind.«

Diese Predigt zeigt, wie groß in München die Besorgnisse
sind und wie ernst man Ludwigs Haß auf Napoleon nimmt,
nachdem nicht einmal die Pariser Gewaltkur einen Gesin-
nungswandel bewirkt hatte. So ist es denn kein Wunder,
daß auch der Brief des Schwagers überhaupt nichts nutzt:
Zwar tut Ludwig, was man von ihm erwartet, und er
verstellt sich auch, aber er kultiviert seinen Haß und wird so
in gewisser Weise zur Zeitbombe. Dem Vater schreibt er aus
Warschau: »Der Kaiser empfing mich sehr freundlich, so
daß es mir leid tat, von ihm eine so üble Meinung haben zu
müssen, aber seine Handlungen waren schuld daran und
sind es... Sie sehen, bester Papa, ich habe gefolgt, bin
hierher gekommen, so viel es mir auch kostete...« Insgeheim dichtet er um dieselbe Zeit:

Auf, ihr Teutschen!, auf, und sprengt die Ketten,
Die ein Corse euch hat angelegt!
Eure Freyheit könnet ihr noch retten,
Teutsche Kraft, sie ruhet unbewegt.
Ach! sie ruhte, doch sie ruhet nimmer,
Daß der eignen Freyheit letztem Schimmer
Werd' beschleuniget der Untergang.

Waffen habt die Brüder ihr zu morden,
Für Den kämpfend, der euch unterjocht;
Teutschlands Kräfte sind nicht kund geworden,
Als noch Teutschland selbst für Teutschland focht.
Für der Unabhängigkeit Vereine
Hatte es nicht Willen, Kräfte keine,
Da noch für Selbstständigkeit es rang.

Ein kämpferisches, aber gleichwohl depressives Gedicht.
Und zur Depressivität hatte Ludwig allen Grund. Immer
wieder mußte er mitansehen, wie bayerische Soldaten dem
Machthunger Napoleons zum Opfer fielen, und gleichzeitig erkennen, daß die offizielle bayerische Politik sich
auszahlte: 1809 erhielt der bayerische König als Gegenlei-
stung für seine Hilfe im Kampf Napoleons gegen Österreich
das Innviertel, die Hälfte des Hausruckviertels, Salzburg
und Berchtesgaden. Als daraufhin der von Andreas Hofer
geleitete Freiheitskampf der Tiroler gegen die Bayern und
Franzosen begann und Ludwig zu einer militärischen Expe-
dition unter Feldmarschall Lefèbvre beordert wurde, brachte er seine Haltung zum Ausdruck, indem er einfach nicht
auftauchte. Nach geltendem Kriegsrecht war dies Befehls-
verweigerung. Napoleon reagierte heftig wie nie zuvor:
»Ich pfeife auf alle Könige, ein Korporal ist mir mehr wert.
Was hindert mich, diesen Kronprinzen erschießen zu
lassen?«
Die bayerischen Diplomaten hatten alle Mühe, den französischen Kaiser zu beruhigen. Und Ludwig mußte seinen
Erzfeind schriftlich kniefällig um Verzeihung bitten und
schließlich doch mitmarschieren. Kaum in Innsbruck, entfernte er sich jedoch von der Truppe und begab sich auf die
Rückreise nach München. Eine sogenannte Fahnenflucht,
die er durch eine vorgebliche Krankheit notdürftig ka-
schierte. Dem Vater schrieb er bündig: »Ich verlasse Tirol,
da ich glaube, es sei Ihr Wille nicht, daß ich einen Vendéekrieg mitmache. Übrigens sind auch die Märsche in den
naßkalten Nebeln meiner Gesundheit nachteilig.« Was
unter einem »Vendéekrieg« zu verstehen ist, wird deutlich,

wenn man in einem Testament, das Ludwig um dieselbe Zeit verfaßt hat, liest, wie er seinen Bruder Karl – den präsumtiven Nachfolger – auffordert, Tirol an Habsburg-Lothringen zurückzugeben, da nicht die Gewalt, sondern das Recht die Grundlage des staatlichen Lebens sein müsse.

Ludwig mußte noch jahrelang für die Politik seines Vaters bezahlen. Wenn er Napoleon nicht in irgendeinem Feldlager aufsuchte, so mußte er ihm schriftlich seine Ergebenheit bezeugen. Allmählich lernte er, auch damit umzugehen, und schrieb Briefe, die sich kaum von denen anderer deutscher Fürsten unterscheiden, Briefe, die durch ihre schmeichlerische Unterwürfigkeit unrühmlich bekannt sind. Um sich vor der Nachwelt zu rechtfertigen, setzte er über einen Entwurf, den er aufhob, die Überschrift: »Ich wiederhole es, nach den Briefen, die ich an Napoleon schreibe, muß meine Denkungsart nicht beurtheilt werden.« Erst 1813, als sich der Rheinbund auflöste, konnte Ludwig sein qualvolles Doppelleben aufgeben. Bis dahin ist vor allem die Kunst Ventil für seinen Haß auf Napoleon: In zahllosen Gedichten entlädt er diesen Haß und nicht zuletzt in einem gigantischen Nationaldenkmal, das er während der Rheinbund-Zeit plant, und unter dem Namen »Walhalla« der so elend ramponierten »teutschen« Macht und Herrlichkeit widmet.

5

Die nationale Ruhmeshalle:
»... auf daß teutscher der Teutsche aus ihr trete...«

Die Kunst hat für Ludwig mehrere Funktionen. Während der Kronprinzenzeit stellt sie unter anderem einen Wirkungskreis bereit, in dem der von politischen Entscheidungsprozessen ausgeschlossene Thronfolger sich profilieren kann. Hinzu kommt der sozusagen übergeordnete Gedanke, die Kunst könne ersetzen, was die politische Entwicklung verweigert: Kunst soll »vaterländische Gemeinschaft« stiften, Nationalbewußtsein fördern und repräsentieren, um auf diesem Weg militärische Ohnmacht durch kulturelle »Macht« auszugleichen und schließlich zu überwinden. Mit den »Waffen (!) des Geistes« will vor allem das liberale, gebildete Bürgertum die politische Misere Deutschlands bekämpfen.

Auch Ludwig, der sich so als Bürger seiner Zeit erweist, will die »Waffen des Geistes« einsetzen, um eine geeinte deutsche Sprach- und Kulturnation zu fördern. Aus seinem ursprünglich privat motivierten Haß auf Napoleon wird Ludwigs Nationalbewußtsein genährt: »Ich war *für* Alle, die *gegen* Napoleon und Frankreich«, bekennt er 1838. »Teutsch« ist für Ludwig weniger ein historischer oder gar politischer, als ein emotionaler Begriff: »Teutsch« ist vereinfacht gesagt alles, was ihm sympathisch ist.

Gegen Napoleon – und damit auch gegen die Politik seines Vaters – plant Ludwig 1807 einen Ruhmestempel

ausgezeichneter »Teutscher«, die Walhalla. Dieses Nationaldenkmal dient Ludwig, wie der zeitgenössische Kunst-
historiker Albert Hofmann ausführt, »zum Troste und zur
Erbauung, gegenüber dieser vergänglichen Komödie fremden Siegesgepränges...« Es soll bewirken, daß »die gemiß-
handelte deutsche Mitwelt dereinst auch den begeisterten
Mut sammeln möge, das ihren betäubten Nacken auferleg-
te Joch durch einen kühnen Entschluß der Selbst-
ermannung wieder abzuwerfen«. Die Walhalla wird also –
zu Recht – gedeutet als Ludwigs ganz spezielle Antwort auf
die Herausforderung des Nationalbewußtseins in napoleonischer Zeit.

An die Völkerschlacht bei Leipzig, in der die Verbündeten Napoleon 1813 besiegten (und Bayern an der Seite des
Korsen unterlag), will Ludwig später mit seinen drei programmatischen Bauten erinnern: Mit der Walhalla in Do-
naustauf bei Regensburg, der Ruhmeshalle in München
und der Befreiungshalle in Kelheim. An einem 18. Oktober,
dem Tag der entscheidenden Schlacht, werden Grundsteinlegung und Einweihung der Walhalla vorgenommen;
die Befreiungshalle in Kelheim hat 18 Ecken, 18 Strebepfei-
ler, 18 Nischen mit 18 Wandpfeilern, und auch dieses
Denkmal wird der Nation an einem 18. Oktober, nämlich
1863, übergeben.

In den Augen zahlreicher Zeitgenossen ist Ludwigs
manische Fixierung auf dieses Datum ein Zeichen seines
ganz besonderen Patriotismus. Dieser Patriotismus will
erziehen, und die Kunst steht ihm als Lehrerin zur Seite.
Vor allem die Walhalla ist konzipiert als Schule der Nation:
»Rühmlich ausgezeichneten Teutschen steht als Denkmal
und darum Walhall, auf dass teutscher der Teutsche aus ihr
trete, besser als er gekommen«, hat Ludwig 1829 formu-
liert. Ein Jahr später, bei der Grundsteinlegung, wird er
deutlicher: »Teutsch« sein heißt kräftig, groß und stark
sein. Die nationale Geschlossenheit, die solche Stärke vor-
aussetzt, verleiht dem Patriotismus das politische Ziel, für
Ludwig ist es ein »kräftig verjüngter« deutscher Staaten-

bund: »Mögen so wie diese Steine sich zusammenfügen, alle Teutschen kräftig zusammenhalten.« Und an anderer Stelle: »Möchte Walhalla förderlich sein der Erstarkung und Vermehrung teutschen Sinnes! Möchten alle Teutschen, welchen Stammes sie auch seien, immer fühlen, daß sie ein gemeinsames Vaterland haben, auf das sie stolz sein können; und jeder trage bei, soviel er vermag, zu dessen Verherrlichung.« Diese beschwörenden Imperative des vaterländischen Bayernkönigs wurden in eine Marmorplatte eingemeißelt, welche die Walhalla bis heute ziert.

Bei alledem ist gerade die Walhalla ein überaus historisches Gebäude. Das ganze 19. Jahrhundert hindurch entstehen Pläne für Denkmäler, die die deutsche Einheit fördern und stärken sollen. Unmittelbar nach den Freiheitskriegen soll ein »deutscher Dom auf dem Schlachtfeld zu Leipzig« gebaut werden, entwirft Schinkel im Auftrag von Friedrich Wilhelm II. ein »Dankdenkmal für Preußen«, das »die ganze frühere vaterländische Geschichte« dem Volke anschaulich machen und damit dessen »historischen Sinn« begründen soll. In den 40er Jahren planen einige Architekten im Berliner Dom eine Gedächtnishalle, in der man die Großen des Vaterlandes versammeln will, und der – von Ludwig mitfinanzierte – Ausbau des Kölner Doms wird als »Dankopfer für die Befreiung von französischer Knechtschaft«, als Symbol »des neuen Reiches, das wir bauen wollen«, propagiert.

Noch gegen Jahrhundertende schlägt Hermann Grimm den Bau eines »deutschen Olympia« in Berlin vor, ein preußisches Gegenstück, oder besser noch eine Spezialisierung der 1842 eröffneten Walhalla. In Grimms Ruhmestempel sollen – im Gegensatz zur Walhalla – ausschließlich deutsche Dichter und Denker aufgenommen werden. Zu seinem Projekt schreibt er: »Dem deutschen Volke, das heute lebt und hofft und arbeitet, wird das Gefühl niemals entrissen werden, daß sein geschichtlicher Adel auf dem beruhe, was seine Denker taten. Unsere kriegerischen Siege feiern wir mit Recht; in der geistigen Arbeit aber sind wir uns unserer Zusammengehörigkeit am reinsten bewußt, wie die Griechen einst. Das deutsche Volk bedarf einer Stelle, wo die ruhmreichsten Vollbringer seiner geistigen Arbeit in Bildnissen und Büsten zusammenstehen...«

Hermann Grimms deutsches Olympia ist nie verwirklicht worden, ebensowenig wie zahlreiche andere Entwürfe zu Denkmalskirchen und Nationaldenkmälern der verschiedensten Art. Die meisten dieser Entwürfe nahmen die Westminster Abbey in London oder das französische Pantheon zum Vorbild; auch Ludwig wurde höchstwahrscheinlich während seines Paris-Aufenthaltes 1806 zum Bau der Walhalla inspiriert. Dort diente die Kirche St. Geneviève als Pantheon zum nationalen Ehrentempel des revolutionären Frankreich.

Wann genau der Kronprinz seine Walhalla-Idee entwickelt hat, läßt sich nicht sagen; erstaunlicherweise hat sich der passionierte Protokollant aller seiner Gefühle und Gedanken ausgerechnet dazu nicht geäußert. Fest steht, daß er am 8. Januar 1807 in Berlin den Bildhauer Johann Gottfried Schadow kennenlernte und zwei Tage später bei ihm insgesamt elf Marmorbüsten großer »Teutscher« in Auftrag gab; bezahlt wurde aus einem speziellen Fond, der sogenannten Büstenkassa. Material und Formgebung bestimmte Ludwig. Dessen »Teutschland« sollte vorerst repräsentiert werden von König Friedrich II. von Preußen, Christoph Martin Wieland, Nikolaus Kopernikus, Immanuel Kant, Herzog Ferdinand von Braunschweig, Friedrich Gottlieb Klopstock, Gottfried Wilhelm Leibniz, August Wilhelm Iffland, August von Kotzebue, Friedrich Leopold Graf zu Stolberg und Johannes von Müller. Letzteren verehrte der Kronprinz als den »größten Historiker deutscher Sprache«, seit er bei der Rückreise von Italien 1805 dessen »Geschichte schweizerischer Eidgenossenschaft« gelesen hatte. Johannes von Müller wurde im August 1807 zu Ludwigs historischem Berater, und er schlug den Namen »Walhalla« vor. Dieser Name steht für das Programm: Walhalla, die Totenhalle der altnordischen Mythologie, in die Göttervater Odin erwählte Krieger und Könige zum ewigen Wohlbefinden beruft, wird umgedacht zum teutschen Ruhmestempel, an dessen Pforte ein bayerischer Kronprinz bzw. König wacht. »Es ist groß, durchlauchtigster Prinz«, schreibt Johannes von Müller, »den schönen Gedanken der Walhalla der Zierden des Vaterlandes nicht vernachlässigt zu haben; die Nation hat nie ein größeres Bedürfnis, ihrer Selbst nicht zu vergessen, und in der neuen Ordnung der Zeiten mit Würde zu erscheinen; Väter und Enkel... werden es Ihnen danken, Edelster der Wittelsbacher, zu einer Zeit, welche uns selbst uns zu entreißen drohte, des Vaterlandes eingedenk gewesen zu seyn. Es ist eines eigenen Lorbeers würdig, das Gefühl der Nationalkraft nicht untergehen zu lassen, und... so als Verfechter des verkannten Werths zu erscheinen.«

Am 4. Februar 1814 veröffentlichte Ludwig einen »Aufruf an Teutschlands Architecten«. Seine Vorstellungen sind sehr konkret: »Das Gebäude, längliches Viereck, mit sich frei herumziehendem Säulengang, auf dreifachem Sockel ruhend, erhält nur ein Geschoss und auch nur eine Halle, keine Wohnzimmer; und (wofern es der Schönheit nicht schadet) zwei Nebengemächer zur Aufbewahrung von Stühlen und Bücherschränken. Breite und Länge wird nicht vorgeschrieben. Darin sollen 100 Büsten gleich aufgestellt werden, doch muß Raum für mehrere bleiben, ohne daß Eine dieser hundert deshalb brauchte verrückt zu werden, es soll auch angegeben werden, wie 30–40 Namen von Männern, deren Bildnisse mangeln, auf würdige Weise anzubringen wären.

Die Beleuchtung muß ein Hauptbedacht für den Künstler seyn; gesetzt man wollte dem Gebäude Licht wie vielen antiken Tempeln ertheilen, daß es nämlich zum Theil offen wäre. Das Dach, die nothwendig befundenen Verzierungen im Innern, alle Theile überhaupt, sollen wie das Ganze im reinsten antiken Geschmack gezeichnet sein. Auch wird eine Zeichnung des Fußbodens nach den schönsten Mustern altgriechischer Tempel erwartet. Die Pforte von Erz, nicht glatt aber in großen Massen verziert, muß in allen Theilen genau angegeben werden, über ihr die Inschrift: Walhalla!«

Mit Hilfe der griechischen Form will Ludwig an die Ideale der Humanität erinnern. Die Bildungsreligion der Klassik wird auf diese Weise aufgegriffen; ein griechischer Tempel soll in Deutschland auch noch Mitte des 19. Jahrhunderts den Einklang von Geist, Kultur und Nation sinnfällig machen.

Von Kritik allerdings bleibt Ludwigs Walhalla-Projekt nicht verschont. Sie richtet sich zuerst gegen die Architektur und kommt aus christlich-nationalen Kreisen. Peter von Cornelius beispielsweise schreibt 1820 an Ludwig: »Wenn uns bei dem Gedanken, daß nun endlich der deutschen Größe ein großes, würdiges Denkmal soll errichtet werden, hoch das Herz schlägt, und dabei vor allen Dingen an unsere deutsche Nationalität erinnert und davon erfüllt wird, so fällt uns bei dem Entwurf gleich die Frage ein, warum soll das größte deutsche und nur deutsche Ehrenmal so absolut griechisch sein?« – »Weil ich es so will«, wird Ludwig, wie so häufig, auch auf diese Frage geantwortet haben.

Warum aber hat er es so »absolut griechisch« gewollt? Entscheidend ist wohl Ludwigs Philhellenismus: »Schon der Knabe, der angehende«, erklärt Ludwig 1859, »versetzte sich in Gedanken nach Griechenland, gierig sog er dessen Geschichte ein, Anklang hatte für ihn alles Hellenische, es schwärmte der Mann dafür, und innigen Anteil nahm der alte Philhellene an dessen Gedeihen.« Erst 1835 konnte Ludwig sein, neben Italien, meistbesungenes Traum- und Wunschland mit eigenen Augen sehen. Dabei hatte er schon 1804 seine Italienreise nach Griechenland fortsetzen wollen, und 1817 schließlich, anläßlich der zweiten Italienreise, hatte sich der Kronprinz in Anbetracht der Tempelruinen von Paestum gewünscht: »Lieber – denn Erbe des Thrones – wär ich hellenischer Bürger.« Diese ursprünglich rein ästhetische oder kulturelle Schwärmerei wird während des griechischen Freiheitskampfes zur politischen Haltung. 1827 schreibt Ludwig, mittlerweile König: »Nach Teutschlands Befreiung, als es unter napoleonischer Zwangsherrschaft gebeugt, glühte ich für nichts so, als daß Hellas siegen möchte.«

Zahlreiche Gedichte bezeugen solche Glut, zum Beispiel dieses:

Vaterland der herrlichst größten Helden,
Thron der ewig unerreichten Kunst,
Ewig hohes Vorbild aller Welten,
Reichgeschmückte mit der Musen Gunst,
Du, der edlern Menschheit treue Wiege,
Hochbegabte Hellas! siege, siege!
Rufet sehnend jedes Volk dir zu.
Heimat alles Schönen, alles Hohen,
Unterdrückt in dir, doch nicht entflohen,
War es, sieg' im heil'gen Kampfe du!

Im März 1821 hatte auf der griechischen Halbinsel Morea der Kampf gegen die türkischen Fremdherrscher begonnen. Freiheitliche Kräfte in ganz Europa verfolgten diesen Kampf mit großer Sympathie und steigender Erregung; Philhellenen-Vereine wurden – in München unter dem Vorsitz des Philologen und Pädagogen Friedrich Wilhelm Thiersch – gegründet, zahllose Freiwillige, unter ihnen der englische Dichter Lord Byron, zogen nach Griechenland, um die »tapferen Hellenen« zu unterstützen. Sehr zur Verärgerung Metternichs, der den Aufstand als einen Bruch mit der »geheiligten gesetzlichen Ordnung« verurteilte, stellte sich Ludwig nicht nur poetisch auf die Seite der Rebellen: Bereits als Kronprinz hatte er das Protektorat des Münchner Griechenvereins übernommen, und im Jahr seiner Thronbesteigung fragte er Thiersch, »durch welche Mittel den Griechen am sichersten zu helfen sei«, erließ einen Aufruf zur materiellen Unterstützung des Freiheitskampfes und spendete selbst 20 000 Gulden; später hat Ludwig dann außerdem griechische Waisenkinder in

Münchner Instituten untergebracht. Alles in allem hat sich der Bayernkönig also in der Tat als engagierter Philhellene erwiesen.

Als 1829 die Unabhängigkeit Griechenlands durchgesetzt war und die drei Schutzmächte England, Frankreich und Rußland das neue Staatswesen auf Erbmonarchie festlegten, scheint sich dieses Engagement für die Wittelsbacher auszuzahlen: 1832 besteigt Ludwigs Sohn Otto den griechischen Thron. (Er wird scheitern und das Land 1862 verlassen.) Bei aller – verständlichen – Freude aber, die der bayerische König über die Vergrößerung seiner Dynastie empfand, wurde Ludwigs Philhellenismus nicht von Machtinteressen geleitet: »Noble, uneigennützige Motive haben ihn für die Sache der Griechen eintreten lassen«, erklärt Heinz Gollwitzer schlüssig in seiner politischen Biographie Ludwigs I. Und er zitiert einen Zweizeiler, in dem sich Ludwig noch 1846 entsprechend äußert:

Ob Monarchie sie würde, ob Republik, ich befaßte
Mich damit nicht, der ich wollt', Hellas Befreiung allein.

Ein durchaus glaubwürdiges Bekenntnis.

Ludwigs Philhellenismus verbindet politische mit künstlerischen Idealen. Für ihn – wie für viele seiner Zeitgenossen – ist die antike Baukunst Ausdruck der Größe und Stärke eines freien, einigen Volkes. Diese Größe und Stärke will er durch die klassizistische Bauweise Walhallas beschwören, das heißt auf »Teutschland« übertragen. Folgenden Forderungen soll der Ehrentempel genügen: »Zum allgemeinen Augenmerk diene, daß nicht Zierlichkeit, sondern gediegene Größe die erste Bedingung ist: am besten wenn beide vereinigt werden können; besser noch es zeige sich als würdige Nachahmung des Großen im Alterthume, denn als minderschöne Selbsterfindung. Äußerlich groß verbinde es damit die innerliche, den Geist ausfüllende Größe; die Masse muß durchdringenden Eindruck bewirken, bleibenden, dem Gegenstand angemessenen.«

Bedeutende Architekten beteiligen sich an Ludwigs Ausschreibung zur Walhalla, unter ihnen Klenze, Schinkel, Ohlmüller und Karl von Fischer. Kurz nach der Ausschreibung offeriert Leo von Klenze den auf dem Wiener Kongreß versammelten Fürsten der Heiligen Allianz den Plan für ein europäisches Friedensmonument. Ludwig ist von diesem Entwurf so angetan, daß er den Auftrag 1816 an Klenze vergibt. In Hunderten von Briefen besprechen der Architekt und sein königlicher Bauherr nun jedes Detail in der Planung Walhallas. Innerhalb von 26 Jahren baut Klenze dann einen dorischen Tempel nach den Wünschen seines königlichen Mäzens.

Unentschlossen ist Ludwig bei der Wahl des Bauplatzes. 1810 wird die Walhalla am Englischen Garten, bei der Lerchenau, geplant, dann, auf Vorschlag Klenzes, auf der Theresienhöhe, danach in Bogenhausen und schließlich auf dem Gasteig. 1824 beschließt Ludwig, das geistige Zentrum Deutschlands in die Nähe von Regensburg zu verlegen. Klenze berichtet: »Regensburg, eine in der Geschichte Teutschlands so berühmte Stadt, auf einem der Knotenpunkte und in einer reizenden Gegend gelegen, wo Ebene und Gebirge sich berühren, und ein milderer Himmel der Erhaltung von Bauwerken günstig ist, Regensburg ward von Sr. Majestät, dem Könige als der Ort bezeichnet, woselbst der Bauplatz für die Walhalla gesucht werden sollte.« Auf »einsamer Bergeshöhe«, fernab vom Getriebe der Stadt soll die Walhalla nach dem Wunsch des Königs errichtet werden. Romantischer Antiurbanismus verbindet sich mit einer Sakralisierung der Nation: Das Nationaldenkmal ist Tempel und Heiligtum, herausgehoben aus der Sphäre profaner Geschäftigkeit. Der Weg zu dieser Stätte wird als Wallfahrtsweg konzipiert: »Ehrfurchtsvoller Schauder« soll den Wanderer oder »Pilger« schon aus der Ferne überkommen. Walhalla kann nicht einfach besucht, ein solches Heiligtum muß »langsam erklommen« werden. Auch Odins Prachtschloß lag ja, wie man weiß, hoch über allen Wolken und Nebeln.

Nicht ganz so hoch oben wird die Walhalla schließlich erbaut: auf einem Felsen in der Nähe von ·Donaustauf. Entscheidend für die Wahl des Bauplatzes wird seine symbolisch ausdeutbare Umgebung. Bei der Grundsteinlegung heißt es: »Die Stätte, auf der wir stehen, ist ein Berg, umkränzt von Eichen, dem Sinnbild teutschen Sinnes, zu unseren Füßen rauscht der mächtige Donaustrom und bringt uns die Grüße eines verbrüderten Nachbarlandes, in dem er entsprungen, nordwärts wölben sich beschattete Hügel, die bis an den gewaltigen Böhmerwald reichen, südwärts glaubt unser Blick, über die mit Getreide gesegnete Ebene Bayerns hinweggleitend, die schneeigen Gipfel seines fernen Hochgebirges zu entdecken, neben uns ragen die Trümmer der Veste Stauf, wo ehedem ein starkes Rittergeschlecht gehaust, und aus dem nahen Regensburg, dem ersten Sitze der Bayernfürsten, wo Otto von Wittelsbach belehnt worden, erhebt sich wie ein Fels der herrliche Dom. So umgeben uns rings Bilder teutschen Fürstenthums, teutscher Kraft, Gottesfurcht und Kunst.«

96 Meter über der Donau erhebt sich, auf 52 Säulen gestützt, der weiße »Tempel der Erwählten«. Die gesamte Anlage ist 55 Meter hoch und 125 Meter lang, ihre Innenmaße gleichen dem Vorbild, dem Parthenon auf der Akropolis in Athen: Die Halle ist 48,5 Meter lang, 14 Meter breit und 15,5 Meter hoch. 358 Marmorstufen führen hinauf zu dem gigantischen Prachtbau.

Die Auswahl der »Bewohner« Walhallas, der Würdigen und Großen, hat Ludwig anfangs unter dem Einfluß Johannes von Müllers vorgenommen. Auch sollte Müller die Auserwählten in einer Art Begleitschrift literarisch würdigen. Nach dem Tod Müllers im Jahre 1809 hat Ludwig diese Aufgabe selbst übernommen und unter dem Titel »Walhalla's Genossen« Leben und Bedeutung der »rühmlichst ausgezeichneten Teutschen« kurz skizziert.

Höchst subjektiv und auch verschwommen sind die Kriterien, nach denen Ludwig die Walhalla bestückt. Sein Begriff des »Teutschen« orientiert sich nicht am zeitgenössischen historischen Bewußtsein, an lebendigen Traditionen also, sondern an abgehobener, für den »Normalbürger« kaum nachvollziehbarer, sprachgeschichtlicher Forschung. In der Einleitung zu »Walhalla's Genossen«, erklärt Ludwig: »Teutscher Zunge zu seyn, wird erfordert, um Walhalla's Genosse werden zu können, wie aber der Hellene ein solcher blieb, gleichviel ob aus Jonien oder Sikelien, aus Kyrene oder Marsigilia, so der Teutsche sey er aus Liefland, dem Elsass, der Schweiz oder den Niederlanden (Ward ja holländischer Adel sogar in den teutschen Orden aufgenommen, und flammändisch und holländisch sind Mundarten des Platt-Teutschen).

Auf die Wohnsitze kommt es nicht an, ob es seine Sprache behalten. *Das* bestimmt den Fortbestand des Volkes; so bleiben die Ostgothen bis zu ihres Staates Untergang, die Langobarden Jahrhunderte nach des ihrigen noch Teutsche, die Franken in Gallien lange noch nach dessen Eroberung, die Westgothen in Spanien aber, und in Britannien die Angeln und Sachsen verschmolzen sich bald nach ihren Niederlagen bei Xerex della Frontera und Hastings mit anderen Völkern, woraus neue entstanden...«

»Teutsch« ist nach Ludwigs Definition mithin halb Europa.

Insgesamt 97 Büsten gibt Ludwig im Laufe der Jahre für die Walhalla in Auftrag. Diese Büsten müssen alle in gleicher Größe und nach griechischer Hermenform »mit Weglassung alles neueren Costüms und Haarputzes« verfertigt werden. Auf diese Weise will man, wie Klenze sagt, »die Gleichheit aller im Elysium . . . zeichnen«. Doch leider sind die Büsten aus weißem Carrara-Marmor ein wenig zu gleichartig ausgefallen: Die Schiller-Büste Dannekers ist eine der wenigen, die auch ohne Inschrifttafel als Schiller-Büste identifizierbar ist. Und das, obwohl Ludwig ganz besonderen Wert auf die Porträtähnlichkeit »seiner« Büsten gelegt hat.

Jedenfalls ist die »Gleichheit im Elysium« wohl mit Nivellierung verwechselt worden. Ein Zeitgenosse kennt denn auch die dazu passende Anekdote: »Der Verfertiger, der Bildhauer Arnold Hermann Lossow, der als der beste, genialste Schüler Schwanthalers galt, hatte, um die so wiederholte Aufgabe sich zu erleichtern, einen Normalkopf gebildet, dem nach Bedarf verschiedene Nasen angepappt wurden. So jedenfalls schildert sein Sohn Karl Lossow den Betrieb.«

Zu einem Skandal kommt es, als eine der so verfertigten Büsten plötzlich nicht mehr erwünscht ist: Es ist die Büste Martin Luthers. Als die Walhalla 1842 eröffnet wird, fehlt der Reformator. Das damalige Kabinett unter Karl von Abel will einen »Kirchenspalter« im überwiegend katholischen Königreich partout nicht auf den Sockel stellen, und Ludwig, der noch wenige Jahre zuvor für eine Würdigung Luthers plädiert hatte, schließt sich unerwartet an. Jetzt schlagen die Münchner Protestanten Krawall, und die deutsche Öffentlichkeit ist empört. In einem Spottgedicht greift Heinrich Heine die höchst merkwürdigen Zustände in Bayern auf:

Lobgesänge auf König Ludwig. (1843)

Das ist Herr Ludwig von Bayerland,
Desgleichen gibt es wenig';
Das Volk der Bavaren verehrt in ihm
Den angestammelten König.

Er liebt die Kunst, und die schönsten Fraun,
Die läßt er porträtieren;
Er geht in diesem gemalten Serail
Als Kunst-Eunuch spazieren.

Bei Regensburg läßt er erbaun
Eine marmorne Schädelstätte,
Und er hat höchstselbst für jeden Kopf
Verfertigt die Etikette.

›Walhallagenossen‹, ein Meisterwerk,
Worin er jedweden Mannes
Verdienste, Charakter und Taten gerühmt,
Von Teut bis Schinderhannes.

Nur Luther, der Dickkopf, fehlt in Walhall,
Und es feiert ihn nicht der Walhall-Wisch;
In Naturaliensammlungen fehlt
Oft unter den Fischen der Walfisch.

Herr Ludwig ist ein großer Poet,
Und singt er, so stürzt Apollo
Vor ihm auf die Knie und bittet und fleht:
Halt ein! ich werde sonst toll, oh!

Herr Ludwig ist ein mutiger Held,
Wie Otto, das Kind, sein Söhnchen;
Der kriegte den Durchfall zu Athen,
Und hat dort besudelt sein Thrönchen.

Stirbt einst Herr Ludwig, so kanonisiert
Zu Rom ihn der heilige Vater –
Die Glorie paßt für ein solches Gesicht,
Wie Manschetten für unseren Kater!

Sobald auf die Affen und Känguruhs
Zum Christentum sich bekehren,
Sie werden gewiß Sankt Ludewig
Als Schutzpatron verehren.

Heinrich Heine kannte die bayerischen Verhältnisse aus
eigener Erfahrung. Ende November 1827 war er als Mither-
ausgeber der von Cotta gegründeten »Neuen politischen
Annalen« nach München gekommen. Er blieb ein halbes
Jahr als »Liberalenhäuptling«, angefeindet von der einflußreichen klerikal-restaurativen Gruppe um Döllinger, Görres und Baader. Dieser Gruppe begann sich Ludwig zunehmend zu nähern. Und als sich Heine dann mit dem ultra-
konservativen August von Platen anlegte, ergriff der König
Partei: Seine Hoffnungen auf eine Münchner Professur
mußte Heine begraben, statt dessen wurde Graf Platen, die
»hochadelige Viper«, zum außerordentlichen Mitglied der
Akademie der Wissenschaften ernannt und mit einer le-
benslangen Pension ausgestattet. Ludwigs Qualitätsbe-
wußtsein war also wieder einmal von seinen politischen
Haltungen überlagert worden; 1827 hatte er den eher
unbedeutenden Platen sogar als »ausgezeichneten« Dichter

gelobt. Diesem eklatanten Fehlurteil haben auch die späteren Hüter Walhallas sich offenbar angeschlossen: jedenfalls ist die Büste Heinrich Heines in den teutschen Ruhmestempel bis heute nicht hineingekommen – womöglich auch zur Strafe für die frechen »Lobgesänge auf König Ludwig«.

Luthers Büste allerdings wurde doch noch aufgestellt, mehr oder weniger heimlich, als Nummer 97, gleich nach Ludwigs Abdankung. Heute steht der Reformator zwischen Goethe und Hans Holbein dem Jüngeren, denn seit der Aufnahme Ludwigs werden die Walhalla-Genossen nicht mehr – wie vom Bauherrn gewünscht – in der Reihenfolge ihres irdischen Todesjahres plaziert, sondern nach dem Datum ihrer Aufnahme. Das führt nicht selten zu bemerkenswerten Verbindungen: Der Dichter Gottfried August Bürger steht Katharina der Großen zur Seite, Beethoven komponiert für Kaiser Wilhelm I.

Bisher haben 122 Unsterbliche einen Ehrenplatz in der Walhalla, als letzter ist Gregor Johann Mendel, der Entdecker der Vererbungsgesetze, am 23.September 1983 eingezogen. Über die Aufnahme entscheidet das bayerische Kultusministerium; der bayerische Ministerrat muß zustimmen. Walhallas Kapazität ist jedoch bald erschöpft: Sollte an dem Brauch – alle 5 Jahre eine Neuaufnahme – festgehalten werden, dann ist die Walhalla im Jahre 2038 bis auf den letzten Platz belegt.

Eine bayerische Variante der Walhalla baute Ludwig in München: die Ruhmeshalle auf der Sendlinger Höhe, »oberhalb der Oktoberfestwiese, wo« – so Ludwig Thoma – »der Rauch gebratner Würste und Fische zu den Denkmälern boarischer Größen emporkräuselt«. Stets hatte Ludwig zwischen »Teutschland, meinem großen Vaterlande« und »Bayern, meinem engeren Vaterlande« unterschieden. Auf diese Weise brachte er das Kunststück zuwege, seinen Lokalpatriotismus mit dem Ideal eines geeinten deutschen Vaterlandes zu verbinden. »Nation« war in Ludwigs Verständnis auch Bayern, halt eben eine kleinere, engere: »Die Baiern sind Nation, durchdrungen vom Hang nach Selbständigkeit«, notiert der Kronprinz um 1820. Ludwigs »Spezial-Walhall« (Ludwig Thoma) ist dieser bayerischen »Nation« gewidmet, ein Ehrentempel mit den Büsten all der Männer, die sich bleibende Verdienste um das Land erwarben.

Eine Kopie Walhallas sollte die Ruhmeshalle jedoch keinesfalls werden, »sind auch so viele dorische Tempel es gab, keine Kopien des Parthenons gewesen«.

Im Gegensatz zur gesamtdeutschen Variante bei Regensburg verzichtete Ludwig diesmal ausdrücklich auf die Verherrlichung der herrschenden Aristokratie. Bayerischen Regenten sollte die Münchner Ruhmeshalle verschlossen bleiben: »Die Ruhmeshalle hat keine Beherrscher Bayerns zu enthalten. Es werden nur die edelsten und die besten aus dem Volke aufgestellt, damit an der ewigen Leuchte ihres Wirkens das bayerische Volk sich fort und fort erwärme und in ihrem Vorbilde eine unversiegliche Quelle und eine ewige Anregung zu ruhmwürdigen Taten und zu fortschreitender Vervollkommnung finde.« Mit dieser Verfügung handelte Ludwig als Bürger einer Zeit, die Dichter und Gelehrte zu nationalen Repräsentanten erhob. Auch wenn die Künstler und Wissenschaftler davon konkret wenig profitierten: Als »Geisteshelden« sollten sie die unverbrüchliche Macht und Herrlichkeit ihres Vaterlandes garantieren. Zahllose Denkmäler des 19. Jahrhunderts sind Zeugen dieser Gesinnung. Sie wurden errichtet als öffentliche Mahnzeichen der Größe Deutschlands, zur Erhebung und Erbauung des Volkes, das von seinen Fürsten immer weniger angetan war. Was Politik verdarb, sollte die Kunst wiedergutmachen. Die Aristokratie des Geistes korrigierte die Aristokratie der Geburt, allerdings ersatzweise und sozusagen auf Widerruf.

Um 1824 hat Ludwig die Idee zur bayerischen Ruhmeshalle entwickelt, erst 1853, also fünf Jahre nach seiner Abdankung, wurde sie eröffnet. An Leo von Klenze hatte Ludwig auch diesen Bauauftrag vergeben. Er plante die Ruhmeshalle als Teil eines Ensembles. Zu ihr gehört die

König Ludwig I.
im Kreise seiner Familie.
Lithographie von Melcher nach einem Gemälde
von Heinrich Nonten, um 1835

Therese, Königin von Bayern,
die Gemahlin König Ludwigs I. im Krönungsornat.
Gemälde von Carl Joseph Stieler, 1827

Maximilian Joseph Graf von Montgelas,
bayerischer Ministerpräsident, dessen Absetzung
Ludwig energisch betrieb

Ludwig I.
als Großmeister des Hubertusordens,
gemalt von Wilhelm von Kaulbach,
1845

Bavaria, die Schutzgöttin Bayerns; um sie herum legt er die U-förmige, offene Ruhmeshalle mit 48 dorischen Säulen.

Die Bavaria ist fast 16 Meter groß; wenn man den Kranz, den sie hochhält, mitrechnet, mißt sie knapp 18 Meter, mit Sockel 30 Meter. Ihr Gesicht allein ist 1½ Meter lang, ihre Figur mit den Maßen 8 Meter 80 zu 6 Meter 20 und 9 Meter 10 etwas breithüftig – die Riesendame ist also nicht die schönste, aber die größte Frau der Welt. In abgewandelter Form wurde sie immer wieder kopiert; prominentestes Beispiel: die Freiheitsstatue in New York.

In vielerlei Hinsicht ist die Bavaria ein sehr zeittypisches Monument. Seit Anfang des Jahrhunderts hatten zunächst aristokratische und dann auch bürgerliche Auftraggeber allerorts Statuen errichtet, die der Verherrlichung des Vaterlandes dienten. Entscheidend wurde dabei mehr und mehr die symbolhaft verstandene Größe der Darstellung: »Jeder hatte seinen großen Mann und wollte auch, daß er deshalb groß dargestellt werde. Daß diese Größe innerlich werde, lag nicht in seiner Macht, er sorgte daher um so eifriger für die äußerliche. Man konnte doch einen General nicht kleiner als Goethe, den Staatsmann nicht kleiner als den Volksmann bilden und umgekehrt. Groß und auf hohem Sockel! Dies war das Ziel«, bemerkt ein zeitgenössischer Kulturhistoriker.

Daß unter solchen Umständen die Verkörperung eines Staates besonders groß auszufallen hatte, verstand sich beinahe von selbst: Die Bavaria wurde demzufolge zum Koloß.

Zahlreiche Kunstkritiker beklagen später die Dominanz der Statue. Cornelius Gurlitt hingegen versteht sie richtig, wenn er schreibt: »Der Vorwurf, daß sie Klenzes Säulenhalle erdrücke, ist unberechtigt; die Halle *soll* neben ihr klein erscheinen... Man muß Kleines an Großes heranrücken, um das letztere zu steigern, dem Auge eine Gelegenheit zum Messen des Großen am Kleinen bieten. Die Sphinx von Gizeh hat nicht umsonst ein Tempelchen zwischen den Pranken.«

Klenzes Bavaria erscheint als Amazone auf hohem Sockel, mit knielangem Kleid und festen, hochgeschnürten Sandalen. Sie neigt den Kopf und blickt auf einen Siegerkranz in ihrer linken Hand. Ihr zu Füßen kauert ein Löwe. In einem zweiten Entwurf steigert Klenze die antike Vorgabe: Die Bavaria wird mit Helm, Schild und erhobener Lanze dargestellt, als moderne Nachbildung der Athene, die auf der Akropolis den Parthenon überragt. Immer deutlicher wird die Absicht des königlichen Auftraggebers, ein zweites, modernes Athen in München zu erschaffen.

Kritik blieb nicht aus. Die Vernachlässigung spezifisch ›teutscher‹ Bau- und Stilformen war Ludwig schon bei der Planung der Walhalla vorgeworfen worden. Daß er sich nun erneut für einen antiken Säulenbau entschied, mußte durch eine besonders »teutsche« Bavaria ausgeglichen werden. Ludwig I. beauftragte schließlich einen Bildhauer, der den geeigneten Kompromiß anbot; Ludwig von Schwanthaler ersetzte die von Klenze vorgeschlagene griechische Kostümierung durch eine germanische: ein Bärenfell, seit frühester Zeit Symbol der Stärke, wurde der Bavaria um die Hüfte gegürtet, aus der Lanze wurde ein Schwert, aus dem Lorbeerkranz ein Kranz von Eichenblättern. Von Klenzes klassizistischem Konzept blieben lediglich die kolossalen Ausmaße der Landesgöttin.

Schwanthalers Entwurf ist verhalten und unkriegerisch. Abgesehen vom bayerischen Löwen, ist die Bavaria deutsch. Sie ist die Spenderin des Kranzes für einen neuen deutschen Friedensstaat. Gegossen allerdings ist sie aus höchst kriegerischem und symbolträchtigem Material, aus 36 türkischen Schiffskanonen, die während des griechischen Freiheitskampfes von den siegreichen englisch-französisch-russischen Flotten erbeutet wurden.

Auf der ganzen Linie hatte Ludwig also seinen Philhellenismus mit Patriotismus und Nationalismus verbunden: ein wahrlich bemerkenswertes, in sich geschlossenes kulturpolitisches Programm. Zu diesem Programm paßt, daß die Walhalla Ludwig stets wichtiger gewesen ist als die bayerische Ruhmeshalle – getreu seiner Anschauung vom »großen« und »engeren Vaterlande«. Die in München verewigten Bayern, sind – so Ludwig – »als wie die Grenadiere zu betrachten..., die in Walhalla aber (als) die Garde, die aus ersteren auszuwählen. Ruhmeshallen könnte Österreich, Preußen, Sachsen p. p. haben, Walhalla kann Teutschland nur eine besitzen«.

Ludwigs Idealbild einer gesamtdeutschen Kulturnation wird vor allem durch die Walhalla repräsentiert. Dieses Idealbild jedoch kommt in keiner Weise mit den politischen oder sozialen Realitäten zur Deckung: Es bleibt Ideal. Darüber hinaus hat Ludwig sein volkspädagogisches Ziel verfehlt, denn die Großen, die er in seinen »nationalen Weihehallen« versammelt, können der »Erstarkung und Vermehrung teutschen Sinnes« schwerlich dienen: Alles in allem bilden sowohl die »teutschen« als auch die bayerischen »Helden« keine Einheit, sondern sind bloß nebeneinandergestellt zur sogenannten »Bildung und Erbauung« der Besucher. Über beachtliche historische Kenntnisse hatten – und haben – diese Besucher zu verfügen: Ludwigs Ruhmeshallen und Nationaldenkmäler wenden sich an die Bildungsschicht, nicht an das vielberufene »Volk«.

Auch die Einheit des deutschen Bundes, die ein Giebelfries der Walhalla auf ausdrücklichen Wunsch Ludwigs festhält, bleibt Illusion. Ludwigs »Nation« resultiert aus seinem höchst subjektiven Kulturbegriff und ist politisch am Status quo orientiert: »Daß da England, Dänemark, Holland, Österreich immer noch große Teile dieses angeblich befreiten und im deutschen Bund schlecht genug geeinigten Deutschland besaßen, Elsaß und Lothringen aber noch fehlten, das mußte man freilich übersehen«, bemerkt ein zeitgenössischer Beobachter nach der feierlichen Weihe des von Klenze so bezeichneten »nordischen Olymps«. Der bayerische Kunstkritiker Friedrich Pecht schließlich meint, das einzige Neue an der Walhalla sei ihr gewaltiger Treppenbau und ihre schöne Lage, es mangle aber an künstlerischer Feinheit und Harmonie von Form und Inhalt; ein klassisches Bauwerk zeichne sich dagegen durch formale und vor allem geistige Repräsentanz aus: »Dazu gehörte, daß dasselbe entweder der Ausdruck des nationalen Lebens sei, oder doch in irgendeinem Zusammenhang mit demselben stehe. Das könnte man aber doch von der griechischen Göttermythe, ja selbst nicht einmal von den Nibelungen behaupten, die ja kaum wieder entdeckt und noch weit entfernt waren, so in Fleisch und Blut der Nation übergegangen zu sein... Alles, was Aussicht auf Dauer hat, knüpft sich an das wirkliche Volksleben und an den im Bewußtsein der Nation noch vorhandenen Inhalt ihrer Geschichte.«

Andere Kritiker sprechen der Walhalla ihre Existenzberechtigung ganz grundsätzlich ab. Die wohl berühmteste Kritik stammt von Fürst Metternich, der bereits 1837, also fünf Jahre vor der Fertigstellung, an seine Frau schreibt: »Verfehlt ist meiner Ansicht nach die Ausgabe von so vielen Millionen an einem abgelegenen Ort, ohne jeden praktischen Zweck – für ein Riesenwerk, das nur von Büsten bewohnt wird, einem Wald von abgeschnittenen Köpfen... Ich hätte diese Ausgabe in München begriffen, aber nicht an diesem Ort. Ich hätte sie nirgends gebilligt; man soll für Menschen Wohnungen errichten, aber nicht für Büsten...« Ein Einwand, der – zu Recht – auf Ludwigs Bautätigkeit insgesamt abzielt und den Sinn seiner aufwendigen nationalen und patriotischen Ruhmeshallen in Frage stellt. Auch der Sprachforscher Johann Andreas Schmeller hatte sich dieser Kritik angeschlossen. Er erzählt: »Von der Grundsteinlegung zur bayerischen Ruhmeshalle... nur zufällig wissend, gieng ich, nur als ein Ungeladener sie von Ferne zu schauen. Ein ehrlicher Kemptener Handelsmann schloß sich mir auf der (Theresien-)Wiese an. Nun seyen schon zu vielen derley Wal-Ruhmes-Sieges- und andern Hallen, aber noch zu keiner Getreid- und dergleichen Halle der Grund gelegt, meinte er. Da halte es der König von Württemberg ganz anders. Der sorge für die, die jetzo leben.«

6

Der neue König:
»... ausziehen will ich mich nicht
lassen.«

Als Ludwig 39 Jahre alt war, starb sein Vater Max Joseph am 13. Oktober 1825 im Alter von 69 Jahren. Ein leichter Tod hatte das vergleichsweise leichte, vom Glück begünstigte Leben des ersten bayerischen Königs beendet: Nach einem Ball zur Feier seines Namenstages war er eingeschlafen und nicht mehr aufgewacht. Ludwig befand sich zu dieser Zeit wieder einmal zur Kur in Bad Brückenau; die Todesnachricht überbrachte ihm ein Oberst, indem er ihn mit »Königliche Majestät« begrüßte – eine Verfahrensweise, die, so Ringseis, »mehr scharfsinnig, höfisch, denn menschlich-zart genannt zu werden verdient«.

Auf den Regierungswechsel setzten die Liberalen in Bayern große Hoffnungen. Schließlich war bekannt, daß Ludwig patriotisch und national gesinnt war, daß er seinen Vater an Bildung und auch an Intelligenz weit überragte, und nicht zuletzt, daß er ein eifriger Verfechter der bayerischen Verfassung gewesen war. Man konnte also mit gutem Grund davon ausgehen, daß Ludwig dem Volk, bzw. seinen Vertreter hinreichend Mitspracherechte einräumen und einige – längst überfällige – Reformen durchsetzen würde.

Dem Menschen Max Joseph trauerten allerdings selbst die Liberalen nach. Mit seinem Sohn Ludwig konnte man nämlich durchaus nicht warm werden: Er galt als verschroben und launenhaft, eher arrogant als volkstümlich, und insgesamt undurchsichtig – schwer kalkulierbar.

Um zu veranschaulichen, welche Zustände der neue Monarch in der Residenz antraf, wollen wir uns den Lebens- und Regierungsstil Max Josephs vergegenwärtigen. Der 1806 als Reichsarchivar nach München geholte Ritter von Lang schildert zuerst einmal die Arbeitsweise des Kabinettsekretärs Johann Ludwig Rheinwald:

»Diesen Herrn Rheinwald hatte der Kurfürst zum Lehrer seiner Kinder von Zweibrücken mitgebracht und nachher in seinem Kabinette angestellt, spottweise unter dem Prädikat ›die dicke Sau‹, welcher Ausdruck den Hofbedienten, die ihn rufen mußten, aus dem Munde des Kurfürsten ganz wohlbekannt und fast einzig geläufig war. Im Vorzimmer dieses Herrn oder vielmehr im Vorstall, belagert von einem Troß armer Sollizitanten (Bittsteller), traf man auf großen runden Tischen ganze Heustöße von Supliken und eröffneten Berichten, nicht eingetragen, nicht dekretiert, zum Teil zerfetzt und zerrissen, um die Pfeifen damit anzuzünden oder Wurst und Schinken damit einzuwickeln. Auf ihnen lagen umher Gitarren, Punschbowlen, Nachttöpfe und alte Codices, denn Herr Rheinwald war auch bekannt als eifriger altdeutscher Sprachforscher. Trat man in das innere Zimmer ein, so sah man Herrn Rheinwald vor sich stehen in alten Schlorren, die Strümpfe herabgelassen, Waden und Knie nackend, den Hals offen, in altem Hemde und schmierigem Überrocke, die Haare struppig, den Mund aufgesperrt und gleichsam nach Trank lechzend. In der Stube liefen Sängerinnen umher und trieben ihr mutwilliges Spiel unter sich, auf dem Sofa lag ein Komödiant nach der Länge ausgespreizt, ohne sich um die Eintretenden im mindesten zu bekümmern.«

Der Berichterstatter von Lang wurde im Oktober 1810 Direktor des Landesarchivs; zu seinen neuen Aufgaben zählte die Errichtung eines Reichsarchivs. Was aber der König sich unter diesem Reichsarchiv vorstellte, wie es organisiert und finanziert werden sollte, blieb Lang ein

Rätsel: Weder Montgelas noch Max Joseph selbst konnten ihm Näheres zu seiner Beschäftigung sagen. Nach langem Warten erhielt Ritter von Lang endlich eine Audienz beim König. Er nimmt sie zum Anlaß, den Tagesablauf in der bayerischen Residenz zu schildern:

»Diese (Audienz) fand denn auch in den nächsten Tagen statt, früh um sechs Uhr in den königlichen Zimmern, die sich drei Treppen hoch unterm Dach befanden, indem die eigentliche königliche Wohnung zum Teil von der Königin eingenommen, zum Teil für die damals von allen Enden herreisenden Kaiser und Könige aufbewahrt wurde. Im Vorzimmer befand sich in Ermangelung des diensttuenden Kammerherrn, der erst später herbeikam, ein großer Affe, der mich ziemlich geringschätzend anblickte und dann eifrig in seinem Geschäft des Flöhsuchens fortfuhr. Diese Frühstunde war es, wo der bereits angekleidete König sein Frühstück nahm, das er mit einem großen Löwenhund teilte, hierauf von Herrn Ringel sich die Ausfertigungen zur Unterschrift vorlegen ließ, geringere zeremonielose Audienzen gab, hierauf vom Staatskassierer sein Taschengeld, täglich 1000 Gulden, in Empfang nahm, und vom Polizeidirektor die Geschichte des Tages und die Abenteuer der Nacht erfuhr. Dann ging es umher in den Gängen, im Stalle, auf der Schranne (dem Markte), wo die Höflinge Schwänke mit Bauern und Dirnen aufzuführen suchten. Nach der Wiederkehr ins Schloß erfolgten militärische Rapporte und Aufwartungen und die schamlosesten Anbetteleien von allen Ständen, schriftlich und mündlich, so daß die 1000 Gulden täglich meist schon in den Vormittagsstunden aufgeflogen waren; hierauf Besuch bei der Königin, die vor zehn Uhr nicht vom Bette erstand, dann bei den königlichen Töchtern, sodann diplomatische Vorstellungen und Empfang fremder Herrschaften und endlich ging's zur Tafel, welche aus Mangel an Aufsicht sehr schlecht bestellt war. Man tat sehr ängstlich wegen weiterer Unterhaltung bis zur Theaterzeit oder dem Hofkonzert, griff auch an andern Tagen zur Karte: Um zehn Uhr eilte der König zu

Bette. Da der König nichts las und keine besondere Liebhaberei für irgendeinen Zweig der Künste oder Wissenschaften hegte, sowenig als für Jagd und Reiterei, dabei
auch kein Schwelger oder Trinker war, so blieb es eine
schwere Aufgabe für die Höflinge, den Tag mit Spazieren-
gehen, Liebeleien verkappter Hofnarren, Stadthistorien
und Kleinigkeitskrämereien aller Art auszufüllen. Aus solcher Geschäftslosigkeit des Königs gingen dann auch viele
üble Launen hervor, besonders wenn irgend etwas sich
seinen schnellen Wünschen entgegenzustemmen schien.
War er einmal gegen gewisse Personen, besonders wider
Geschäftsleute durch die Einblasungen seiner Umgebung,
eingenommen, so brach er nicht selten in Drohungen aus,
diesen ... kerlen 25 Prügel aufzählen zu lassen, welches
zwar nicht stattfand, jedoch zur heftigen Kränkung der
armen Beleidigten von den Höflingen überall schadenfroh
ausgebreitet wurde. Auf diese Art galten Seiner Majestät
der Staatsrat von Hazzi, der berühmte Advokat von Ehrne,
in der Folge auch ich, überhaupt jeder, wer sich etwas keck
und selbständig darstellte, wenigstens als ... kerl. Überhaupt war in dem König eine gewisse Anlage zur Strenge
nicht zu mißkennen, der es nur an Ausdauer fehlte und die
sich nicht selten in gewaltsamen Ausbrüchen äußerte.
Gleichsam als besonderer Ehrenpunkt galt es, daß die
Hofdamen und Kammerzofen, wenn sie schwanger wurden, was sozusagen unter die gewöhnlichen Zufälle gehörte, sich unter den höchsten Schutz flüchteten, wofür sie
dann 60 000 Gulden Ausstattung aus der Schuldentilgungskasse und einen Gardeoffizier zum Gemahl erhielten.

Die Leitung der Staatsangelegenheiten war unter solchen
Umständen ausschließlich dem Grafen Montgelas überlassen. Der Neigung, sich je zuweilen in die Besetzung großer
Staatsämter einzumischen, begegnete der Minister in der
Art, daß er dem König alsbald mündlich dazu jemand
vorschlug, von dem er wußte, daß er dem König über alles
zuwider war. Indem nun der König sich mit allen Verwün-
schungen und Beteuerungen dagegen erklärte, rückte der

Minister mit einem neuen nicht minder mißfälligen Bewerber hervor und endlich, nachdem auch dieser verworfen war und gleichsam nach langem Besinnen, mit seinem eigenen Kandidaten, an dem aber der Minister selbst tausend Einwürfe und Ausstellungen machte. Dann rief der König, froh, die anderen Schreckensmänner abgewiesen zu haben, gewöhnlich triumphierend aus: ›Nein! Nein! Den will ich gerade haben, und Sie werden nun meinen Befehl zu vollziehen wissen.‹ An der Tafel rühmte er sich dann: ›Heute bin ich dem Patron, dem Montgelas, wieder recht durch den Sinn gefahren. Der hat mir zwei saubere Burschen einschwärzen wollen, aber ich habe ihn schon von weitem schleichen sehen und habe meinen Kopf aufgesetzt.‹«

Lang hätte sich mit der Allerdurchlauchtigsten Trotteligkeit wohl zu arrangieren verstanden, wenn man ihm wenigstens sein Gehalt bezahlt hätte. Aber in der Finanzkasse fand sich nie Geld:

»Das Schönste in meiner Lage war, daß, wenn ich auf die Kasse nach meiner Besoldung schickte, ich jederzeit nur den Bescheid erhielt, man solle in 14 Tagen wieder anfragen. Die Wirtschaft war die elendeste. Zu Hunderten standen die Leute in eine Reihe gestellt, um zur Kasse eingelassen zu werden; Gendarmen und Grenadiere hatten nur zu tun, um das gewaltsame Hineindrängen zu verhüten. Gleichsam nur als Armenrecht erhielten vielleicht unter Hunderten nicht zehn manchmal ein paar Gulden auf Abschlag. Was sonst übrig war, verschlang täglich die Haushaltung des Hofs, das Militär und der wucherische Judenwechsel. Wer recht glücklich war, erlangte Tratten, das ist Anweisungen oder Wechsel auf die Kasse, selbst ausgezahlt, wozu hernach noch ein zweites Glück gehörte, daß Wucherer oder Juden diese Anweisungen zu 50 oder 60 Prozent Verlust auslösten.

Die alltäglich bestürmte und belagerte Kasse war am Ende in einer solchen Konfusion, daß man gar nicht wußte, an wen man solche Tratten ausgestellt oder was darauf bar oder in Anrechnung wieder abbezahlt war. Manche verschmitzten Burschen erlangten ihre Befriedigung anfangs in lauter Abschlagszahlungen, und weil man diese nicht gehörig in der Hauptrechnung vorgemerkt, endlich das Ganze noch einmal in der Hauptsumme.... Die Gesandten und das ganze Auswärtige Ministerium, nur ich nicht mehr als Neuangestellter, erhielten ihre Besoldung unverkürzt und auf den Tag... durch Herrn Bankier Seligmann, der dem König dafür wieder Spesen und Provision aufrechnete. Der König, außer den 1000 Gulden bar, die ihm täglich früh um sechs Uhr der Generalkassierer überbringen mußte, stellte außerdem noch eine Menge Wechsel aus auf Herrn Seligmann, auf die Schuldentilgungskasse, auf die Lottokasse und auf die Kriegsökonomiekasse. Er wurde aufs äußerste erbittert gegen jede Maßregel der Sparsamkeit oder einer Kontrolle in der Meinung, man wolle ihm allen persönlichen Genuß verpönen. Beim Frühstück genoß der König ein weißes Brötchen und reichte davon einiges seinem Lieblingspudel hin. Für dieses Brötchen berechnete man täglich 5 Gulden. Als nun der Oberrechenkammer diese Aufrechnung befremdend vorkam und sie glaubte, daß schon mit einem halben Gulden ein so unbedeutendes Bedürfnis gedeckt werden könnte, so brachte die Dienerschaft dem König das nächste Frühstück nur mit einem halben Brötchen und erwiderte dem erstaunt fragenden König mit Achselzucken: Die Oberrechenkammer hätte befunden, daß Seine Majestät sich künftig mit einem halben Brötchen begnügen könnte, worauf der König in einen solchen Zorn geriet, daß er sich im Augenblick, dem Rechnungshofe zum Trotz, bei allen Bäckern in der Nähe für 25 Gulden weiße Brötchen herbeiholen ließ, welche dann der Hund und die höhnische Dienerschaft verzehrten. Die Hofküche berechnete täglich für Rindfleisch eine so übermäßige Summe, daß jedes Pfund auf 30 Kreuzer zu stehen kam. Als nun auch hierin der Rechnungshof ein Maß einführen wollte und sich deshalb an den Hofbeamten wandte, lief dieser in seiner Bosheit zum König, angeblich

Befehl zu holen, was er dem Rechnungshof antworten solle. Der Bescheid war, er solle diesen Burschen schreiben, sie möchten ihn ... (eine gewöhnliche bayerische Einladung). Für Kaffee wurden täglich 60 Pfund berechnet. Unter dem Titel der Apothekenfreiheit ließen sich alle Hofdiener und Angestellten der Ministerien ihren jährlichen Bedarf an Zucker und Kaffee und nach Belieben die größten Körbe von Punsch und kostbaren Weinen holen. Nach dem Landhause eines Hofbeamten gingen täglich aus der Hofküche ganze Wagen mit Wildbret, mit Fleisch, Zuckerhüten, Kaffeefässern und Weinkörben ab, was dem König, wenn er solchen Transporten begegnete, nichts als lustige Bemerkungen über diese Aufräumungsweise ablockte.

Die Schulden der Komödianten, der Tänzer, des Sängers Bricci von mehr als 20 000 Gulden und einer Menge anderer Personen wurden vom König bezahlt. Als der Geheime Sekretär K., jetziger Staatsrat, gewohnt, unter dem Scheine kleiner Aufträge und Ausfertigungen dem Könige lustige und süße Geschichten vorzutragen, ein paarmal schwermütige Mienen machte und Seufzer ausstieß, fragte ihn der König dessen ungewohnt: ›Was ist denn dir, daß du tust, als ob dir die Hunde das Brot genommen?‹
Worauf Herr K. erwiderte, es ginge ihm schlimm.
›Wie denn schlimm? Was fehlt dir?‹
›Ach, es drücken mich jetzt im Augenblick Schulden.‹
›Schulden? Schulden? Jetzt schaut an, hat der auch Schulden? Wieviel wird denn das etwa sein?‹
›16 000 Gulden, Ew. Majestät.‹
›Was, so ein Bettel? Geh hinauf zum Kaiser, dem Kabinettskassierer, und laß dir's zahlen.‹«

Lang konnte sich über derartige Gepflogenheiten bald nicht mehr amüsieren: Anfang Juli 1811 erklärte er in einem Schreiben an Montgelas, daß er sich in solche Verhältnisse, wie er »sie in München getroffen, nicht zu finden vermöchte«. Nachdem er bis 1. Oktober vergebens auf eine Antwort gewartet hatte, verließ er die bayerische Residenzstadt.

Zwanzig Jahre lang hatte sich Ludwig auf sein Königamt vorbereitet, zwanzig Jahre lang auf den Tag gewartet, an dem er endlich seine zahlreichen Bauvorhaben ganz ohne Einschränkungen verwirklichen könnte. Als es dann soweit war, schreckte Ludwig in Anbetracht der katastrophalen Finanzlage zurück: »Mit solchem Widerwillen wurde noch kein Thron bestiegen, als von mir«, schrieb er wenige Tage nach dem Tod des Vaters an seine Schwester. Trotz alledem begann der Thronerbe mit großem Schwung sogleich mit der von Lang geschilderten »Lumpenwirtschaft« Max Josephs aufzuräumen. Dieser Aktivität fielen zuerst einmal die Bittsteller zum Opfer: Sie alle – auch die wirklichen Armen und Bedürftigen – wurden fortan nicht mehr zum König vorgelassen, sondern auf den Behördenweg verwiesen. Für soziale Zwecke gedachte der neue König »sein« Geld nicht auszugeben, sondern in erster Linie für repräsentative Prachtbauten, mit denen er seine Herrschaft und seinen Nachruhm sichern wollte. Überdies ging es für Ludwig seit jeher um den Versuch, sich von dem ungeliebten Vater scharf abzugrenzen: Die deutsche Sprache wurde als Hofsprache eingeführt und »Baiern« fortan mit y geschrieben. Ganz demonstrativ ließ Ludwig außerdem die gesamte private Habe des Verstorbenen mitsamt der Garderobe nicht, wie bislang üblich, an die Dienerschaft verteilen, sondern ordnete deren Versteigerung an. So kamen unter anderem Max Josephs Spazierstöcke, seine Hunde und Vogelkäfige unter den Hammer und brachten der Staatskasse ein paar Gulden. Das Volk sollte staunend sehen, wie sachbezogen und pflichtbewußt der als Spinner beargwöhnte ehemalige Kronprinz war.

Wie der Tagesablauf des neuen Königs aussah, schildert Sebastian Daxenberger:

»In den Vormittagsstunden arbeitet er täglich in seinem Kabinette, liest, schreibt, macht einen Spaziergang, besichtigt Ateliers von Künstlern, seine Bauten, besucht den Kunstverein. Er selbst faßt dieses in folgender Strophe zusammen:

Wie genußreich: immerfort geschäftig,
Fördernd, leitend immerfort bewegt,
Und in Wort und Tat gleich wirksam kräftig,
Unaufhörlich mannigfach erregt.
Endlos heiter'n Sinnes, niemals träge,
Die Erfüllung der Berufespflicht
Wechselnd mit der Künste freud'ger Pflege,
Ewig neu erwärmet durch ihr Licht.

Der König reitet und fährt wenig, hingegen fährt die Königin täglich vor oder nach der Tafel spazieren. Militärische Paraden oder Revuen finden selten statt. Dem Staatsrat präsidiert er, sooft er ihn versammelt. In den Mittagsstunden werden entweder die Minister der Krone gesprochen oder sonst Audienzen erteilt. Die Nichthoffähigen erhalten diese gewöhnlich vor der Tafel, welche präzis um halb vier Uhr beginnt. Die Hoffähigen werden den beiden Majestäten sogleich nach aufgehobener Tafel um 5 Uhr vorgestellt. Zum königlichen Tisch geschehen, außerordentliche Anlässe ausgenommen, selten mehr als 2 bis 3 Einladungen. Von den Staatsräten ist keiner befähigt, bei Hof zu erscheinen, wenn ihn nicht die adelige Eigenschaft bevorrechtigt. An Tagen, wo kein Theater stattfindet, ist abends halb 8 Uhr Tee, worauf Seine Majestät sich gegen 9 Uhr zur Ruhe in Allerhöchst Ihr Appartement zurückziehen.«

Morgens um 5 Uhr stand Ludwig auf. »Mein Licht ist immer das erste auf dem Maximiliansplatz«, pflegte er stolz zu bemerken. Auch im Urlaub und noch im hohen Alter hielt er an dieser Gewohnheit fest: Alle seine Diener hatten Befehl, ihn um diese Tages- bzw. Nachtzeit zu wecken, nötigenfalls »durch Besprengen mit kaltem Wasser«. Wenn der Eifrige dann aufgestanden war, kleidete er sich sofort vollständig an; einen Schlafrock hat er sich niemals geleistet, ebensowenig einen Diener, der ihm beim Ankleiden behilflich war. Es war dem damaligen Kronprinzen nämlich nicht entgangen, daß der Kammerdiener seines Vaters, ein Mensch namens Boshardt, sich binnen weniger Jahre etli-

109

che Häuser angeschafft hatte. Als Boshardt später dann dem neuen König seine Dienste anbot, lehnte dieser ab. Ludwigs berühmt gewordene Begründung lautete: »Anziehen kann ich mich selbst, und ausziehen will ich mich nicht lassen.« Ein derart bezeichnender Sprachwitz ist ihm später nur noch selten geglückt.

Der Kammerdiener des Vaters wurde also abgeschafft und mit ihm zahlreiche unnütze Titelträger und Schmarotzer. Bei diesen Sparmaßnahmen ließ sich der pedantische Monarch auch nicht die kleinste Kleinigkeit entgehen. Als Ludwig beispielsweise in der Karwoche des Jahres 1826 bemerkte, wie mehrere Wagen mit Bündeln schmutziger Wäsche in den Hof der Residenz fuhren und in der Hofwaschküche verschwanden, stellte er den Schloßverwalter zur Rede. Der Ärmste mußte kleinlaut bekennen, daß der verstorbene König einigen bedürftigen und verdienten Personen erlaubt hätte, ihre Wäsche kostenlos in der Hofwäscherei besorgen zu lassen. Ludwig war empört und beschloß, die Unverschämten zu bestrafen: Sofort erging der Befehl, die Hofwaschküche zu schließen, die angelieferten Bündel aber erst nach den Osterfeiertagen zurückzugeben – selbstverständlich ungewaschen. Die Legende erzählt, daß an diesem Osterfest halb München kein sauberes Hemd anzuziehen hatte.

Ludwigs früh erworbener, nahezu pathologischer Geiz kam ihm bei derartigen »Säuberungsaktionen« zustatten. Seinen psychischen Defekt konnte er zur Volkserziehung einsetzen: Schließlich war bekannt, daß der König höchstpersönlich an allen Ecken und Enden für die Kunst sparte. Schon als Kronprinz gab er zwar Unmengen für Gemälde und Skulpturen aus, leistete sich aber beispielsweise nicht einmal ein eigenes Exemplar der Augsburger »Allgemeinen Zeitung« – der einzigen, die er regelmäßig las; seines Vaters Geheimsekretär Rheinwald schickte ihm sein Exemplar 1806 sogar in die französische Hauptstadt nach. Wer wagte unter solchen Umständen zu klagen, wenn die gemütlichen Zeiten definitiv vorbei waren? Wo es doch um nichts

Geringeres als um den Ausbau einer Provinzstadt zu einer Kunstmetropole europäischen Formats ging. Und solcher Aufstieg kam doch jedermann zugute. Oder etwa nicht?

Jedenfalls ließen sich mit den Anekdoten über Ludwigs Geiz ganze Bücher füllen. Nur ein kleiner Eindruck soll vermittelt werden. Da wären zum ersten des Königs Kleider; bei wohlmeinender Betrachtung ähnelten sie denen eines verarmten Bürgers. Neuanschaffungen liebte er nicht. Einen Überrock, den er 1814 in England erworben hatte, trug er 60 Jahre lang, zuletzt, vielfach ausgebessert, als Hausrock zum – selbstverständlich eigenhändigen – Rasieren. Das ehrwürdige Stück gelangte schließlich als königliches Vermächtnis an den Historischen Verein von und für Oberbayern. Litt Ludwig unter einer Erkältung, so wickelte er sich eines seiner schäbigen Kleidungsstücke um die Füße und benutzte ein mehrfach geflicktes und gestopftes Schnupftuch – nicht ohne es, selbst bei Tisch, stolz zu schwenken und seinen peinlich berührten Gästen zu erklären, daß man ohne solche Sparmaßnahmen keine Glyptothek und keine Pinakothek bewundern könnte. Eine typische Episode wird aus seinen letzten Lebensjahren berichtet. Als man ihm in Nizza beim Verlassen einer Gesellschaft den Hut holen wollte, rief er: »Sie haben nicht lange zu suchen, nehmen Sie nur den schlechtesten, das ist gewiß der Meine.«

Ganz ähnliche Zustände mögen im Magen des Monarchen geherrscht haben. Laut Klenze genoß die königliche Küche »durch ihre Schlechtigkeit europäischen Ruf«. Selbst bei wichtigen, offiziellen Staatsempfängen durfte nur das Allernötigste und nur das Allerbilligste aufgetragen werden. Auch auf seinen vielen Reisen verordnete Ludwig sich und seiner Begleitung sozusagen Diät. Sein Reisearzt Dr. Ringseis muß in seinen Erinnerungen immer wieder beteuern, daß sie alle wahrlich und wahrhaftig satt geworden seien. Einmal, so Ringseis, habe der Kronprinz bei einem Straßenhändler 10 Kastanien erworben und dieselbe Menge bei einem anderen, einige Kilometer entfernten Händler ein paar Pfennige billiger angeboten bekommen. Er sei daraufhin die beachtliche Wegstrecke zu Fuß zurückgegangen, um den ersten Händler zur Rechenschaft zu ziehen. Landauf landab war Ludwig als Feilscher berüchtigt. Wenn er nicht zumindest den Eindruck haben konnte, er habe den Preis von was auch immer heruntergehandelt, war er nicht zufrieden. Wer schlau war, hat sich von Anfang an darauf eingestellt und die Verhandlungssumme entsprechend hoch angesetzt. Selbst am Papier war Ludwig entschlossen zu sparen. Die Sekretäre der königlichen Kanzlei waren angewiesen, ihre Reskriptentwürfe möglichst auf halben, statt auf ganzen Bogen unterzubringen. Und Ludwig selbst ging mit leuchtendem Vorbild voran, indem er für Notizen die Rückseite bereits beschriebener Blätter benutzte.

Bei alledem darf sich der zeitgenössische Bausparer fragen, ob bei der Finanzierung der zahlreichen Millionenprojekte Ludwigs die gestopften Schnupftücher, die beidseitig beschriebenen Papierbögen und die alten Hüte sonderlich ins Gewicht fielen. Dennoch machen solche Königsgeschichten bis heute einen guten Eindruck. Kein Wunder also, daß Ludwig seinen Geiz entsprechend stilisiert hat und mit Befriedigung zur Kenntnis nahm, daß er bei seinen Untertanen als »Ludwig der Knicker« bekannt war. Auch ist der heutige Leser durchaus angenehm berührt, wenn er z. B. liest, daß Ludwig 1841 die Verwendung von Bäumen oder Bäumchen zur Dekoration bei Empfängen verbot. Zur Begründung schrieb er: »... dieses soll nun, weil es zum Nachteil und Schaden der Waldungen, und das Holz gar kostbar ist, künftig unterbleiben...« Wenige Jahre später fand er es allerdings selbstverständlich, für das Baugerüst der Befreiungshalle in Kelheim rund 10000 Bäume zu fällen.

Seiner eigenen Einschätzung zufolge war Ludwig ein »guter Wirt«. Und in der Tat gelang ihm binnen kürzester Zeit die totale Sanierung des Staatshaushaltes trotz enormer Kosten für die vielberufene Kunst. Was aber ist unter Sanierung des Staatshaushaltes zu verstehen? Daß der

Staat nicht mehr Geld ausgab, als er zur Verfügung hatte, sicherlich. Für Ludwig jedoch ging die Rechnung so: Der Staat durfte nicht mehr Geld ausgeben, als ihm nach Abzug aller durch die Kunst entstandener Kosten übrigblieb. Allein in der Verwaltung dieses Restes hat er sich als »guter Wirt« erwiesen; wobei seine Untertanen die drastischen Sparmaßnahmen durchaus nicht als »gut« qualifizieren konnten. Daß Ludwig gewaltig übertrieb, steht ganz außer Frage. In der umfangreichen Königs-Biographie von Heinz Gollwitzer ist detailliert nachzulesen, zu wieviel – berechtigtem – Unmut seine Sparpolitik von Anfang an veranlaßt hat. Besonders der Mangel an Arbeitskräften in der Verwaltung rief Mißstände in ganz Bayern hervor, und unaufhörlich sind die Klagen über existentiell bedrohliche Kürzungen in Pensionsbezügen und Gehältern sämtlicher Staatsbeamter. Viele Lehrer waren gezwungen, nebenbei als Tagelöhner zu arbeiten, und wer das nicht konnte, den verwies Ludwig auf die finanzielle Unterstützung seiner Angehörigen. Auch höhere und höchste Beamte hatten den Gürtel entschieden enger zu schnallen: Ministergehälter wurden um die Hälfte gekürzt, und Hochschulprofessoren lebten überwiegend von ihrem Privatvermögen. Franz von Baader, einer der bedeutendsten Philosophen der Romantik, schrieb im November 1827 an Innenminister Schenk: »Es hat sich doch im allgemeinen gezeigt, daß unsere Universität, was Besoldungen und Honorare betrifft, wirklich die schlechteste in Deutschland und ein wahres Armeninstitut ist, was sich doch gewiß nicht mit der Dignität dieses Instituts, nicht mit der Stellung, welche der König ihm zu geben wünscht, und nicht mit den Leistungen verträgt, welche das Ausland von ihm erwartet.«

Auf der anderen Seite beschloß Ludwig, kaum daß er den Eid auf die Verfassung abgelegt hatte, die Erweiterungsbauten der Residenz. Die Räumlichkeiten seines Vaters waren ihm zu klein und zu wenig repräsentativ. Noch zu Lebzeiten Max Josephs, spätestens 1823, war Leo von Klenze unter Wahrung strengster Diskretion beauftragt worden, sich mit Planungen zu einem neuen königlichen Wohntrakt zu befassen. Unmittelbar nach dem Regierungsantritt Ludwigs I. begannen die Bauarbeiten zu diesem mit über 2 Millionen Gulden teuersten Projekt des Königs. 1832 war die erweiterte Residenz bezugsfertig, und noch im gleichen Jahr wurde der Festsaalbau, der neue große Bau für repräsentative Zwecke, in Angriff genommen. Ursprünglich sollte der Grundstein am 15. Oktober, am Namenstag der Königin, gelegt werden; später wählte Ludwig aus patriotischen Gründen den Jahrestag der Völkerschlacht bei Leipzig, den 18. Oktober. Auch wurde der Bevölkerung auf diese Weise suggeriert, daß es sich bei den aufwendigen Privatbauten des Königs um Unternehmungen handelte, die dem Gemeinwohl zugedacht waren. Durch die Bilderzyklen des Festsaalbaus, die Darstellung der Wittelsbacher Dynastie, die Szenen aus Odyssee und Nibelungenlied sollte das Publikum belehrt werden. Alle Untertanen sollten wissen »um die Bedeutung der Deutschen und Bayern in der Geschichte, um die antike Mythologie, Kenntnis haben über deutsche und antik-klassische Literatur und die Beispiele höheren Mensch-Seins, die darin gesetzt wurden«. Ein Großteil der Räume – während der Abwesenheit des Königs sogar seine Privaträume – wurden der Öffentlichkeit zugänglich gemacht. Auch wurde gerade bei den Erweiterungsbauten zur Residenz wiederholt die »menschenfreundliche Absicht, den armen Arbeitern Verdienst zu geben...« betont. Dahinter steckte freilich, daß nach dem Bauboom der ersten Regierungsjahre die private Bautätigkeit durch Bodenspekulation fast auf dem Nullpunkt angelangt war und die Arbeitspreise daher enorm gedrückt werden konnten. Klenze meint 1832 mit Blickrichtung auf den Festsaalbau: »Die Arbeiten sind jetzt sehr selten und gesucht, daß sich die Arbeiter gerne jede Bedingung gefallen lassen.«

Größten Wert legte Ludwig auf fürstliche Prachtentfaltung bei besonderen Anlässen: bei Besuchen von ausländischen Potentaten, bei der Auffahrt zur Thronrede in die

Kammer, bei der jährlichen Eröffnung des Oktoberfestes, bei der Grundsteinlegung oder Einweihung eines königlichen Baudenkmals, an hohen kirchlichen Festtagen, besonders bei der von ihm wieder eingeführten Fronleichnamsprozession. Allerdings sann er auch hier nach Möglichkeiten, die Kosten wenigstens minimal zu dämpfen. Geradezu grotesk wirkt eine Verfügung, die er zu den überaus pompösen – und entsprechend teuren – Fronleichnamsprozessionen erließ: Als neue Heroldskleider erforderlich wurden, bestand er darauf, die alten aufzuheben, »um sie bei üblem, unsicherem Wetter zu tragen«.

Die Anrede dieses umsichtigen Landesvaters hatte korrekt folgendermaßen zu lauten: »Durchlauchigster Churfürst, gnädigster Herr, allerdurchlauchtigster großmächtigster König, allergnädigster König und Herr.« Die genaueste Einhaltung der höfischen Etikette war Ludwig wichtig, weil sie der Ehrerbietung vor ihm, dem König, Ausdruck verlieh. Bestandteil solcher Etikette war auch, daß Ludwigs weibliche Untertanen auf der Straße ihren Schleier zu lüften hatten, wenn sie den König begrüßten. Luise von Kobell erzählt: »Einen Schleier vor dem Gesichte einer Dame konnte er nämlich nicht leiden, und die Münchnerinnen wußten dies so genau, daß alte und junge den Hutschleier in die Höhe rissen, sobald sie nur den König von weitem kommen sahen. Außerdem mußten sie eine Rüge von ihm gewärtigen, ›wegen Etikettenmangel‹. Wurde diese auch meist (!) nur scherzhaft erteilt, so vermied man sie dennoch, da Ludwig I. so laut sprach, daß das eben anwesende Publikum alles hörte und dann seine Randglossen über die Betreffende machte.«

Überhaupt liebte es Ludwig, Leute, die sich ihm gegenüber ungebührlich verhalten hatten oder ihm aus irgendeinem Grund unsympathisch waren, möglichst öffentlich zu blamieren. Seine bissigen Bemerkungen und seine Ruppigkeit waren allgemein gefürchtet. Der Herzog von Dalberg beispielsweise, der – ebenso wie Klenze – eine Zeitlang in Napoleons Diensten gestanden hatte, konnte davon ein

Lied singen. 1817 war er dem damaligen Kronprinzen zufällig in Mantua begegnet und hatte ihm seine Aufwartung gemacht. Ringseis erzählt: »Vielleicht wollte Dalberg dem deutsch gesinnten Fürsten gegenüber sein Deutschtum betonen, jedenfalls gebrauchte er die Muttersprache, während der Prinz, was sonst seine Liebhaberei nicht war, sich des Französischen bediente. Zum Nachgeben gezwungen, antwortete der Herzog französisch, augenblicklich wechselte der Prinz und sprach nun deutsch. Wie fließend die Konversation gewesen, läßt sich denken.«

Alles in allem hat es Ludwig seiner Umgebung nicht leicht gemacht, und sowohl die Bayern als auch die ausländischen Diplomaten und Fürsten hatten Mühe, sich an den neuen König zu gewöhnen – gleich welcher politischer Couleur sie auch immer waren und gleich, in welchem Umfang sie unter den rigorosen Sparmaßnahmen Ludwigs zu leiden hatten. Während Max Joseph den Typus des feudalen Verschwenders und des naiven, gütigen Landesvaters verkörperte, bemühte sich sein Sohn Ludwig um die Rolle des strengen Vaters, desjenigen, der seine Schutzbefohlenen zu Entbehrungen zwingt, in der Hoffnung, sie gereichten ihnen letztendlich zum Besten, und man würde ihm – wenn auch nach seinem Tod – zu ewigem Dank verpflichtet sein. Auf der Basis dieses patriarchalischen Selbstverständnisses mußte Ludwig »seinem Volk« zeigen, daß auch er zu äußersten Entbehrungen bereit war, wenn es um das große – vorgeblich gemeinsame – Ziel, nämlich den Ausbau Münchens zur europäischen Kunstmetropole ging. Daß sich Frau Zenzi Obermair für die ganze Kunst herzlich wenig interessiert hat, war Ludwig sicherlich bewußt. Ihre Nachfahren allerdings bestaunen ja in der Tat die prächtigen Baudenkmäler Münchens, und allein diese Vorstellung war für Ludwig entscheidend: Noch nach Generationen sollte man von seinen städtebaulichen Leistungen sprechen, sollte sich an ihn, den zweiten bayerischen König, erinnern, auch wenn – wie er einmal dichtete – »...des Staatsmanns Werk schon längst verschwand«.

Um seine Rolle als Kunstmäzen hat sich Ludwig zeitlebens besonders intensiv bemüht. Gleich nach seiner Regierungsübernahme sind deshalb Scharen von Malern, Bildhauern, Architekten, aber auch Sängern, Schauspielern und Dichtern in die bayerische Residenzstadt übersiedelt. Große Reichtümer waren von Ludwig bekanntlich nicht zu erwarten, aber immerhin ein Auskommen und vor allem Verständnis, Offenheit, die Bereitschaft, der Kunst einen exponierten Platz im Königreich Bayern einzuräumen. Auch wurde hinter der ausgeprägten Kunstliebe Ludwigs ein liberaler Grundzug vermutet: Im Reich des Schönen gelten bekanntlich andere Gesetze als in der schnöden Welt, Standesschranken fallen, und ehrfurchtgebietend ist einzig die »beseligende Macht« der Kunst. Eine liberale und durchaus bürgerliche Utopie, die der kunstsinnige Bayern-König zu teilen schien.

Besondere Hochschätzung hatte Ludwig sich durch eine spektakuläre Aktion knapp 2 Jahre nach seiner Regierungsübernahme erworben: Am 28. August 1827 besuchte er Goethe in Weimar, um ihm zu seinem 78. Geburtstag persönlich zu gratulieren. Eine derartige Verbeugung des Adels der Geburt vor der des Geistes nahm die gebildete Welt mit Staunen zur Kenntnis: Noch nie hatte ein König oder ein Kaiser den damals schon weltberühmten Dichter in seiner Wohnung besucht. Begeistert schreibt der Komponist Karl Friedrich Zelter an Goethe: »Seine Majestät von Bayern sollen auch gelobt werden. Man sagt ziemlich laut: Das ist doch ein König! Und ich kann wohl sagen, daß er mir auch gefällt.« Und die leidenschaftliche Verehrerin Goethes, Rahel Levin, berichtet ihrem Mann, Varnhagen von Ense, aus Berlin: »Die ganze Stadt spricht von nichts anderem. Lange zündete nichts so. Ich, ich bin stolz darauf: gegen England und Frankreich: daß sie sehen, was bei uns vorgeht. Bald wird man das von einem Könige verlangen, ohne daß es ein Artikel der Charte sei...« Varnhagen, der sich gerade in München aufhält, pflichtet ihr bei: »Schön, herrlich! Dieser König weiß, daß auch Könige huldigen müssen, und tut es in würdigster Weise. Dieser Zug allein hebt den König über ganze Scharen anderer Hochgestellter hinaus und ehrt die Deutschen, denen er angehört.«

Mit den Werken Schillers und Goethes hatte Ludwig sich bereits während seiner Studienzeit aus eigenem Antrieb bekannt gemacht und seither alle Neuigkeiten aus Weimar mit großem Interesse verfolgt. 1825 fragt er schriftlich bei Goethe an, wie er ihm eine Aufmerksamkeit erweisen könnte. Goethe bittet um einen Abguß der »unvergleichlichen Medusa Rondanini, jenes grauenvollen Hauptes des schon bei Homer erwähnten weiblichen Ungeheuers, das aber die griechische Kunst selbst in der Fratze zu veredeln verstand«. Ludwig hatte dieses Medusenhaupt 1811 für die Glyptothek erworben; umgehend beauftragt er Klenze, dem Dichter den gewünschten Abguß zu übersenden. Goethe dankt mit einem langen, sehr förmlichen Schreiben an Ludwig und wendet sich später auch an dessen Mittelsmann, Klenze: »Da ich nun den Wert eines solchen Besitzes in seinem ganzen Umfang anzuerkennen weiß, so macht es mich glücklich zu denken, daß ein erlauchter Fürst dergleichen Schätze um sich zu versammeln gewußt, in deren Betrachtung wir über uns selbst und über die vorhandene Welt hinaufgehoben, von allem was mühsam, beschwerlich in unsern Zuständen auf uns anzudringen kommt, ohne weiteres befreit, geheilt und frisch gestärkt erfunden werden...«

Am 1. Februar 1826, also rund 4 Monate nach der Thronbesteigung, überrascht Ludwig den 77jährigen Goethe mit einer Einladung nach München. »Herr Staatsminister!«, schreibt er nach Weimar, »es verlangt mich sehr, Göthe'n persönlich kennenzulernen, auf den mein Teutsches Vaterland mit vollstem Rechte so stolz ist, wenn auf eines Andern Verdienst man stolz sein darf. Mit offenen Armen soll der Erhabene in München empfangen werden, wollte jedoch derselbe nicht in Bayerns Hauptstadt kommen, so muß ich auf eine andere Weise Rat schaffen, denn versagen kann ich mir die hohe Freude nicht, seine mündliche

Bekanntschaft zu machen... Überflüssig wäre's, meine Gesinnungen gegen Sie zu wiederholen, der ich meine Heimat preise, daß sie einen Göthe besitzt. Ludwig.«

Nachdem Goethe in der Folgezeit keinerlei Anstalten macht, dem königlichen Ruf zu folgen und die beschwerliche Reise nach München auf sich zu nehmen, beschließt Ludwig seinerseits nach Weimar zu pilgern, und zwar zum 78. Geburtstag des verehrten Dichters. Ohne Gefolge macht sich der König auf den Weg, trifft völlig überraschend in der Nacht vom 27. zum 28. August 1827 in der Hauptstadt der deutschen Klassik ein und steigt in einem Gasthof ab. Wie ein Lauffeuer verbreitet sich die Nachricht von dem hohen Besuch; noch in der Nacht wird Goethe von seinem Kanzler, Friedrich von Müller, informiert, und wenige Stunden später steht Ludwig, begleitet von dem Weimarer Großherzog Karl August, vor der Tür. Einer der Geburtstagsgäste Goethes, der Berliner Buchhändler Parthey, schildert den aufsehenerregenden Besuch:

»Um 10 Uhr gingen wir zu Goethe, um unsere Gratulation abzustatten, und fanden eine recht zahlreiche Gesellschaft. ...Frau v. Goethe (die Schwiegertochter, Anm. d. Verf.) verstand es auf die verbindlichste Art, einen jeden in den Kreis der Unterhaltung zu ziehen... Der alte Herr bewegte sich wie ein Heros in grandioser Ruhe auf und ab, es bedurfte des großen Ordenssternes nicht, um ihn als Minister erscheinen zu lassen... In der Gesellschaft zeigte sich aber eine gewisse Unruhe und Zerstreutheit, weil alles auf den König Ludwig gespannt war. Gegen 11 Uhr kam er mit dem Großherzog auf der Jagdpritsche angefahren. Goethe war eben in einem entfernten Zimmer und beschleunigte ein wenig seine Schritte, um dem hohen Gast entgegenzugehen. König Ludwig eilte die flachen Treppen raschen Fluges hinan, ehe Goethe sie erreicht hatte, umarmte den Dichter im Vorsaale auf das herzlichste und sagte, er freue sich unaussprechlich, sein eigener Ordensmarschall zu sein, um ihm die Insignien seines Hausordens zu überbringen. Dabei griff er in die Busentasche und holte ein glänzendes Etui von rotem Maroquin hervor, das er dem Dichter überreichte. Unterdessen war der etwas schwerfällige 70jährige Großherzog, ein kleiner untersetzter Herr von gutmütigstem Ausdruck, nachgekommen. Beide Fürsten in einfacher bürgerlicher Kleidung hatten im Äußern wenig Ausgezeichnetes. Wie sie so mit Goethe im Gespräch standen, mußte man ihn für den Fürsten ansehen, der mit zwei Untergebenen redete. Dieses fürstliche Kleeblatt zog sich bald in die innersten Gemächer zurück... und die Türen wurden hinter ihnen geschlossen... Nach einiger Zeit öffneten sich die Türen wieder, und die Fürstlichkeiten betraten den Saal. König Ludwig fuhr wie eine Rakete darin umher, während Karl August sich sehr ruhig und würdig verhielt... Um 12 Uhr entließ unser olympischer Wirt seine fürstlichen, adeligen und bürgerlichen Gäste mit jener angeborenen Grandezza, deren nur ein wahrhaft großer Geist fähig ist...«

Einen bemerkenswerten kleinen Zwischenfall hat der eben zitierte Berichterstatter offenbar nicht mitbekommen: Der aufgeregte Bayernkönig hatte nämlich danach verlangt, das Arbeitszimmer Goethes zu sehen, die sogenannte »Werkstätte seines Geistes«. Goethe aber ließ in sein Arbeitszimmer, von wenigen Vertrauten abgesehen, niemanden Einblick nehmen; mit verlegenem Gesicht wehrte er also auch die königliche Bitte ab: Für die Blicke der Majestät sei der Raum nicht würdig genug ausgestattet. Der König schien sich mit dieser Begründung zufrieden zu geben, täuschte jedoch wenig später Nasenbluten vor; ein Diener brachte ihn daraufhin aufgeregt in Goethes Schlafzimmer, das hinter dem Arbeitszimmer lag. Auf seinen Befehl hin ließ man den König von Bayern allein. Nach längerem Warten entschloß sich schließlich Goethe, nach dem »Patienten« zu sehen und – fand diesen im Arbeitsraum, vertieft in die Betrachtung einiger Gegenstände.

In mehrfacher Hinsicht irritiert, bleibt Goethe nach diesem Besuch zurück. Da war der bayerische König angerauscht, hatte ihn umarmt, ihm einen Zivilverdienstorden überreicht, sich in sein Arbeitszimmer eingeschlichen und ihm schließlich die absonderlichsten Fragen gestellt: »Was ist an den Römischen Elegien wahr, was ist wirklich erlebt? Warum hat man Sie den letzten Heiden genannt?« usw. – Goethe rettet sich, so gut er kann: »Majestät«, sagt er zur Frage nach dem Realitätsgehalt der Römischen Elegien, »der Poet weiß meist aus geringen Anlässen, etwas Gutes auszuspinnen.« Und zum Thema »letzter Heide«: »Man muß sich den Rücken freihalten, und so lehne ich mich an die Griechen.« Nach einigen Tagen Erholungspause versichert der Dichter seinen Freunden: »Es ist mir unschätzbar, den König persönlich gesehen zu haben, denn nun erst kann ich mir dieses merkwürdige, viel bewegliche Individuum auf dem Throne allmählich erklären und konstruieren. In derselben Zeit zu leben und diese Individualität, die mit aller Energie ihres Willens so mächtig auf die Zeitgestaltung einwirkt, nicht durchschaut zu haben, würde unersetzlicher Verlust gewesen sein. Es ist nichts Geringes, einen so großen Eindruck wie die Erscheinung des Königs zu verarbeiten, ihn innerlich auszugleichen. Es kommt darauf an, sich das Bedeutende dieser Erscheinung klar und rein zu entwickeln. Ich denke fort darüber nach, wie ich mich dem König dankbar erweisen könnte.«

Im Oktober 1829 widmet Goethe dem bayerischen König den sechsten Band seines Briefwechsels mit Schiller. In seinem Vorwort schildert Goethe, welchen Verlust der frühe Tod Schillers für ihn bedeutet habe, und betont, »wie sehr demselben das Glück, Ew. Majestät anzugehören, wäre zu wünschen gewesen... Durch allerhöchste Gunst wäre sein Dasein durchaus erleichtert, häusliche Sorgen entfernt, seine Umgebung erweitert, derselbe auch wohl in ein heilsameres, besseres Klima versetzt worden, seine Arbeiten hätte man dadurch belebt und beschleunigt gesehen, dem höchsten Gönner selbst zu fortwährender Freude und zu dauernder Erbauung.« Diese Widmung erregt großes Aufsehen in deutschen Landen. Man empfindet sie – zu Recht – als einen Vorwurf an die Fürsten, die Schillers

Zeitgenossen waren. Für das preußische Königshaus tritt sodann ein Graf von Beyme in die Schranken, indem er darzulegen sucht, daß Friedrich Wilhelm III. dem Dichter ein Gnadengehalt zugesichert hatte, als dieser den Wunsch äußerte, sich in Berlin niederzulassen; allein Schillers früher Tod habe die großherzige Tat des preußischen Monarchen verhindert. Goethe aber ist nicht bereit, seine Meinung zu revidieren: »Aber es bleibt Tatsache«, erwidert er, »daß Schiller bis in sein 45. Jahr sich selbst, dem Herzog von Weimar und seinem Verleger überlassen gewesen ist.«

Für Ludwig I. kommt diese Auseinandersetzung wie gerufen: Als Kunstmäzen ist er jetzt in ganz Deutschland im Gespräch. Und kein Geringerer als Goethe selbst hat ihm zu dieser Popularität verholfen. Dabei ist der Weimarer Dichterfürst auf den bayerischen König mittlerweile nicht mehr sonderlich gut zu sprechen. Ludwig hatte nämlich wenige Wochen nach seinem Besuch in Weimar ein Gedicht veröffentlicht, durch das sich Goethe als »selig Abgeschiedener« behandelt fühlte, weil »Erinnerung« das Leitwort dieses Textes war und das »eigentliche« Weimar in die Zeit der Zusammenarbeit von Goethe und Schiller verlegt wurde:

Träume, her aus einem schönern Leben,
Vor der Seele mir die Tage schweben,
Die beglückt in Weimar ich genoß;
Muß gleich alles anders sich gestalten,
In Erinn'rung fest sie halten,
Und zur Gegenwart wird, was verfloß.

. . .

Wenn ihr alle, alle auch gefallen,
Wird, wo ihr gelebt, man hin noch wallen,
Weimar bleibet Teutschlands Heiligtum.

Kein Wunder, daß Goethe von diesem Gedicht nicht gerade begeistert ist, denn überdeutlich wird, daß Ludwig in Weimar nicht eigentlich ihn, sondern die Personifikation eines klassischen Kunstideals besucht hatte. Goethes nachklassisches Alterswerk gerät dabei völlig aus dem Blick: Es ist – überspitzt gesagt –, als wäre die Zeit nach Schillers Tod für »Teutschland« kaum noch von Bedeutung.

Mit dieser Haltung wiederum stellt sich der Bayernkönig an die Spitze einer zeitgenössischen Bewegung, die allein dem *jungen* Goethe und vor allem Schiller patriotische und nationalverbindliche Leistungen zuspricht. Auch gilt das Alterswerk Goethes als »starr und kalt«, abgeschieden, so Heinrich Heine, von dem »bewegt warmen Leben« der Gegenwart. In Erinnerung an seinen Besuch bei Goethe dichtet Ludwig demzufolge:

Mit Bewundrung blieb ich vor dir stehen,
Horcht' der Rede, die dem Mund entquoll;
Zu dem Herzen wollt es doch nicht gehen...

Und am Ende dieses Gedichtes:

Aber Dich, mein Schiller, edler, reiner,
Hätt' Dich, herzlichen, ans Herz gedrückt;
Groß und gut dabei, wie Du, war keiner.

Noch deutlicher kann man kaum Position beziehen.

Dem über alles geliebten Schiller ist Ludwig persönlich nie begegnet. Die elenden Lebensumstände und der frühe Tod des Dichters haben ihn tief bekümmert. Mehrmals hat er es beklagt, daß es ihm nicht vergönnt war, Schiller in Rom eine würdige Existenz zu schaffen. »Unter die mir versagten, von mir vorzüglich bedauerten Dinge gehört... daß Schiller nach Rom zu versetzen ich nicht vermochte«, schreibt er 1819 in einem Brief. Und er dichtet:

Teutsch bist du, o Schiller! teutsch vor Allen!
Deine Worte dringen zum Gemüt,
In des Volkes Herz sie widerhallen,
Das für seinen Schiller ewig glüht.

Einmal nur, und niemals, niemals! wieder
Einem Volk das Ideal sich zeigt,
Nie auf's Neue tönen solche Lieder,
Ewig bleibest du uns unerreicht.

Als Ludwig 1806 nach Berlin zu Napoleon reisen mußte, nutzte er die Gelegenheit, um seinen teutschen Sinn an Schillers Grab in Weimar zu stärken. Empört mußte er erfahren, daß der Dichter in einer Massengruft bestattet wurde, ohne religiöses Zeremoniell und überhaupt ohne die mindeste Achtsamkeit: kein Schild, keine Tafel, nicht der geringste Hinweis, wo sich sein Sarg befindet.

Als Ludwig 21 Jahre später – eben zu Goethes Geburtstag – erneut nach Weimar kommt, ist die Situation nicht weniger empörend. Mittlerweile ist zwar, dank einer privaten Initiative des Weimarer Bürgermeisters, der Schädel Schillers identifiziert und aus dem Massengrab herausgeholt, aber dieser Schädel befindet sich jetzt, zusammen mit einigen Knochen höchst fragwürdiger Herkunft, in Goethes Verwahrung: Eingeschlossen in die berühmte Schillerbüste von Dannecker lagern des Dichters »köstliche Reste« in der Großherzoglichen Bibliothek von Weimar, deren Chef Goethe den Zugang zu dieser merkwürdigen Grabstätte nur wenigen Erwählten gestattet. Laut äußert Ludwig sein »tiefstes Mißfallen«, als Goethe ihm einen Tag nach seinem Geburtstag den blanken Schädel Schillers in der Bibliothek präsentiert: Der größte deutsche Nationaldichter sei aufbewahrt wie ein Museumstück, »wie eine Münze«, klagt Ludwig und erwirkt, daß Großherzog Karl August die sterblichen Überreste am 16. Dezember 1827 endlich in die Fürstengruft überführen läßt. Auch mit dieser Initiative hat Ludwig sich große Verdienste erworben und sich außerordentlich beliebt gemacht. Seit Jahren nämlich war man in ganz Deutschland entrüstet über den despektierlichen Umgang der Weimarer – und nicht zuletzt Goethes – mit den Gebeinen des hochverehrten Dichters.

Trotz dieser deprimierenden Erfahrungen wußte Ludwig freilich durchaus, was er dem für seine Begriffe zweitgrößten deutschen Dichter schuldig war. Im Mai 1828 schickt er seinen Hofmaler, Carl Joseph Stieler, nach Weimar, um Goethe zu porträtieren: »Ein wohlgetroffenes Bildnis des Königs der Teutschen Dichter zu besitzen, ist ein von mir lange gehegter Wunsch...«, erklärt Ludwig in seinem Begleitschreiben. Und weil er weiß, daß der »Dichterfürst« es längst satt hat, beständig Modell zu sitzen, ersinnt er wieder einmal eine List: Zusammen mit Stieler schickt er dessen Porträt von der wunderschönen Münchner Hofschauspielerin Charlotte von Hagn auf die Reise nach Weimar. Wie sollte Goethe da noch widerstehen! Im Juni 1828 berichtet Eckermann: »Sehr geheimnisvoll führte er mich... in das sogenannte Majolikazimmer, wo sich das Bild der schönen Schauspielerin befand. ›Nicht wahr‹, sagte er, nachdem wir es eine Weile betrachtet, ›das ist der Mühe wert! Stieler war gar nicht dumm! Er brauchte diesen schönen Bissen bei mir als Lockspeise, und indem er mich durch solche Künste zum Sitzen brachte, schmeichelte er meiner Hoffnung, daß auch jetzt unter seinem Pinsel ein Engel entstehen würde, indem er den Kopf eines Alten malte.‹« Für die Sitzungen ließ Goethe sich dann eigens einen neuen Rock anfertigen.

Ende Juli 1828 ist Stielers Porträt fertig; es ist das beste Altersporträt des großen Dichters und hängt heute in der Neuen Pinakothek in München. Goethe selbst fand das fertige Gemälde eine Spur zu schmeichelhaft: »Sie zeigen mir, wie ich sein könnte«, sagt er zu Stieler. Und weiter: »Mit diesem Manne auf dem Bilde ließe sich wohl gerne ein Wörtchen sprechen. Er sieht so schön aus, daß er wohl noch eine Frau bekommen könnte...«

Der königliche Auftraggeber ist ohne Einschränkung begeistert. Zumal Goethe sich entschlossen hatte, auf dem Blatt Papier, das er auf dem Porträt in Händen hält, einen Vers aus Ludwigs poetischer Huldigung »An die Künstler« zu verewigen:

Aber wie die Blume sich erneuert,
Durch den Samen, den sie ausgestreuet,
Zieht ein Kunstwerk auch das andre nach.

Eine Geste, die Goethe als geschmeidiger »Herr Staatsminister« dem mächtigen Bayernkönig entgegenbringt; die

Dichtungen Ludwigs hat er gewiß, wenn auch klammheimlich, belächelt.

Dabei wurden die Gedichte Ludwigs gerade beim liberalgesinnten Bürgertum mit großem Wohlwollen aufgenommen. Allein die Tatsache, daß dieser König sich derart intensiv mit der Poesie beschäftigte, schien auf seine »edle, erhabene« Gesinnung hinzudeuten; formale und grammatikalische Peinlichkeiten wurden, wenn nicht übersehen, so doch für nebensächlich gehalten: Entscheidend sei, schrieb u. a. der demokratisch gesinnte Joseph Meyer, daß Ludwig I. seinen Ruhm nicht auf Schlachtfeldern erworben habe, die mit den Leichen seiner Untertanen bedeckt waren, sondern ein »schönerer, edlerer, makelloserer Kranz seine Schläfe« ziere, der »Lorbeer des Dichters«: Besser dichten, als Kriege führen – ein Motto, das die zeitgenössssische Beurteilung königlicher Poesie zumindest in den zwanziger Jahren wesentlich beeinflußte.

Im März 1829 war der erste Band der Gedichte König Ludwigs von Bayern erschienen; drei weitere Bände folgten, 1847 der letzte. Herausgeber war der berühmte Klassiker-Verleger Cotta, den Ludwig um dieselbe Zeit auch mit der Herausgabe zweier Regierungszeitungen, dem »Ausland« und dem »Inland« betraute; in letzterer – also in der Hauszeitung Ludwigs I. – erschien sogleich eine – natürlich hymnische – Besprechung der königlichen Gedichte.

Die erste Auflage von 1500 Exemplaren war in wenigen Wochen vergriffen; im Auftrag des Königs überwies Cotta dessen Honorar der Blindenanstalt in Freising. In der nächsten Umgebung des Königs ist man erwartungsgemäß voll des Lobes. In geradezu hanebüchene Schmeichelei versteigen sich Peter von Cornelius und Ludwigs Innenminister und Dichterfreund Eduard von Schenk: »Ihre Elegien können sich kühn neben Goethes stellen...«, schreibt Cornelius, und Schenk versichert seinem »angebeteten König und Herrn« in »größter Unterwürfigkeit«, er habe diese »Ergießung einer großen, begeisterten Seele mit dem höchsten Entzücken, mit der tiefsten Rührung gelesen«.

Schenk hatte übrigens – »alleruntertänigst, treugehorsamst« – für die Abschriften der Gedichte, für deren genaue
Korrektur sowie für Druck und Papier zu sorgen. Und
wenn ihm bisweilen »nur ein einziges Wort als etwas
unpoetisch« auffiel, beeilte er sich, »ehrerbietigst« hinzuzufügen: ».... (aber) in jedem Fall ist das Gefühl Euerer
Majestät das richtigste und weiseste.«

Auch Goethe hält sich nicht sonderlich zurück im Chor
der verlogenen Lobhudeleien. Kurz vor Erscheinen des
ersten königlichen Gedichtbandes hatte er gar prophezeit:
»Nach dem Wenigen zu schließen, was ich von ihm (d. i.
Ludwig, Anm. d. Verf.) gelesen, werden sie gut sein. In der
Form und Behandlung hat er viel von Schiller, und wenn er
nun in so prächtigem Gefäße uns den Gehalt eines hohen
Gemütes zu geben hat, so läßt sich mit Recht viel Treffliches
erwarten.« Als die heißersehnten Gedichte dann endlich
vorliegen, hält Goethe den Vergleich mit Schiller zwar nicht
mehr aufrecht, aber er lobt brav, daß ein König sich da in
ebenso »verehrungs- als liebenswürdiger Weise offenbart«:
»Die Gabe der Dichtkunst«, schreibt Goethe, »hat das
eigene besonders darin, daß sie den Besitzer nötigt, sich
selbst zu enthüllen. Dichterische Äußerungen sind unwill-
kürliche Bekenntnisse, in welchen unser Inneres sich auf-
schließt und zugleich unsere Verhältnisse nach außen sich
ergeben.« Eine überaus geschickte Formulierung, der sich
die Rezensenten Ludwigs I. fast einhellig anschlossen: Wer
genug Charakter hatte, Ludwigs Reimereien nicht als Gipfel der Dichtkunst zu preisen, lobte doch wenigstens den
königlichen Bekennermut, die Bereitschaft, höchst private
Gedanken über Gott und Vaterland, Königtum und Kunst,
Ehe und Liebe rückhaltlos offenzulegen. Eine Haltung, die
auch Ludwigs Kritikern Respekt abnötigte. So schreibt
beispielsweise der französische Gesandte über den Ge-
dichtband: »Der König hat sich darin selbst gemalt. Man
muß zugeben, daß er kein gewöhnlicher Mann ist.«

Daß Ludwig bei alledem zumindest bisweilen noch zur
Selbstkritik fähig war, muß erstaunen. Nach Erscheinen

des zweiten Bandes seiner Gedichte, notierte er jedenfalls »In Betreff der Aufnahme meiner beiden ersten Teile gedruckter Gedichte«:

»Daß dich nicht täusche das reichliche Lob; denn was du gedichtet, / Ungepriesen blieb's, säßest du nicht auf dem Thron!«

Diese realistische Selbsteinschätzung gereicht dem dichtenden König dann doch noch zur Ehre – wobei man hinzufügen muß, daß Ludwig unter seinem mangelnden poetischen Talent gewiß nicht gelitten hat. Nicht als Dichter und nur sehr bedingt als Politiker wollte Ludwig in die Geschichte eingehen, sondern vor allem als Kunstmäzen und Bauherr. Seine Reimereien hatten Ventilfunktionen, waren Tagebuchersatz oder -ergänzung. Als solche, als Dokumente des persönlichen Erlebens, sind sie bis heute von Belang. Der – allzu offensichtliche – Dilettantismus des königlichen Poeten muß unter diesem Blickwinkel weder beklagt, noch entschuldigt, noch sonstwie diskutiert werden.

Franz Karl Leo von Klenze,
Baumeister und Hofbauintendant des Königs,
Portraitfoto von Hanfstaengl, München

Oben:
Die Residenz zu München,
von Leo von Klenze in Anlehnung an den
Palazzo Pitti in Florenz erbaut.
Stahlstich um 1840

Unten:
Die Ludwigstraße, nach Norden gesehen.
Stahlstich von A. Meermann nach einer Zeichnung
von C. A. Lebsché, um 1840

Das National- und Hoftheater in München,
1811-1816 von Karl Fischer erbaut, nach dem Brand 1832
durch Leo von Klenze wieder errichtet.
Stahlstich von Poppel, um 1850

Königsgefühl

Was das Heut dem König auch verneinet,
Als erfüllt in Zukunft schon erscheinet:
Anerkennung dessen, was er tut.
Einstens, wenn die Leidenschaften schweigen,
Wird, was er vollbracht hat, rein sich zeigen,
Wenn die Mitwelt längst im Grabe ruht.

Glücklich! der auf einen Thron berufen;
Zu ersteigen hat er keine Stufen,
Über ihm auf Erden niemand steht;
Seinen sehnend, glühend festen Willen,
Gutes zu bewirken, darf er stillen,
Und der Tod nicht seine Spur verweht.

Fernhin über seines Lebens Tage,
Wenn Verleumdung endete und Plage,
Wirkt wohltätig er noch immer fort.
Der Verkannte wird zurück verlanget,
Und den Lohn der gute Fürst empfanget,
Wenn nicht hier bereits, doch sicher dort.

Herrlich! über freies Volk zu walten,
Nicht nach Willkür grenzenlos zu schalten,
Sondern in den Schranken, die bestehn;
Mutig, kräftig stets voran zu schreiten,
Heilend, wo es möglich ist, die Leiden,
In dem Edelen sein Volk erhöhn.

Schwierigkeiten, welche sich ergeben,
Hindernisse, welche sich erheben,
Stählen mehr noch die Beharrlichkeit,
Und in des Bewußtseins heil'ger Stärke,
Zu vollbringen des Berufes Werke,
Tritt er kühn und offen in den Streit.

Ein zum Himmel hebendes Empfinden,
Gegen welches alle Mühen schwinden,
Wenn Erfolg das heiße Streben krönt,
Wenn im Volk das Gute frisch gedeihet,
Welchem er sein Leben ganz geweihet,
Wird erkannt, was früher ward verhöhnt...

7

Regierungsstil:
»Mit mir ist nicht zu spaßen,
wenn ich etwas befehle.«

Auf dem Schreibtisch des neuen bayerischen Königs standen die Büsten von Friedrich dem Großen, »dem Einzigen«, wie Ludwig sagte, und daneben die von Julius Cäsar. Friedrich der Große kam später in die Walhalla, wogegen der römische Diktator seinen Platz an exponierter Stelle in der Münchner Residenz behaupten konnte. Nicht von ungefähr hatte Ludwig gerade diese Büste ausgewählt: Mit seiner Regierungsübernahme sollte – ähnlich wie einst mit Friedrich dem Großen und mit Julius Cäsar – eine neue und mächtige politische Ära beginnen, und zwar mit Hilfe einer auf Selbstherrschertum gegründeten Regierungsweise. Zuerst einmal erklärte Ludwig: »Seit hundert Jahren hat dieses Land keinen Herrn und Meister mehr gehabt. Vor mir war der Souverän nichts; der Hof, die Intriganten, die Mätressen, jeder verschwendete, wie es ihm paßte. Ich will der Herr sein und zeigen, daß ich es sein muß. Gott weiß, daß das nicht allein zu meinem Vorteil geschieht. (Ich muß) ein Ende machen mit der Unordnung, und ich werde mich durchsetzen.«

Sich »durchsetzen« bedeutete für Ludwig stets, sich gegen die Minister durchzusetzen: Er regierte, wie Max Spindler formulierte, nicht gegen die Verfassung, aber möglichst ohne sie. Ludwig wollte herrschen, und zwar ganz alleine und unumschränkt. Minister betrachtete er als

Diener der Krone; sie hatten seine Befehle auszuführen: »Im Inneren will ich nicht mehr beschränkt sein, als meine Vorfahren es waren«, bemerkte er dazu. Und weiter: »Die Gesetze sollen nur das Notwendigste enthalten, damit der König Änderungen treffen kann. Instruktionen geben und ändern ist Sache des Königs. Von den Rechten der Krone trete ich keinen Zoll ab.« Die Begriffe *Staats*ministerium, *Staats*regierung, *Staats*beamter usw. wurden demzufolge aus allen Regierungsvorlagen ausgemerzt: Nicht vom Staat hatte die Rede zu sein, sondern vom König, alle Staatsdiener waren »königliche Beamte«, und staatliche Institutionen waren »königlich-bayerische«. Auch das Wort *Staats*bürger erregte Ludwigs Zorn: Es ». . . macht leicht den Untertan vergessen«, meinte der zu »wahrem« Königtum entschlossene Monarch. Und 1837, auf dem Höhepunkt seiner reaktionären Politik: »Untertanen, das ist das alte, das wahre Wort, drückt aus den mit dem Wort Staatsbürger nicht verbunden werdenden Begriff. Darum entstand in der französischen Deputiertenkammer ein solcher Lärm dagegen in der ersten Zeit nach der Julirevolution, als ein Minister sich des Wortes Untertan bediente; ein Grund mehr, fest darauf zu bestehen, worin die Minister das Beispiel des Untergebenen in ihren eigenen Berichten geben müssen.«

Das Beispiel, das die Minister zu geben hatten, bestand u. a. darin, daß sie vor jeder Beschlußfassung den König in einem sogenannten alleruntertänigsten Antrag um seine Entscheidung bitten mußten. Dieser Antrag mußte sorgfältig begründet, vom Minister unterzeichnet und möglichst von ihm selbst geschrieben sein; er wurde von einem eigenen Boten ins Kabinett gebracht und dort dem König vorgelegt. Ludwig legte seine einsame Entscheidung durch eine kurze Notiz am Rand des Aktenstückes nieder. Für die Ausführung dieser »Randentschließungen« hatten die Minister zu sorgen. Auch wurden zahlreiche »allerhöchste« Anweisungen vom König selbst an die Minister weitergeleitet; er griff auf diese Weise direkt in den Geschäftsbereich der Ministerien ein und erniedrigte hohe Staatsbeamte gewissermaßen zu seinen Sekretären. Ludwigs Justizminister von Schrenck soll einmal gesagt haben: »Was bin i? A Minister bin i? Na, dem König sei Hausknecht bin i!«

Diese »Hausdiener« hatten sich gewaltig abzurackern, obwohl Ludwig bisweilen kundtat, eigentlich könne er auf seine Minister verzichten, weil er ja ohnehin alles besser wisse. In Wahrheit waren ihm die Minister als Experten ihrer Ressorts weit überlegen, und man darf vermuten, daß Ludwig dies bei aller Überheblichkeit zuweilen doch geahnt hat. Jedenfalls hat er die Arbeitskraft seiner »Diener« vollständig erschöpft. Fortwährend verhielt er sich gemäß dem Motto, »daß es in Bayern Treiben und Treiben gilt«, wenn nicht alles auf dem Papier bleiben solle. Fast alle seine Anordnungen sind mit Zusätzen wie »ungesäumt«, »augenblicklich«, »schleunigst«, »unfehlbar noch heute«, »gleich heute morgen will ich wissen«, »es brennt auf allen Nägeln« usw. versehen. Häufig ermahnte er in denselben Anordnungen zur Schonung der Gesundheit und riet zu viel Bewegung in frischer Luft; sein ängstliches Gewissen wollte er auf diese Weise beruhigen. Wenn einer seiner Mitarbeiter dann tatsächlich erkrankte oder an Erschöpfungszuständen litt, war er tief betrübt. Als sein Lieblingsarchitekt Leo von Klenze, den er – wie die Minister – mit Aufträgen überschüttete und beständig zur Eile antrieb, mehrmals hintereinander über heftige Kopfschmerzen klagte, verordnete Ludwig ihm ganz energisch Ferien. Er wußte wohl, daß er zu weit gegangen war, und er war aufrichtig besorgt – was nichts daran änderte, daß er, kaum war die Krise vorbei, auf die altbekannte Weise fortfuhr. Fast alle seine Mitarbeiter litten in längeren oder kürzeren Abständen an, heute so genannten, Streßkrankheiten, zu denen das Arbeitsklima, für das der allmächtige Chef sorgte, nicht unwesentlich beigetragen hatte. Intriganten hatten am bayerischen Hof ein besonders leichtes Spiel, ja sie wurden geradezu gefördert. Wenn auf diese Weise einer den anderen ausschaltete, konnte Ludwig seine Alleinherrschaft mühelos behaupten. Auch durfte niemand davon ausgehen, das Vertrauen des Königs über einen längeren Zeitraum uneingeschränkt zu genießen, jeder wurde beständig kontrolliert und geschulmeistert, und jeder saß auf dem Schleudersitz der königlichen Gunst. Wer es wagte, durch Selbständigkeit oder gar Eigenwilligkeit und Widerspruchsgeist hervorzutreten, wurde früher oder später – nicht selten unter Kürzung der Pensionsbezüge – seines Amtes enthoben.

Dieses überaus rigide System hat 23 Jahre lang funktioniert. Es schloß nicht nur Strafaktionen gegen einzelne, sondern auch solche gegen ganze Städte mit ein. Den Münchnern hat Ludwig zweimal gedroht, seine Residenz nach Nürnberg zu verlegen. Einmal, weil Magistrat und Kirchengemeinde den Bau der Ludwigskirche nicht unterstützen wollten, und einmal, als es um die Verleihung des Adelstitels an seine geliebte Lola ging. In beiden Fällen hat man in München nachgegeben. Würzburg schließlich, die Zentrale der liberalen Opposition in Franken, wurde durch Verlegung des Appellationsgerichtes nach Aschaffenburg gemaßregelt, und auch Nürnberg kam nicht ungeschoren davon: Hier versagte Ludwig die Genehmigung zur Errichtung eines Kanalhafens, weil die Bürgermeisterwahl nicht in seinem Sinn ausgefallen war. Alle diese Städte hat er, wie auch »seine« ungehorsamen Politiker oder Künstler, in ihrer Existenz, wenn nicht gefährdet, so doch erheblich getroffen. Daß er zu solchem Verfahren berechtigt, ja verpflichtet sei, daran hat Ludwig niemals gezweifelt. Wie alle absolutistischen Fürsten hat er sein diktatorisches Selbstherrschertum religiös begründet: Er sei von Gott für sein Königsamt ausersehen, ihm gegenüber sei er zu größter Strenge und Sorgfalt verpflichtet, und vor ihm allein habe er seine Regierungshandlungen zu rechtfertigen. Überdies dürfe er erwarten, daß man sich den besonderen Wünschen und den charakterlichen Eigenheiten einer Persönlichkeit anbequeme, die die Vorsehung an die Spitze des Landes gestellt hat. Ludwigs Despotismus und seine maßlose Selbstgerechtigkeit hatte man also sozusagen als Gottesgeschenk hinzunehmen.

Im persönlichen Umgang mit dem bayerischen Monarchen waren weitere Besonderheiten zu beachten. Da war vor allem Ludwigs Schwerhörigkeit. Sein legendäres Mißtrauen ist wohl ursprünglich aus ihr hervorgegangen. Folge war, daß er sich hinter dem Rücken seiner jeweils zuständigen Berater stets Informationen aus sehr verschiedenen Quellen verschaffte. Er spielte dann die Informanten gegeneinander aus und bestimmte den »Sieger« nach höchst eigenwilligen Prinzipien: u. a. durfte niemals recht bekommen, wer ihn zuletzt gesprochen hatte. Außerdem hattte der königliche Gehörfehler einen beträchtlichen Mehraufwand an Schreibarbeit zur Folge: Was auch immer Ludwig wichtig war, legte er schriftlich nieder, und er erwartete selbstverständlich eine schriftliche Antwort bzw. Einverständniserklärung. Nur ausnahmsweise verhandelte der König mündlich mit seinen Künstlern oder Ministern. Beständig fürchtete er, daß ihm beim Gespräch wichtige Details entgehen könnten, oder daß man seine bedauernswerte Lage – seine Schwerhörigkeit – ausnutzen könnte, um ihn zu überrumpeln. Diese verständliche Angst ergänzte Ludwigs autokratischen Regierungsstil auf eine fatale Weise: Wenn Ludwig den »schriftlichen Verkehr« bevorzugte, so nicht nur, weil er Mißverständnisse, die sich aus seiner Schwerhörigkeit ergeben konnten, vermeiden wollte, sondern auch, weil er sich nicht gerne auf Diskussionen einließ. Als er kurz nach seiner Regierungsübernahme den eigenwilligen – und bald abgelösten – Finanzminister Freiherrn von Lerchenfeld zu sich beschied, ließ er ihm vorher mitteilen, daß er keinesfalls zu widersprechen habe. Die Anweisungen des Königs waren lediglich entgegenzunehmen, und zu diesem Zweck eignete sich der Schriftverkehr in der Tat besser als das persönliche Gespräch.

Alle Amtshandlungen – und Ludwig war stets ›im Amt‹ – wurden mit dem Stempel monarchischer Selbstherrlichkeit versehen. Auch der bloße Anschein, als regierte in Bayern nicht allein der König, versetzte Ludwig in eine Art Panik. Wenn in einem Ministerialentwurf beispielsweise die Wendung vorkam: »Das ist Meiner Regierung vorzulegen«, so korrigierte er: »Das ist Mir vorzulegen.« Ludwig I. war die Regierung. Die Minister hielt er zunehmend für ein notwendiges Übel, das er abgestellt hätte, wenn er bloß nicht den Eid auf die Verfassung geschworen hätte. An diesen Eid fühlte er sich aus religiösen Gründen gebunden, obwohl er fortwährend klagte, daß die Verfassung sein Königswirken beeinträchtige, ihn fessele »wie ein Opfertier«. Die gewaltigen Spielräume, die die damalige Verfassung dem Monarchen zugestand, hat Ludwig denn auch erschöpfend im Sinne seines autokratischen, neoabsolutistischen Systems genutzt.

Dieses Denk- und Regierungssystem wäre, so Max Spindler, »nicht auffallend« gewesen, wenn Ludwig ein oder zwei Menschenalter früher gelebt hätte, z. B. zu Zeiten seines verehrten Vorbildes Friedrichs des Großen, dessen absolutistischer Regierungsstil zumindest zeitgemäß gewesen ist. Wenn Friedrich unter eine der Eingaben, die er täglich bearbeitete, lediglich das Wort »Wind« oder »dummes Zeug« setzte, wenn er bei einer Finanzsache an den Rand schrieb: »Habet nihil, ich bin kein Leihhaus, und ich habe kein Geld«, so mögen die Betroffenen ihren geizigen und tyrannischen Herrscher zwar verflucht haben, aber der König hatte fraglos von einem ihm zugesicherten Recht Gebrauch gemacht: Mit öffentlichem Widerstand mußte er nicht rechnen. Anders verhielt es sich bei Ludwig. Er lebte in einer neuen Epoche, hatte *mit* der Verfassung im Rahmen einer – wenn auch unausgebildeten – konstitutionellen Monarchie zu regieren und die Rechte der Volksvertretung zu wahren. Die Tatsache, daß Ludwig dennoch absolut regierte, daß er Abgeordnete und Minister zu bloßen Handlangern der Monarchie degradierte, hat ihn letztendlich den Thron gekostet.

Unablässig betonte Ludwig das monarchische Prinzip: Allein der König sollte in Bayern herrschen und regieren.

Um diesen Anspruch zu demonstrieren, mischte Ludwig sich überall ein, verwendete Zeit und Mühe auf die kleinsten Kleinigkeiten – auf daß ihm nichts, aber auch gar nichts entginge, nichts seiner Kontrolle entglitte. Weit über 100 000 Entscheidungen wurden vom König entweder handschriftlich niedergelegt oder von ihm veranlaßt, durchgesehen und gegengezeichnet; rund 30 000 dieser Entscheidungen sind in den sogenannten Signatenbüchern gesammelt und im Bayerischen Hauptstaatsarchiv verwahrt; etwa 5000 königliche Signate – also Briefe oder Zettel, auf denen Ludwig seinen Willen kundtat – haben die Historiker bislang durchgesehen.

In seinen Signaten beschäftigte sich Ludwig u. a. mit der Frage, welche Büchergestelle für die Hof- und Staatsbibliothek angeschafft werden sollten, erließ Anordnungen zum Anstrich der Orts- und Wegetafeln, zur Obstbaumzucht sowie zum Zehennägelschneiden der bayerischen Soldaten. Wohlmeinende Historiker – und die meisten sind überaus wohlwollend – haben diese Kleinigkeitskrämerei als Beweis für Ludwigs breitgefächerte Interessen und seine »patriarchalische Fürsorge« angesehen. Gerührt und hochachtungsvoll wird immer wieder erzählt, wie der unermüdliche Monarch sich eines Tages zur Dachauer Straße in München kutschieren ließ, um sich an Ort und Stelle zu informieren, ob der Alleebaum, um dessen Beseitigung ein Anwohner nachgesucht hatte, nun gefällt werden sollte oder nicht. Dabei kann man Ludwig gewiß nicht das Umwelt- und Naturbewußtsein heutiger Bürgerinitiativen unterstellen: Es ging ihm in erster Linie und immer wieder darum, seine Allgegenwart zu bekunden: Im Königreich Bayern sollte kein Weg an Ludwig I. vorbeiführen, kein Spatenstich ohne seine allerhöchste Bewilligung ausgeführt werden.

Besonders wachsam war Ludwig, wenn es um Fragen der Stadtplanung oder um die Errichtung öffentlicher Gebäude ging: Wie es in »seinem« Königreich aussah, interessierte ihn ganz außerordentlich. Er kümmerte sich um die

136

Straßenführung, um die Höhe der Häuser, um den Abstand, den sie voneinander haben sollten, um die Anlegung von Gärten zwischen den Häusern oder um die Schließung von Baulücken, diesen »häßlichen Steinlücken oder Zahnlücken in den Straßen«, wie er sie nannte. Alle Wünsche des Königs mußten bis ins Detail erfüllt werden, und vor allem: Sie mußten schnell erfüllt werden. Andernfalls war Ludwig persönlich gekränkt und begann zu drohen. So signierte er am 24. August 1839, nachdem sich das außerbayerische »Ausland« über den Zustand der königlichen Straßen mokiert hatte: »Ich spreche meinen ernstlichen Willen aus, daß wenn im Beginn des nächsten Frühjahrs die neue Landstraße vom Universitätsplatz bis Schwabing noch in ihrem gegenwärtigen Zustand sich befindet, ähnlich einem vom Wasser verlassenen kiesernen Flußbett, sie alsdann unverzüglich der alten gleich gemacht werden muß. Die Straßenbaubehörde bilde sich nicht ein, mich herumzubringen, der ich bereits im vergangenen Frühjahr ungehalten war über diesen Straßenbau.« In Wahrheit wollte die Straßenbaubehörde den König natürlich nicht »herumbringen« – wozu auch? –, sondern es fehlte ihr einfach das Geld.

Bald nach seinem Regierungsantritt hatte Ludwig die Oberste Baubehörde eingerichtet und seinen Lieblingsarchitekten Leo von Klenze mit der Leitung betraut. Die Entwürfe zu sämtlichen öffentlichen Gebäuden mußten dem angegliederten sogenannten Baukunstausschuß vorgelegt werden. Zu diesem Ausschuß hatte Ludwig direkten Zugriff: Er begutachtete jeden einzelnen Plan, genehmigte oder lehnte ab. Darüber hinaus hatte Leo von Klenze ihm alle Bauvorhaben zu unterbreiten. Er hat sich vielfach und immerfort über die »Detaileinmischerei« seines obersten Bauherrn beklagt, aber es niemals gewagt, auch nur einen halben Schritt hinter Ludwigs Rücken zu tun. So entstand im Königreich Bayern kein Pfarrhaus, kein Schul-, Bahn-, Wachthaus, dessen Plan Ludwig oder – als dessen verlängerter Arm – zumindest Klenze nicht eingesehen und genehmigt hätte. Baute eine Gemeinde ohne Vorlage, so mußte sie damit rechnen, daß die nachträgliche Baugenehmigung verweigert wurde. Wenn das Einspruchsrecht des Königs gar wiederholt mißachtet wurde, so schritt er nicht nur mit Strafen ein, sondern er bestand darauf, daß der Plan abgeändert und das Gebäude seinem Willen gemäß errichtet wurde. »Denn«, so Ludwig, »wenn's bei Verweisen bleibt, wird Befehlen Spott. Folge wäre, daß es hieße: wir tun, was wir wollen, und lassen befehlen. Dann setzt's einen Verweis ab, aber es ist geschehen und es wird gemacht. Mit mir ist nicht zu spaßen, wenn ich etwas befehle.«

Ludwigs »Befehlszentrale« war das Kabinett. Darunter ist nicht – wie heute – der Ministerrat, sondern eine Art königliches Sekretariat zu verstehen, das der Verbindung zwischen dem Herrscher und seinen Ministern diente. Unter Ludwigs Vater hatte diese feudale Institution keine sonderliche Rolle gespielt, aber von Ludwig wurde sie als Beratungsstelle neu organisiert und gezielt eingesetzt, um die Selbständigkeit des Königs gegenüber den Ministern zu behaupten. Zwei Abteilungen wurden eingerichtet, geleitet von zwei sehr einflußreichen und hochstehenden Sekretären. In der einen Abteilung wurden die Privatangelegenheiten des Königs bearbeitet, in der anderen Geschäfte erledigt, die eigentlich in Zuständigkeitsbereiche der jeweiligen Ministerien gefallen wären. Diese Abteilung entwickelte sich zu einem Büro für Staatsgeschäfte; ihr Leiter stand dem Rang nach über den Generalsekretären der Ministerien. Auch führte der unmittelbare Zugang zu Ludwigs Arbeitszimmer durch sein Kabinett. Selbst – und gerade – Minister kamen demnach buchstäblich nicht am Kabinett vorbei, sondern mußten lernen, diese von Staatsgeldern finanzierte, nicht staatliche, aber gleichwohl mit staatlichen Aufgaben betraute Quasi-Behörde als eine Zwischenstelle zwischen Ministerien und Krone zu akzeptieren. Das Kabinett war in den Geschäftsgang der Zentralregierung eingebaut, und zwar als eine Art Schutzwall vor den Ministerien. Als Ludwigs Sohn Otto den griechischen Thron bestieg, riet ihm der Vater, das bayerische Modell auch in Athen einzuführen: »Wohl bin ich der Meinung, daß alle Minister mit Portefeuille Hellenen sein sollten, aber daß Du dabei ein Kabinett habest, an die Minister expedierende Sekretäre und an dessen Spitze einen erfahrenen Geschäftsmann, der bloß beratend, nicht ausführend zu sein hat. Das scheint mir notwendig, damit Du selbstständig herrschest.« Der Zweck seines eigenen Kabinetts ist damit hinreichend umschrieben.

Das autokratische System Ludwigs hat sich im Laufe der Jahre zunehmend verhärtet. Alle fremden Gesandten am Münchner Hof waren sich darüber einig, daß der Regierungsstil des bayerischen Monarchen seinesgleichen suche. Nicht nur, daß in Bayern allein der König das Sagen hatte, dieser König wachte auch mit extremer Eitelkeit über seinen Ruhm. Der Kunstpublizist Ludwig von Schorn beispielsweise verlor Ludwigs Gunst, weil er sich seiner Ansicht nach zu wenig engagierte, um die mäzenatischen Großtaten des Regenten zu verbreiten. Und 1837 wurde der damalige Außenminister Ludwigs, Fürst Öttingen-Wallerstein, entlassen, weil es u. a. des Königs Mißfallen erregt hatte, daß es – so Ludwig – heiße, »er regiere«. Überhaupt war mit Ludwig nicht zu spaßen, wenn er den Eindruck hatte, jemand wolle sich sozusagen mit seinen Federn schmücken. Da genügte ein bloßes Gerücht, und er geriet außer sich vor Zorn und Empörung. 1845 kam es unter solchen Umständen zu einer schweren Krise zwischen ihm und einem seiner engsten Freunde, Freiherr Heinrich von der Tann. In diesem Jahr hatte Ludwig einen verbilligten Bierausschank im Hofbräuhaus veranlaßt, was sich auf die Volksstimmung in München außerordentlich wohltuend auswirkte. Tann äußerte nun gegenüber der Schauspielerin Konstanze Dahn, die Maßnahme sei durch den damaligen Innenminister Graf Karl von Seinsheim veranlaßt, Seinsheim sei der – dringend erforderliche – Popularitätszuwachs Ludwigs zu danken. Die Dahn überbrachte dies dem

König. Und der polterte in seinem Tagebuch seitenlang gegen Tann los, gegen sein freundschaftswidriges Verhalten und sein »ungewaschenes Maul«. Nur schwer konnte sich Ludwig wieder beruhigen, und von der Tann durfte von Glück sagen, daß über seiner unbedachten Äußerung die jahrzehntelange Freundschaft mit dem Bayernkönig nicht zerbrach.

Einen Einblick in den Arbeitsalltag des autokratischen Monarchen hat uns Max Spindler aufgrund seiner Durchsicht der königlichen Signate verschafft. Wer Spindlers Bericht liest, muß zugestehen, daß Ludwig auch sich selbst durchaus nicht geschont hat. Allein in den ersten Tagen des Jahres 1839 hat der König sich höchstpersönlich mit folgenden Gegenständen beschäftigt: »...die österreichische Beschwerde über die Neue Luxemburger Zeitung wegen eines Artikels über die belgisch-luxemburgische Frage, das Denkmal für Albrecht Dürer in Nürnberg, das Gesuch der Amalie von Manigaud zur Bewilligung zum Eintritt in den Orden vom Guten Hirten in Frankreich, die Vorstellung des Freiherrn von Cramer um unentgeltliche Anbietung eines an der Ludwigstraße gelegenen Grundstückes, das Gesuch eines Theologiestudierenden um Erlaubnis zur Fortsetzung seiner Studien in Utrecht, der Wildpark in Triesdorf, die Errichtung zweier Gymnasialklassen in Eichstätt, die Herausgabe einer Geographie von Bayern durch Renauld, die Urkunden aus den Gegenden des Mittelrheins und des Mains, die im 30jährigen Krieg nach Schweden gebracht wurden, die Entwürfe zu den Toren der Festung Germersheim, die Fronleichnamsprozession in München, bzw. die Wiedereinführung der früher üblichen Form der Bruderschaftskleidung, das Begnadigungsgesuch des Redakteurs der Würzburger Zeitung Dr. Weißenseel, die Reise des Königs nach Italien, der Bericht des Grafen Jenison aus Paris über die belgischen Angelegenheiten, die Verlosung der mit 4% zu verzinsenden Staatsschuld, das Nachlaßgesuch der Israeliten zu Grünstadt in der Pfalz bzgl. Erwerbung eines Gebäudes zur Errichtung einer Schule, die

Schmähartikel Schweizer Blätter gegen Bayern, die Abänderung der Satzung der (von Ludwig gegründeten) Bayerischen Hypothek- und Wechselbank, die Herstellung eines Stadttors zu Lohr mit Vorlage der Pläne, der Festungssträfling Wilhelm Behr aus Würzburg, der Entwurf eines Gesetzes über den Schutz des Eigentums an Werken der Wissenschaft und Kunst, die Konstruktion eines Zwölfpfünder-Mörsers, Begnadigung von Mitgliedern der (rebellierenden Studentenverbindung) Germania zu Erlangen, die wegen Hochverrats verurteilt worden waren, die Dienstsiegel der Bürgermeisterämter in der Pfalz, die Heirat des Kronprinzen bzw. die zu befördernde Rückerwerbung der Rheinpfalz, der Gesetzentwurf über die Ausdehnung des Verbots der Vermögensaushändigung an Unteroffiziere und Soldaten, Gesuch einiger Schullehrer des Kreises Schwaben und Neuburg um Verleihung einer Uniform und Einreihung in die Kategorie der Staatsdiener, die Anlegung eines Friedhofs in München, die griechische Gesandtschaft, die Errichtung eines Denkmals für den Kanzler Kreittmayr, die Errichtung eines neuen Gasthofs zu München bzw. die Verhandlung mit den Großhändlern Maffei und Reichenbach über die Errichtung eines solchen, Bitte des Bankiers Hirsch betreffend (einer Finanz-)Ausgleichung..., die Geradeleitung der Ingolstädterstraße am Ausgang der Ludwigstraße, die Ausfuhr von Pferden in die preußischen Rheinprovinzen, das Gesuch der Marktgemeinde Pfreimd um Milderung ihrer Notlage.«

Der König las genau, was ihm vorgelegt wurde, besonders dann, wenn er finanzielle Entscheidungen zu treffen hatte. Immer rechnete er nach und verglich – zumeist waren drastische Kürzungen das Ergebnis. Daß Ludwig bei alledem Zeit blieb für Besichtigungen, Audienzen, Minister- und Staatsratssitzungen, für Empfänge und diverse andere gesellschaftliche Verpflichtungen, läßt sich kaum glauben. Um so weniger, wenn man bedenkt, daß er ja auch noch ein sogenanntes Privatleben führte, und zwar ein überaus intensives. 1828, also drei Jahre nach der Thronbesteigung, hatten er und seine Frau Therese acht Kinder, vier Knaben und vier Mädchen: eine fünfte Tochter – Theodolinde – war 1817 mit sechs Monaten gestorben. Diese große Familie hat er weit weniger vernachlässigt, als das von anderen gekrönten Häuptern bekannt ist. Hinzu kamen seine zahlreichen Liebesaffären, die zum Teil mit einer umfangreichen Korrespondenz verbunden waren. Überdies führte er regelmäßig Tagebuch, dichtete, las, besuchte Theater und Konzerte, unternahm lange Spaziergänge – meistens durch die Stadt – und gönnte sich schließlich auch reichlich Urlaub, wobei er Bürosekretäre und Akten allerdings stets mitnahm. Dennoch: Wie hat Ludwig dies alles bewältigt?

Gewöhnlich werden an dieser Stelle die enorme Aktivität, die rasche Auffassungsgabe und das organisatorische Talent Ludwig I. gerühmt. Es soll dies alles nicht bezweifelt werden: Ludwig war in der Tat hochintelligent und dazu noch überaus effizient, in seinem Kopf schienen sich die Pläne zu überstürzen, er dachte konkret und handelte schnell, blieb bis ins hohe Alter voller Spannkraft und Energie. Aber bei aller geistigen Beweglichkeit, bei aller Konzentration, allem Fleiß und meisterhafter Zeiteinteilung hatte selbstverständlich auch Ludwigs Tag lediglich 24 Stunden. Mit anderen Worten: Irgendwo muß er Abstriche gemacht haben. Auf der Suche nach dieser Stelle trifft man schnell auf Ludwigs Sturheit und seine überhebliche Sorglosigkeit im Umgang mit Inhalten gleich welcher Art. Ludwig bildete sich seine Meinung sehr schnell, allzu schnell. Und er hielt sich allzu schnell für kompetent – sehr zum Ärger derjenigen, die es wirklich waren, sich aber letztendlich seinen teilweise haarsträubenden Fehlurteilen anzuschließen hatten oder sich – wie Leo von Klenze – endloser taktischer Manöver zu bedienen hatten, um das Allerschlimmste zu verhüten. Ludwig nahm sich nie Zeit, seine Gedanken systematisch zu entwickeln und die Ergebnisse zu begründen. Daß er sich einmal irren könnte, hielt er für ausgeschlossen, weitere Auseinandersetzungen für überflüssig. Schon früh hatte er seine Grundsätze über den Staat, den Herrscherberuf, die Kunst, Religion und Kirche entwickelt. Diese Grundsätze wurden unverrückbar festgeschrieben; auf sie kam er immer wieder zurück. Bei den zahllosen Entscheidungen, die er täglich an seinem Schreibtisch zu fällen hatte, griff er also sozusagen in wohlgeordnete Schubladen. Das Regierungsgeschäft wurde auf diese Weise zur – allerdings gefährlichen – Routine: Seine politische Immobilität wurde Ludwig schließlich zum Verhängnis. Und, wie Max Spindler zusammenfaßt: »Für die bayerische Verfassungsgeschichte bedeutete seine Regierungszeit das letzte Aufflackern einer durch die moderne Entwicklung überholten, zeitfremden Regierungsform, die ein von den Idealen der Vergangenheit erfüllter Fürst ... mit der ganzen Kraft seines leidenschaftlichen Willens zu erneuern versuchte, mit dem Ergebnis, daß er an der gestellten Aufgabe scheiterte.«

Die staatspolitischen Ideale Ludwigs wollen wir an dieser Stelle kurz zusammenfassen. Sie sind konservativ und zunehmend reaktionär, was in Anbetracht des beschriebenen Regierungsstils nicht verwundert. Historiker unterscheiden gewöhnlich zwischen der liberalen Periode, die von 1828–1830/31 gedauert habe, und der reaktionären Phase, die Ludwigs Regierung von 1830/31 an bis zu seiner Abdankung im Jahre 1848 kennzeichne. Rund fünf Jahre sogenannter liberaler Politik stünden demnach rund 18 Jahre der Reaktion gegenüber. Allein dieses Zahlenverhältnis ist immerhin bemerkenswert. Davon abgesehen wird man gut daran tun, die Kontinuität in Ludwigs Politik zu beachten: »Liberal« im eigentlichen Wortsinn ist er nie gewesen, auch wenn er zu Beginn seiner Regierung die Zensur für innenpolitische Berichterstattung aufhob. Wohl war er zu diesem Zeitpunkt davon ausgegangen, daß er seine Untertanen durch sein Kunstkönigtum derart für sich einnehmen könne, daß er öffentliche Kritik kaum zu befürchten brauche. Schon wenige Jahre später war er eines Besseren belehrt. Als in Frankreich 1830 die sogenannte

Juli-Revolution ausbrach, nahm er dieses Ereignis zum Anlaß, die Zensur wieder – und zwar verschärft – einzuführen. Vorgeblich weil – so Ludwig – der Erfolg der Juli-Revolution auf die Hetze der periodischen Presse zurückging und er den Übergriff der umstürzlerischen Gedanken nach Bayern fürchtete. In Wahrheit hatte zur neuen Zensurgesetzgebung nicht unwesentlich ein Artikel des »Volksblattes« beigetragen, in dem die Verminderung des Hofetats um 1 Million Gulden gefordert wurde. Dieser Artikel hatte Ludwig maßlos empört, denn aus dem Hofetat, der sogenannten Zivilliste, wurde rund die Hälfte der königlichen Bauten finanziert. Eine Kürzung ausgerechnet dieses Etats war für Ludwig unannehmbar. Auf dem Budget-Landtag des Jahres 1831 interessierte er sich deshalb ausschließlich für die Durchsetzung einer *lebenslänglichen* Zivilliste. Während der 9 Monate, die dieser – so Ludwig – »längste und schlechteste Landtag« dauerte, hat er mit allen erdenklichen, z. T. kriminellen Mitteln um »sein« Geld gekämpft: Er benutzte die Angst vor der sich ausbreitenden Cholera, indem er die Genehmigung staatlicher Gegenmaßnahmen von der Verabschiedung der Zivilliste abhängig machte, versprach die Änderung des als verfassungswidrig abgelehnten Zensurgesetzes – falls besagte Zivilliste ihm als Gegengeschenk zugesichert würde –, schloß fünf liberale Abgeordnete von den Verhandlungen in der Kammer aus, opferte seinen Innenminister und Dichterfreund Eduard von Schenk – wiederum aus taktischen Gründen – und drohte schließlich allen oppositionellen Ministern mit Entlassung. Die Zivilliste wurde ihm daraufhin genehmigt, wenngleich minimal gekürzt und nicht auf Lebensdauer. Nach dieser Abstimmungsniederlage entschloß sich Ludwig zur Auswechslung des gesamten Ministeriums. Lediglich der Kriegsminister blieb nach dem Desaster von 1831 noch im Amt.

Drei Jahre später hatte Ludwig auf diese Weise seinen Königswillen durchgesetzt: Seit Juli 1834 konnten bayerische Könige 42 Jahre lang jährlich über 2 350 580 Gulden verfügen. Damit war eine Art Kronrente festgeschrieben, für die Bayern rund 10% der Staatseinnahmen aufzuwenden hatte. Wenn man also bis heute allenthalben liest, daß Ludwig die Häfte seiner Prachtbauten aus *privaten* Mitteln finanziert habe, so ist dies eine Legende, es sei denn, man betrachtet die Zivilliste – die, wie gesagt, aus Geldern bestand, die für Hofstaat, Unterhalt von Gebäuden und Repräsentationszwecke direkt aus dem Staatshaushalt bezogen wurden – als »Privateinnahmen«. Allerdings soll Ludwig aus echtem Privatvermögen auch einiges berappt haben, nämlich zwischen 11 und 18 Millionen Gulden, für Vasen, Plastiken, Gemälde, Zeichnungen, Miniaturen und Porzellan.

Schon vor dem Landtag von 1831, der gemeinhin als Wende in der Regierungstätigkeit Ludwigs I. gilt, hatte der König seine verfassungswidrige Zensurgesetzgebung geplant und Journalisten, die seinen Regierungsstil anprangerten des Landes verwiesen. Von Anfang an war er entschlossen, Kritik zu unterbinden und als Alleinherrscher zu fungieren. Geändert hatte sich durch die französische Juli-Revolution lediglich soviel: Was sich Ludwig vorher zu kaschieren bemühte, brachte er jetzt unverhohlen zum Ausdruck. So signierte er 1831: »Sollte eine Kopierung der französischen Kammerereignisse versucht werden, so wird man seinen Mann an Mir finden. Das lasse sich jeder gesagt sein. Mein Thron steht nicht auf Barrikaden, nicht auf dem Volkssouveränitätsprinzip, sondern auf dem monarchischen.« Seinen Ministern ließ er in diesem Sinn folgende Denkschrift zukommen: »Ein bayerischer Minister soll nicht streben, das sein zu wollen, was ein französischer oder ein englischer ist, wie denn auch Bayern eine andere Verfassung hat, und Bayerns König wird sich nie zu der Rolle bequemen, welche deren Könige haben. In den Schranken der Verfassung wird sich Bayerns König halten, aber keine anderen von seinen Ministern sich ziehen, sich nicht den Geschäftsgang von ihnen vorschreiben lassen. Mühevoll ist es, König zu sein, nicht noch mehr sollen dieses die Minister erschweren, nicht wenn der König etwas entschieden hat, wieder darauf zurückkommen, sei es unmittelbar oder mittelbar, oder gar Partei gegen den König machen.« Noch deutlicher kann man einen auch für damalige Verhältnisse extrem rückschrittlichen Kurs kaum beschreiben.

Ludwig selbst verkündet bisweilen: »Ich bin liberal, niemand ist liberaler als ich.« Eine merkwürdige, auch naive Auffassung von Liberalität! Was Ludwig damit meinte, war seine unbestreitbare Beweglichkeit, seine Offenheit für Neues – sofern es nicht mit seiner christlichen Grundhaltung und seinem absolutistischen Selbstverständnis kollidierte. Reformgesetze hatte er seinen Untertanen bei Regierungsantritt wohl angeboten – auch durchaus liberale –, aber sie sollten wie das Geschenk eines gütigen Vaters angenommen werden, ohne weitere Diskussion. Auch bemühte sich Ludwig entschieden um die zeitgenössische Kunst, er ließ sich begeistern von neuen, zu seiner Zeit noch umstrittenen Malschulen, war seiner Zeit weit voraus in Fragen des Denkmal- und zum Teil auch des Naturschutzes, und er war insgesamt beständig um Anregungen, um Neu-Erfahrungen bemüht – ganz im Gegensatz zu seinem durchaus behäbigen Vater. In allen Bereichen galt als Ziel und Wahlspruch: »Was alt ist und gut, das soll bleiben. Was alt ist und gleichgültig, das mag bleiben. Was alt ist und schlecht, das will ich stürzen, und wenn es tausend Jahre Bestand hätte!« Gestürzt aber hat er vor allem die Errungenschaften der Aufklärung, Errungenschaften, die erst sehr kurzen Bestand hatten.

»Das ist ein Gebrechen unserer Zeit«, meinte Ludwig in einem Signat, »wenigstens in Deutschland, daß die Jugend viel zu viel gelehrt und angestrengt wird ... Keine Vielwisser, keine Kopfhänger, eine freudige Jugend will ich wieder bekommen. So nützlich der Unterricht ist, so kann doch hierin, namentlich bei den Landpfarrern, leicht des Guten zuviel geschehen. Sie sollen gute Christen und brauchbare Hausväter heranziehen. Über diesen Zweck soll nicht hinausgegangen werden.« Einer »Demokratisierung« des Bildungswesens wurde damit Einhalt geboten. Gewünscht war die traditionelle Standespädagogik mit den bekannten Zielen: Verminderung des gesellschaftlichen Aufstiegs, Unterbindung gesellschaftsverändernder oder emanzipatorischer Impulse, Obrigkeitstreue statt »Räsoniergeist«. In einem Kabinettschreiben vom August 1833 bekundete der König nachdrücklich, daß er insbesondere in der Volksschulerziehung das wirksamste Mittel erkenne, »in den folgenden Generationen wenigstens jenen patriarchalischen Sinn, jene Zufriedenheit, Treue wieder herbeizuführen, bei welcher allein wahres Volksglück bestehen kann.« Das 1837 von beiden Kammern beantragte siebente Volksschuljahr lehnte Ludwig ab, Volksschulen wurden auf seinen Befehl in »Teutsche Schulen« umbenannt, und der Volksschullehrer durfte statt mit »Herr« nur noch mit »Schullehrer« angesprochen werden. Demokratische Tendenzen waren damit bis in den letzten Sprachwinkel ausgemerzt.

Über Anstellung und Beförderung der im Schulwesen tätigen Beamten sollten folgerichtig nicht bloß Dienstalter und Qualifikation, sondern auch Charakter und Gesinnung entscheiden. Wer also nicht »national« in Ludwigs Sinn und überdies nicht »christlich« war, durfte sich getrost nach einem anderen Broterwerb umsehen. ». . . ich will«, signierte Ludwig einmal, ». . keine Laus mir in den Balg setzen. . .«, womit er diejenigen meinte, die »liberalisiert und französisiert« seien. Auch von der Universität entfernte Ludwig in diesem Sinn rücksichtslos Gelehrte und verlangte bei Neuberufungen »Gewißheit über die Richtung der Vorgeschlagenen zu bekommen«. »Die Münchner Universität soll einen christlichen Charakter tragen. . .«, heißt es in einer seiner bildungspolitischen Verordnungen.

Ihren Höhepunkt erreichte die christlich-konservative Restaurationspolitik Ludwigs in der Wiedereinführung von Klöstern in Bayern. Auch mit dieser Entscheidung handelte er gegen den Zeitgeist, den Geist der Aufklärung. Vor der

Säkularisierung unter Montgelas hatte es in Bayern 18 Orden mit 315 Männer- und 83 Frauenklöstern gegeben. Sie waren zu Beginn des 19. Jahrhunderts auf einige wenige reduziert. Bereits sechs Jahre nach Ludwigs Regierungsantritt gab es im erweiterten bayerischen Königreich wieder 43 Klöster der verschiedensten Orden. Lediglich die Jesuiten, die Ludwig nicht mochte, durften sich nicht niederlassen. Die Schwestern und Patres engagierten sich wie vordem in der Seelsorge, der Krankenpflege, im Schulwesen und in den Wissenschaften – wodurch Ludwig sich Beistand für seine gesellschaftspolitischen, »pädagogischen« Projekte versprach. Die Tradition des alten Bayern hat er auf diese Weise neu belebt, zur Freude der einen und zum äußersten Mißbehagen der anderen. Fest steht, daß ihm aus ultrakirchlichen Kreisen die Feinde ebenso zuwuchsen wie aus liberalen. Denn Ludwig nahm bei allem Engagement für die Orden seine Staatskirchenrechte ohne Abstriche wahr. »Für Religion bin ich sehr, aber keine Pfaffenregierung gibt es unter mir«, erklärte Ludwig ein für allemal und ließ sich von katholischen Geistlichen so wenig beeinflussen oder gar Vorschriften machen wie von seinen Ministern. Auch eine so mächtige Institution wie die Kirche versuchte er auf diese Weise in den Dienst seiner Regierungstätigkeit zu stellen, was zu seinem Scheitern nicht unerheblich beitrug. Er sei »gut katholisch«, pflegte er zu sagen, nicht mehr und nicht weniger. Den Ultramontanen war das zu wenig, und den Liberalen, vor allem den Protestanten, war es entschieden zuviel.

Zu harten Auseinandersetzungen kam es, als Ludwig die sogenannte Kniebeugeverordnung 1838 wieder einführte. Diese Verordnung zwang alle bayerischen Soldaten bei Prozessionen sowie im Militärgottesdienst – der einmal wöchentlich Pflicht war – beim Abendmahl und beim Segen des Priesters niederzuknien: ein Brauch, den Max Joseph 1803 mit Zunahme der protestantischen Bevölkerung abgeschafft hatte. Als Ludwig die Kniebeugeverordnung erneut erließ, war jeder dritte bayerische Soldat Protestant und somit zu einer Glaubenshandlung gezwungen, die den Grundsätzen seiner Kirche widersprach. Von einer Beschneidung der Religionsfreiheit konnte also ohne Übertreibung die Rede sein. Unter äußerstem Druck hob Ludwig die empörende Verordnung nach siebenjährigem erbitterten Streit 1845 auf. Aber er hatte Wunden geschlagen, die er nicht mehr zu heilen vermochte.

Auch Ludwigs Umgang mit politisch Andersdenkenden weist ihn als Despoten aus. Seine drei prominentesten Opfer waren Wilhelm Joseph Behr, Gottfried Wilhelm Eisenmann und Johann Georg August Wirth. Wirth stammte aus Hof und hatte vergeblich versucht, in Bayern eine progressiv-liberale Zeitung herauszubringen. Er ging in die Pfalz, wo sich Anfang der dreißiger Jahre eine starke politische Opposition organisiert hatte, und gründete im Januar 1832 den »Preßverein« zur Abwehr von staatlichen Eingriffen in die Pressefreiheit. Bereits Anfang März wurde der Verein verboten und Wirth wegen Hochverrats verhaftet. Das Schwurgericht in Zweibrücken sprach ihn am 14. April von dieser Anklage frei, weil ein persönlicher Schuldnachweis nicht zu erbringen war. Der »Preßverein« blieb verboten.

Am 27. Mai erregte der pfälzische »Nebenstaat« erneut den Zorn Ludwigs: Liberale Bürger hatten aus Anlaß des 14. Jahrestages der bayerischen Verfassung zum sogenannten Hambacher Fest aufgerufen – allerdings ohne des Königs Umgang mit der Verfassung auch nur im mindesten zu preisen. Statt dessen wurde in Hambach ein »Nationalfest« gefeiert, das sich ganz erheblich von Ludwigs »teutschen« Nationalfeiern unterschied: Aufgefordert wurde zum »mannhaften Kampf für eine Abschüttelung innerer und äußerer Gewalt, für Erstrebung gesetzlicher Freiheit und deutscher Nationalwürde«. Etwa 30 000 Menschen – nach amtlichen bayerischen Angaben bloß die Hälfte – versammelten sich zwischen dem 27. und 30. Mai auf dem Hambacher Schloß, unter ihnen Ludwig Börne, einer der bedeutendsten Publizisten des »Jungen Deutschland«, der in Paris lebte und sich in kritischen Zeitungsartikeln für soziale und geistige Freiheit einsetzte; neben Börne traten auch der radikal-liberale Jurist Philipp Jacob Siebenpfeiffer und natürlich Wirth als Redner auf.

Für die Münchner Regierung waren die Vorfälle in Hambach Ausdruck einer internationalen revolutionären Verschwörung. Ludwig konstruierte daraufhin eine staatliche Notwehrsituation, auf deren Grundlage er sich zu ungewöhnlich repressiven Gegenmaßnahmen verpflichtet fühlte. »Sein cholerisches Temperament«, so Heinz Gollwitzer, »trieb ihn darüber hinaus in eine... zornmütige Strafmentalität hinein.« Zuerst einmal schickte er 8000 Soldaten unter der Führung von Generalfeldmarschall Wrede in die Rheinpfalz, um »Ruhe und Ordnung« wiederherzustellen. Hausdurchsuchungen, Amtsenthebungen, Verhaftungen, Prozesse folgten. Wirth wurde verhaftet, während es den übrigen prominenten Rednern gelungen war, sich rechtzeitig ins Ausland abzusetzen. In einem spektakulären Prozeß sprach Wirth über die »Rechte des deutschen Volkes«, und zwar derart überzeugend, daß man ihn freisprach. Ludwig aber wies »seine« Richter durch Handschreiben an, mit äußerster Härte vorzugehen, und setzte schließlich die Verurteilung Wirths durch. Zwei Jahre lang kam der Jurist hinter Gitter, danach drei Jahre lang unter Polizeiaufsicht, bis ihm schließlich 1847 die Flucht nach Frankreich gelang.

Nachdem die Pfälzer »Rebellen« durch militärische und juristische Machtdemonstration mundtot waren, machte Ludwig sich an die »Pazifizierung« des ebenfalls oppositionellen Franken, vor allem Würzburgs. »Der Hauptsitz der Ultraliberalität hat sich offenbar in Würzburg gebildet«, meinte Ludwig, und weiter: »... es scheint daher dringend notwendig, dieses Netz zu sprengen.« Als Repräsentant »schändlicher« Liberalität galt der Würzburger Bürgermeister, Staatsrechtler und ehemalige Hochschullehrer Wilhelm Joseph Behr. Mit ihm pflegte Ludwig als Kronprinz vertrauten Umgang, weil Behr, genau wie er, für eine kontinuierliche Fortentwicklung der Verfassung eingetreten war. Aber Behr war entschieden der Meinung, die Verfassung stehe über dem Herrscher und nicht der Herrscher über der Verfassung – eine für Ludwigs Begriffe »umstürzlerische« Überzeugung, weil über ihm, dem Herrscher von Gottes Gnaden, selbstverständlich niemand und nichts – auch keine weltlichen Gesetze – zu stehen hatten. 1832 wurde der unliebsame Behr dann endlich kaltgestellt. Auf dem Gaibacher Verfassungfest, wo, wenngleich zurückhaltender als auf dem pfälzischen, ebenfalls politisch agitiert wurde, hatte Behr die Zustände in Bayern angeprangert, für Recht und Freiheit plädiert. Diese, für heutige Begriffe harmlose, und selbst für damalige Begriffe durchaus nicht »revolutionäre« Rede wurde ihm zum Verhängnis. Ein Geheimverfahren wurde eingeleitet, aus dem Zusammenhang gerissene Sätze aufgebauscht, kurz: Gründe für Anklage und Verurteilung an den Haaren herbeigezogen. Um Würzburg zu zwingen, Behr als Bürgermeister abzuwählen, drohte Ludwig mit der Schließung der Universität und ließ das Appellationsgericht nach Aschaffenburg verlegen. Mit solchen Maßnahmen konnte man die kleinen, kaum industrialisierten Städte schwer treffen, denn jede Wegverlegung einer Behörde schädigte die Wirtschaft. In Würzburg bekam man es schließlich mit der Angst und gab dem Ansinnen des allmächtigen Landesfürsten nach: Behr wurde seines Amtes enthoben und 1834 inhaftiert. Das Verfahren wurde schriftlich abgewickelt; eine mündliche Verhandlung fand nicht statt. Mit »Donnerkeilen«, die Ludwig, so Wrede, »auf seine Gerichte losgelassen«, setzte er es durch, daß Behr auf einer mehr als umstrittenen Rechtsgrundlage wegen Hochverrat zu einer Festungsstrafe auf unbestimmte Zeit verurteilt wurde.

Allein 1834 kam es zu 142 politischen Prozessen. Hunderte verschwanden in den nächsten Jahren hinter den Mauern von Festungen, Zuchthäusern und Arbeitshäusern. Auch sieben Todesurteile wurden verhängt, und zwar gegen Mitglieder der Erlanger Studentenverbindung »Germania«; sie wurden jedoch in Haftstrafen umgewandelt.

Ein Jahr nach Behr wurde auch Gottfried Wilhelm Eisenmann, Arzt und Herausgeber des damals in Würzburg erscheinenden »Bayerschen Volksblattes«, verhaftet. Auch er hatte konstitutionelle Ideen verbreitet und die Öffentlichkeit und Mündlichkeit von Prozeßverfahren gefordert. Und auch er wurde auf Betreiben Ludwigs zu einer Festungsstrafe auf unbestimmte Zeit verurteilt. Joseph von Hoermann, Ministerialrat im Außenministerium, hatte ihn bei solchem Justizterror unterstützt. Hoermann, der es sich zur Aufgabe gemacht hatte, die »Königstreue« des bayerischen Justizpersonals zu überwachen und durch zahllose Denunziationen Angst und Schrecken verbreitete, meldete dem Monarchen nach der Verurteilung Eisenmanns: »Vor drei Jahren, nachdem ich meine und des Gerichts Kräfte erprobte, gelobte ich, nicht zu ruhen, bis alle, die an Eurer Majestät allerhöchster Person zu freveln gewagt, gefesselt an des Thrones Stufen lägen... Mein König und Herr! Dieses Gelübde ist nunmehr gelöst!«

Alle politisch Verfolgten wurden in Bayern der »Majestätsbeleidigung« bezichtigt. Das »Strafgesetzbuch für das Königreich Baiern« von 1813 regelt diesen Tatbestand in den Artikeln 309–311. Es unterscheidet zwischen einer »Majestätsbeleidigung ersten Grades« und einer »Majestätsbeleidigung zweiten Grades«. Eine Beleidigung ersten Grades begeht, wer »wissentlich und vorsätzlich an die geheiligte Person des Königs beleidigend Hand anlegt; wer seinen Souverain mit einer persönlichen Mißhandlung bedroht«, oder einen Aufruhr anzettelt. Darauf steht die Todesstrafe.

Einer »Majestätsbeleidigung zweiten Grades« macht sich schuldig, »wer I. an öffentlichen Orten vor einer versammelten Volksmenge, oder II. in öffentlich verbreiteten Schriften oder bildlichen Darstellungen die Person des Souverains oder dessen Regierungshandlungen durch Verläumdung, verachtenden Spott oder schimpfliche Schmähungen herabzuwürdigen trachtet; III. wer solche Pasquille wissentlich aus Auftrag eines anderen verfertiget, oder vorsätzlich weiter verbreitet; endlich IV. wer den Namen des Monarchen zur Ausübung einer gesetzwidrigen Handlung mißbraucht.« Als Strafe hierfür ist nicht nur eine Verurteilung zu »ein- bis vierjährigem geschärften Arbeitshause«, sondern auch eine »öffentliche Abbitte vor dem Bildnisse des Souverains« vorgesehen.

Auch die zusätzlich des Hochverrats bezichtigten Oppositionellen Eisenmann und Behr mußten öffentlich vor dem Bildnis des Monarchen Abbitte leisten – eine Demütigung, auf der Ludwig stets bestand. Weder sein Vater noch sein Sohn Maximilian haben von dieser Bestimmung des Strafgesetzbuches derart rigoros Gebrauch gemacht wie Ludwig. So wurde z. B. 1829 auch ein Handwerker namens Mathias Rust aus Rosenheim verurteilt, weil er nach seiner Entlassung aus dem Militärdienst seine Wut mit allerhand Schimpfworten wie »Betrüger« und »Taugenichts« abreagiert hatte. Mathias Rust mußte öffentlich vor dem Porträt Ludwigs niederknien und um Verzeihung bitten. Derartige Strafmaßnahmen empörten sogar das sehr gemäßigt-liberale Bürgertum.

Wilhelm Joseph Behr und Gottfried Wilhelm Eisenmann blieben bis 1847 in Haft, also 12 bzw. 11 Jahre lang. Erst als die Lola-Montez-Affäre Ludwigs Thron ins Wanken brachte, entschloß er sich zur Begnadigung der beiden »Verräter«; ganz offenbar wollte er in größter Bedrängnis die Liberalen schnell noch auf seine Seite ziehen. Die ungeheuerliche Rechtsbeugung aber, die zur Verurteilung Behrs und Eisenmanns geführt hatte, blieb unvergessen. Sie entsetzte, so ein Zeitgenosse »die ganze zivilisierte Welt«.

Besonders radikal hat Georg Büchner mit dem Bayernkönig abgerechnet. 1834 schreibt er im »Hessischen Landboten«:

»Sehet an das von Gott gezeichnete Scheusal, den König Ludwig von Bayern, den Gotteslästerer, der redliche Männer vor seinem Bilde niederzuknien zwingt und die, welche die Wahrheit bezeugen, durch meineidige Richter zum Kerker verurteilen läßt; das Schwein, das sich in allen

Lasterpfützen von Italien wälzte, den Wolf, der sich für seinen Baals-Hofstaat für immer jährlich fünf Millionen durch meineidige Landstände verwilligen läßt, und fragt dann: ›Ist das eine Obrigkeit von Gott, zum Segen verordnet?‹

Ha! du wärst Obrigkeit von Gott?
Gott spendet Segen aus;
Du raubst, du schindest, kerkerst ein,
Du nicht von Gott, Tyrann!

Ich sage euch: sein und seiner Mitfürsten Maß ist voll. Gott, der Deutschland um seiner Sünde willen geschlagen hat durch diese Fürsten, wird es wieder heilen. ›Er wird die Hecken und Dörner niederreißen und auf einem Haufen verbrennen.‹ Jesaias 27,4. So wenig der Höcker noch wächset, womit Gott diesen König Ludwig gezeichnet hat, so wenig werden die Schandtaten dieser Fürsten noch wachsen können. Ihr Maß ist voll. Der Herr wird ihre Körper zerschmeißen, und in Deutschland wird dann Leben und Kraft als Segen der Freiheit wieder erblühen.«

Unverständlich bleibt vielen Zeitgenossen die Diskrepanz zwischen Ludwigs sensiblem Kunstsinn und der Roheit und Brutalität seiner Politik. Karl Gutzkow, der in den dreißiger Jahren in München Jura studiert hat, schreibt in seinen Erinnerungen:

»Auf den deutschen Thronen gab es keinen eifrigeren Verfolger der neuen Freiheits- und Einheitsbestrebungen als denselben Fürsten, der seine Residenz, die reizende Stadt an der Isar, so künstlerisch auszuschmücken begonnen hatte. ›Abbitte vor dem Bilde des Königs –!‹ Man fühlte sich wie in die Zeiten jener Kaiseranbetung zurückversetzt bei den ersten Christenverfolgungen. Soviel Fürstendünkel, soviel förmlich persönlicher Haß des Souveräns gegen die Vertreter der neuzeitlichen Forderungen, und doch ermöglichte dieser Monarch die beglückende Wanderung durch die damals noch nicht so wie jetzt verblichenen

Fresken der Arkaden, in die Bonifaziuskapelle, in die Glypto-, die Pinakothek! Mich ergriff Trauer, wie sich soviel hochherziger Mediceersinn mit einer so leidenschaftlichen Verblendung über die ersten Aufgaben des Staates verbinden konnte. Denn König Ludwig faßte die Erlebnisse des Hambacher Festes (27. Mai 1832), die geringen Vergehen des Bürgermeisters Behr, des Doktor Eisenmann wie etwas ihm zum persönlichen Tort Gewagtes und Geplantes auf. ›Ist das so ein Säbel, wie ihr Frankfurter dem Doktor Wirth einen für Hambach geschenkt habt?‹ fragte er auf der Frankfurter Messe einen Spielwarenhändler vor dessen Bude. Vollends machten die Gedichte des Königs das Urteil stutzig. Waren diese auch barock in der Form, so war doch ihr Inhalt meist hochgemut und immer dem Schönen und der Kunst schwärmerisch zugewandt. Das psychologische Problem blieb ungelöst.«

8

Ludwig als Bauherr:
»Nicht als Luxus darf die Kunst
betrachtet werden...«

Zwei Königreiche lagen in Ludwigs Hand, das Königreich
der Politik und das der Kunst. In beiden hat er selbstherr-
lich regiert, jedoch mit unterschiedlichem Erfolg. Als junger Mann soll Ludwig zum französischen Gesandten in
München gesagt haben, nach Bonaparte müsse man auf
den Ruhm der Waffen verzichten. Um ein großer Fürst zu
werden, biete das Land Bayern einen viel zu engen Spielraum, so daß nichts anderes übrig bleibe als ein überragen-
der, ein europäischer Mäzen zu werden.

Bauen als Ersatzbefriedigung?
  Fest steht, daß Ludwig als Regent gebaut hat. Alle seine
architektonischen Kunstschöpfungen sollten die Herrlichkeit des neuen, erweiterten Bayern versinnbildlichen und
nicht zuletzt den Glanz der Wittelsbachischen Dynastie
sicherstellen und repräsentieren. Fest steht auch, daß Ludwig I. wie kaum ein anderer König seinen Ruhm bis heute
ausschließlich seiner Bautätigkeit und seinem mäzenatischen Wirken verdankt. Als Politiker und als Staatsmann
hat er sich kaum profiliert: »Friedenskönig« blieb er durch
Glück, und seine innenpolitischen Erfolge – etwa die Sanierung des Staatshaushalts – sind durch eine 18 Jahre dauern-
de reaktionäre Politik erheblich relativiert. Auch war Ludwigs Regierungsstil, sein Selbstherrschertum, bereits zu

seinen Lebzeiten veraltet, so daß eine Zukunftschance solcher Monarchie durchaus nicht bestand: »Am Ende«, so Heinz Gollwitzer, »zeigte sich, daß man mit Nationalbe-wußtsein allein und ohne Veränderung des gesellschaft-lich-politischen status quo die Throne nicht halten konnte.«

War der Thron im Königreich der Kunst auf diese Weise zu halten?

Zuerst einmal – und das wird oft unterschlagen – hat Ludwig *auch* für sich selbst gebaut, zu seinem eigenen Vergnügen und zur Sicherung seines Nachruhmes. Zahl-reiche Bauten wurden u. a. deshalb so teuer, weil Ludwig großen Wert darauf legte, daß das Baumaterial so dauerhaft wie irgend möglich sei: »Nicht für Jahrhunderte, für Jahr-tausende will ich bauen«, pflegte er immer wieder zu betonen. Schon das verwendete Baumaterial sollte also seinen Nachruhm sicherstellen. Hinzu kam Ludwigs emo-tionales, lustvolles Verhältnis zur Kunst. Hätte man ihm die Möglichkeit, sich in diesem Bereich zu entfalten, genom-men, so hätte man ihn aller Lebenskraft und -freude beraubt. Ludwigs Kunstbegeisterung ist nämlich nicht bloß Ausdruck aristokratischer Lebensart, sondern sie ent-springt einem tiefverwurzelten, elementaren Bedürfnis: Kunst ist Notwendigkeit, und dies in vielerlei Hinsicht.

Bleiben wir vorerst bei den persönlichen Motiven: »Bin gerne in München«, schrieb er seinem Sohn nach Griechen-land, »in keiner Stadt auf die Länge so gern, wo ich vielfach angeregt, im Kunstleben mich bewege, tätig einwirkend.« Die Möglichkeit, als Mäzen aufzutreten, erfüllte Ludwig zeitlebens mit großer persönlicher Befriedigung. Wir erin-nern uns, wie glücklich er als Kronprinz in Rom gewesen ist, als er in der dortigen deutschen Künstlerkolonie die Rolle des Schutzpatrons übernehmen konnte. Nach und nach hat er in München eine ganz ähnliche Künstlerkolonie »angelegt« und sich damit ein Betätigungsfeld bereitge-stellt: »Schaffende Kunst im großen ist nicht in Rom, ist in München jetzo«, hat er als König stolz verkündet. Für diese

Leistung ließ er sich dann schon zu Lebzeiten gebührend huldigen. Nicht nur, daß die Prachtstraße, die er in 35 Jahren angelegt hatte, seinen Namen trug, er war damit einverstanden, daß ihm am Anfang dieser Straße, vor der Feldherrnhalle, ein Denkmal errichtet wurde, und er behielt sich vor, die Nobeltreppe in der – ebenfalls an der Ludwigstraße erbauten – Münchner Staatsbibliothek als einziger emporzuschreiten, ganz ausdrücklich zur (Selbst-) Belohnung für seine Verdienste, während das »gewöhnliche Volk« die Hintertreppe zu benutzen hatte.

Auch Ludwigs Umgang mit »seinen« Künstlern war von seinem ausgeprägten monarchischen Bewußtsein beherrscht; seinen Anweisungen hatte sich ausnahmslos jeder zu unterwerfen. Zwar hat man ihn bisweilen mit seinem langjährigen Lieblingsmaler Peter von Cornelius Arm in Arm im Hofgarten lustwandeln sehen, aber diese Zwanglosigkeit wollte wohl verstanden sein: Zum einen mußte er, der Souverän, ab und an beweisen, daß ihm selbst die Mißachtung der Etikette möglich war, zum anderen wurde Cornelius durch die vertraute Geste »huldvoll ausgezeichnet« – ein Vorgang, der das Herrscher-Untertanen-Verhältnis eher stabilisiert als aufweicht. Wer also glaubte, er könne aus dem persönlichen Entgegenkommen des Monarchen Kapital schlagen, indem er sich etwa zur Kritik ermuntert sah, wurde von Ludwig schnell auf den Boden der Tatsachen zurückgeführt: »Ich, der König, bin die Kunst von München«, pflegte er dann erzürnt auszurufen, oder: »... schlecht oder gut, wenn es mir gefällt, so wird und soll und muß es dennoch angewendet werden, wenn ich es haben will und befehle.«

Von allen Künstlern, mit denen Ludwig im Verlaufe seines langen Lebens zu tun hatte und die zum Teil allein von ihm abhängig waren, hat sich besonders Leo von Klenze hervorgetan. Ganz unabhängig von der Frage, ob Klenze der genialste ludovizianische Baumeister gewesen ist, steht immerhin fest, daß er derjenige war, der es mit Ludwig – und Ludwig mit ihm – am längsten aushielt. Aus

Klenzes Verhalten gegenüber Ludwig kann man entnehmen, wie man bei einem Despoten am besten, das heißt am erfolgreichsten, auftritt. Und Ludwigs Umgang mit Klenze ist bezeichnend für die Verfahrensweise dieses Regenten im Königreich der Kunst.

Ludwig I. und der etwa gleichaltrige Leo von Klenze sind sich in vielerlei Hinsicht sehr ähnlich: Beide sind sie zähe, extrem fleißige Arbeiter – Frühaufsteher auch Klenze –, beide unbeirrbar im einmal gefaßten Entschluß, beide fanatisch, wenn es um Kunst geht, beide anfällig für »Glanz« bei gleichzeitigem, nahezu pathologischem Geiz. Leo von Klenze war so geizig, daß er sogar seinen Geburtstag vom 28. Februar (1784) auf den 29. »verlegte«, ganz einfach, um nur alle vier Jahre feiern zu müssen. Hätte Klenze über Ludwigs Machtfülle verfügt, so wäre er womöglich ein noch schlimmerer Despot als sein fürstlicher Auftraggeber geworden; auf jeden Fall hat Klenze den ihm zugebilligten Spielraum rücksichtslos zur Durchsetzung seiner Interessen benutzt. Daß er demzufolge sowohl bei seinen Künstlerkollegen als auch bei der Münchner Bevölkerung verhaßt war, kam Ludwig offenbar gelegen. Unter solchen Umständen konnte der König seinen Baumeister jederzeit kaltstellen und sich damit auch noch beliebt machen. Außerdem blieb Klenze so ein Einzelkämpfer und damit relativ ungefährlich, das heißt, ohne Rückhalt bei einer solidarischen Gruppe, die dem autokratischen Regenten zumindest Ärger hätte machen können.

Trotzdem ist Leo von Klenze an Selbstbewußtsein schwerlich zu übertreffen: Er will es sein, der den König ehrt, nicht der König ihn. Die wahre Position eines Architekten macht er seinem Auftraggeber dann immer wieder klar. 1822 schreibt Klenze dem damaligen Kronprinzen: »Denn das ist es ja, was den größten Philosophen aller Zeiten, Plato, sagen ließ, daß ein vollkommener Architekt, wenn es einen gäbe, die höchste Stufe der Menschheit sei; weil dieser abwechselnd beides, Erfinder der freien Art und Phantasie des Künstlers und das abstrakte Wirken des

Mathematikers und Finanziers in sich vereinigen muß. Die erste Stufe aber sucht uns, während wir die zweite suchen müssen. Deshalb ist Gott der Herr unsere Idee, die Zeit und Umstände aber nur Herr unserer Berechnung.« Für den von Plato imaginierten »vollkommenen Architekten« hält sich Leo von Klenze schon früh. Die Rolle seines irdischen Erfüllungsgehilfen hat er Ludwig zugedacht, und der scheint eine Zeitlang begeistert mitzuspielen.

Als »Berufene« fühlen sich der König und sein Architekt, jeder an seinem Platz: Ludwig will als Kunst-Mäzen der Erhebung Deutschlands und seiner bayerischen Heimat dienen, Klenze will seinem Jahrhundert das Kunst-Heil bringen. Den zeitgenössischen, diffusen Kunstströmungen der Romantik hält er die zeit-lose Verbindlichkeit klassizistischer Architektur entgegen: »Es gab und gibt nur eine Baukunst, und es wird nur eine Baukunst geben, nämlich diejenige, welche in der griechischen Geschichts- und Bildungsepoche ihre Vollendung erhielt. Alle anderen Stile sind nur Bauarten, die Griechen haben allein die Baukunst besessen, auch die Renaissance ist nur eine glückliche Reue über die artistische Verwilderung des Mittelalters.« An seiner fanatischen Bewunderung der Antike hält Leo von Klenze zeitlebens fest. Toleranz übt er dabei nicht. Gotische oder barocke Stilformen etwa bezeichnet er als »Halbbarbareien«.

Weniger dogmatisch ist – sehr zum Leidwesen Klenzes – sein fürstlicher Auftraggeber. Ludwig I. teilt zwar Klenzes Liebe zur Antike, will sich aber keineswegs ausschließlich an diesen Baustil binden. Leo von Klenze bemerkt dazu in seinen sogenannten Erinnungsblättern: »So wechselte auch stets sein Geschmack in der Architektur, und statt sich wie ein Perikles mit aller Kraft des Seins, Wollens und Könnens auf die Ausbildung und Durchführung einer mit klarem Bewußtsein als gut erkannten Richtung zu werfen, flatterte er schmetterlingsartig von einer architektonischen und artistischen Blume auf die andere . . . Ich erhielt gewöhnlich zur Antwort: ›Ja! ja! das ist alles recht gut, aber der Effekt,

Die schöne
italienische Marchesa Marianna Florenzi,
die Geliebte Ludwigs I.

Oben:
Die St.-Ludwigs-Kirche in München,
Stahlstich, um 1850

Unten:
Die Alte Pinakothek in München
Stahlstich, um 1860

Oben:
Ludwigs Sohn Otto, der glücklose König
von Griechenland

Die Propyläen in München,
Stahlstich, um 1860

die Wirkung mein bester Klenze, das ist doch die Hauptsache‹, und dieses unselige Axioma ward stets mit einer Gestikulation der Hand und einem Ausdruck des Auges begleitet, welcher die ganze Gefühlsweise des Herrn in der Kunst als eine rein sinnliche und materielle auf das Treffendste bezeichnete.«

Die Mitglieder der Akademie und besonders die Abgeordneten der Ständekammer diffamiert Klenze in zahllosen Schreiben an Ludwig als unverständige Banausen. Und Ludwig spricht er damit aus der Seele. Als 1826 erstmals öffentliche Proteste gegen Ludwigs Baueifer laut werden und Klenzes Ansehen einem Tiefpunkt zusteuert, schreibt er an seinen König: »Eure Majestät wissen, daß im Allgemeinen jedes architektonische Unternehmen, und sei es auch noch so unmittelbar auf des großen Haufens materiellen Nutzen und Genuß berechnet, bei dem großen Haufen vor der Vollendung stets in Mißkredit steht... Wie wollte nun nicht dasselbe noch in einem viel höheren Grade bei Gebäuden wie die Glyptothek, Pinakothek, Walhalla usw. der Fall sein, deren Zweck so weit über den allgemeinen Begriff des Volkes hinausreicht, ja ihm oft diametral entgegengesetzt ist.« Mit anderen Worten: Das sogenannte gemeine Volk ist viel zu stumpf und dumm, als daß es wüßte, was ihm guttut. Ihm ist, wie Ludwigs Kunstagent Johann Martin von Wagner einmal bemerkt, »der Bierkrug lieber« als griechische Tempel und die Schöpfungen hochstilisierter Kunst. Derartige Banausen allerdings muß man auch gegen ihren Willen durch die Kunst erziehen, d. h. »veredeln« und sie auf diese Weise langsam an »höhere« Interessen und »wahre« Werte heranführen. Die Ludwigstraße beispielsweise, die sogenannte Via triumphalis, ist nicht einfach eine mehr oder weniger schöne Straße, sondern ein ideeller Raum, in dem »sich Leben formvoll begebe«, der Fußgänger also nicht einfach herumlaufe, sondern, durch die Kunst erhoben, wandle oder schreite. Das Kunsterlebnis, so hoffte Ludwig zuversichtlich, werde die Bedürfnisse der Menschen prägen und verändern.

Die Bildungsreligion der deutschen Klassik, deren Glaube an die »sittlichen« Wirkungsmöglichkeiten der Kunst, hat Ludwig übernommen. Schillers Idee von der »ästhetischen Erziehung des Menschengeschlechts« ist in allen ludovizianischen Bauwerken gegenwärtig. In seinem idealistischen Glauben, durch Kunst »wahrhaft menschliche Menschen« zu bilden, opferte Ludwig viel Zeit und Mühe; selbst die Baupläne für kleine Dorfschulhäuser, für Bahnhöfe, Brücken, Festungsanlagen usw. ließ er aufs genaueste prüfen. Kein häßlicher Zweckbau sollte seine Untertanen verderben, immer und überall sollte die edle, harmonische Form ein besseres Menschengeschlecht fördern: »Nicht als Luxus darf die Kunst betrachtet werden. Sie gehe über ins Leben. Nur dann ist, was sein soll«, verkündete Ludwig bei der Eröffnung der Pinakothek.

Daß man bei einer solchen Mission auf ängstliche und »kleine« Gemüter keine Rücksicht nehmen kann, versteht sich von selbst. Als im Jahre 1831 der Landtag die Kunstpolitik des Königs kritisierte und die Ausgaben für den Ankauf von Gemälden, den Bau des Odeon, der Hof- und Staatsbibliothek, der Alten Pinakothek, der Kursaalbauten in Brückenau und schließlich die Kosten für die Fresken in den Hofgartenarkaden zusammenstrich, fühlte sich Ludwig gänzlich unverstanden und war tief verletzt. Konsequenz war nicht etwa eine – wenn auch noch so geringfügige – Kürzung der beanstandeten Ausgaben, sondern eine nahezu absolutistische Gangart: Der Finanzkontrolle durch die Stände hat Ludwig sich ab 1831 entzogen und alle seine Bauvorhaben ohne Abstriche und trotz massiver Proteste durchgesetzt. »Wollte man akzentuieren«, schreibt Max Spindler mit aller Vorsicht, »so könnte man sagen, der König habe trotz der neuen Zeit für den Staat, aber ohne den Staat, für das Volk, aber ohne das Volk gebaut.«

Das Bild Münchens hat der Architekt und Städteplaner Leo von Klenze entscheidend geprägt. Über 30 große Bauten hat er für Ludwig geplant und ausgeführt, darunter die Erweiterungsbauten der Residenz samt Hofgarten, die

Glyptothek mit den Propyläen, die Pinakothek und das Odeon, die Ruhmeshalle, die Befreiungshalle in Kelheim, die Walhalla bei Regensburg sowie den überwiegenden Teil aller Gebäude der von ihm angelegten Ludwig- und Brienner Straße.

Über 40 Jahre lang hat Klenze im Königreich Bayern gebaut; unter Ludwig I. erhielt 13 Jahre lang ausschließlich er Bauaufträge. In mühsamer Kleinarbeit und unter Anwendung aller erdenklichen Kriegslisten hat Klenze die Bauleidenschaft des wankelmütigen Ludwig gelenkt. In zahllosen Briefen und Gesprächen sucht der Architekt von seinen klassizistischen Idealen zu retten, was er kann: Er beschwört Ludwig, ermahnt und belehrt ihn, er taktiert und intrigiert, schmeichelt und lockt – fast immer mit Erfolg. Denn Leo von Klenze ist raffiniert und: er ist ein Meister der Psychologie. Wie einfallsreich und geschickt er den König immer wieder für seine monumentalen Projekte gewinnt, schildert der Maler und Hofdichter Friedrich Pecht am Beispiel der Walhalla: »Zunächst malte Klenze in einem großen Oelbild die Walhalla mit der Aussicht auf das untere Donauthal und komponierte dann die Treppe auf ein besonderes Stück Papier, so daß man sie mit Leichtigkeit daraufkleben und wieder hinwegnehmen konnte. Hierauf lud er bei der ersten Gelegenheit, die sich bot, den ihn ohnehin sehr oft besuchenden König ein, sich das Gemälde anzusehen. Schon am anderen Tage war der Monarch da und freute sich an dem Bild – ohne Treppe. Nun bat Klenze den König, doch eine kleine Ergänzung zu betrachten, die er dazu componirt, und klebte die Treppe unten hin. Dadurch gewann die Wirkung des Gebäudes freilich ganz außerordentlich. Der König, der nun wohl merkte, auf was es abgesehen war, betrachtete das Bild zwar lang und aufmerksam, sagte aber gleich: ›Damit ist's nichts, Klenze, das kostet mir zuviel Geld.‹ ›Aber Majestät würden dadurch Ihrer Schöpfung erst einen neuen Ruhmestitel hinzufügen.‹ ›Was kostet denn die Treppe?‹ ›80000 Gulden.‹ ›Sind Sie toll, Klenze! fällt mir gar nicht ein, kommen Sie mir nie wieder damit!‹ ›Aber Majestät könnten das ja auf vier Jahresraten vertheilen!‹ ›Klenze Sie sind aber wieder schon einmal so eigensinnig wie ein...‹ Sprachs und rannte im höchsten Grade gereizt mit großen Schritten davon. Indeß, nicht ohne im Hinausgehen noch einen Blick auf die Tafel zu werfen. Klenze aber blieb ebenso gereizt zurück, so hatte ihn der König noch nie angefahren, und er wollte sofort seinen Abschied nehmen, nach London oder Petersburg gehen etc. etc. Darüber vergiengen ein paar Stunden, dann schellte es heftig. Es war ein königlicher Diener, der den Herrn Geheimrath zum König rief. ›Aha, jetzt habe ich meine Treppe‹ rief triumphierend der Architekt, und traf es auch. Der König hatte inzwischen seinen Etat noch einmal nachgerechnet und die ersten 20 000 Gulden noch herausgetrieben.«

Eigentlich sympathisch, so berichten zeitgenössische Beobachter übereinstimmend, sei das allzu kluge Multitalent Klenze dem bayerischen Regenten nie gewesen. Dasselbe gilt sicherlich auch umgekehrt. Aber Klenze ist ein vollkommener Staatsdiener und ein gar trefflicher Diplomat. Zu eindeutigen politischen Stellungnahmen läßt er sich selten herbei. In seinen Aufzeichnungen vermerkt er lediglich einmal um 1831, als Ludwig seinen freiheitlichen Reformkurs gerade aufgegeben hatte: »Meiner innersten Überzeugung nach ist das monarchische Regierungssystem, namentlich für katholische Christen, das beste und heilsamste, und daß dieses nicht ohne Ehrfurcht und Achtung des Monarchen bestehen kann, wenn wir auch den Menschen in ihm oft tadeln und anklagen müssen.« – Klenze wußte sehr genau, was er dem System, das ihn trug, schuldig war.

Die berufliche Laufbahn Leo von Klenzes begann um 1800 in Berlin. Klenze sollte Jura studieren, wie sein Vater, er aber brach aus und fand den Mann, der seinen Beruf bestimmen sollte: den Berliner Architekten Friedrich Gilly. Obwohl Friedrich Gilly wenige Monate nach Klenzes Ankunft in Berlin starb, hat er großen Einfluß auf ihn ausgeübt. Gillys Liebe galt der griechischen Architektur und weiten Stadtanlagen, wie sie im Gefolge napoleonischer Europapolitik in Paris entstanden; alle seine großen Entwürfe hat der junge Klenze nachgezeichnet. Zu den Schülern Gillys gehörte auch Karl Friedrich Schinkel. Dieser überragende und – im Vergleich mit Klenze – fraglos bedeutendere Baumeister ist einer der wenigen lebenden deutschen Künstler, deren Schaffen Klenze trotz divergierender Orientierung anerkannt hat.

Drei Jahre lang besuchte Klenze die Berliner Bauakademie, dann ging er zur praktischen Ausbildung nach Paris, zu Percier und Fontaine, den beiden wichtigsten Architekten der Zeit, die vor allem durch ihre Schloßeinrichtungen internationale Bedeutung erlangt hatten. Auf die Formen des von Percier und Fontaine geprägten Empire greift Klenze zurück, als ihn Ludwig 1826 mit der Erweiterung und Neumöblierung der Residenz beauftragt. Das geforderte Repertoire höfischer Fertigkeiten erwirbt und trainiert er im neugegründeten Königreich Westfalen. 1808 wird er Hofbaumeister von Napoleons Bruder Jérôme, der in Kassel residiert. Als Napoleon 1813 stürzt und der Kasseler Hof aufgelöst wird, flieht Klenze, der mittlerweile zum Hofbaudirektor avanciert ist, nach Paris. Als Architekt hat er bis zu diesem Zeitpunkt kaum Aufsehen erregt, als Gesellschaftslöwe und Geschäftsmann ist er um so erfolgreicher. Durch geschickte Spekulationen mit französischen Staatspapieren sichert er sich ein Vermögen, das seine finanzielle Unabhängigkeit zeitlebens garantiert. Diese günstige Ausgangsposition führt er wiederholt und unverhohlen ins Feld.

Aus französischen Diensten wird der schlaue Architekt 1814 von Ludwig übernommen. Auf dem Wiener Kongreß hatte Klenze »mehrere Entwürfe zu patriotischen, auf die damaligen Kriegsereignisse sich beziehenden« Bauten vorgelegt und dem bayerischen Kronprinzen damit imponiert.

Nur wenige Wochen später fordert Ludwig ihn auf, sich an einem Wettbewerb zu dem von ihm geplanten Antikenmuseum, der Glyptothek, zu beteiligen. Klenze greift zu. Nebenbei macht er sich als Kunstagent nützlich und beliebt. Am 21. November 1815 schreibt er dem Kronprinzen aus Paris: »Mein stetes Streben wird darauf gerichtet sein, dazu beizutragen, daß die königliche Hoheit in den tröstenden Freuden der Kunst für des Lebens unumgängliche Qualen einen Ersatz finden, den vielleicht nur sie in dem Maße geben können.«

Als Privatarchitekt des Kronprinzen kommt Klenze im Januar 1816 nach München. Einen ersten Entwurf zur Glyptothek hat er dabei, aber der Kronprinz ist damit nicht zufrieden und verlangt einen zweiten. Die Akademie der bildenden Künste soll – unter dem Vorsitz des Architekten Karl von Fischer – den Wettbewerb entscheiden. Kronprinz Ludwig, der von Anbeginn an Klenze favorisiert, läßt sich alle eingereichten Entwürfe schon vor der Beurteilung zeigen, wahrscheinlich, um sie mit Klenze zu besprechen. Jedenfalls reicht Klenze insgesamt drei Pläne bei der Akademie ein. Karl von Fischer, der angesehene Baumeister Max Josephs, beurteilt sie außerordentlich ungnädig: »Diese drei Projekte scheinen gar nicht von einem Architekten herzurühren, sie wären zu übergehen, wenn nicht die perspektivischen Ansichten etwas Bestechendes hätten.« Fischer wirft Klenzes Entwürfen im weiteren »kenntnis und konstruktionswidrige Anlage« vor, die Akademie schließt sich seiner Kritik an und favorisiert den Plan des in Griechenland lebenden Nürnberger Architekten Haller Freiherr von Hallerstein. Als die Ergebnisse des Wettbewerbs bekannt werden, erteilt der Kronprinz dem widerborstigen Preisrichter – Karl von Fischer selbst – einen neuen Auftrag, zu dem er ihm allerdings nur 18 Tage Zeit läßt. Der scheinbare Sinneswandel seines fürstlichen Gönners wird Klenze zugetragen. Er ist ernüchtert und gewarnt: »Da ich unter der Hand erfuhr, daß der Kronprinz auch von dem Architekten von Fischer Pläne machen ließ, und überhaupt sah, daß ich unter einem feindlichen Einflusse bey einem Herren stand, welcher der Erfüllung seines Willens nicht leicht ein Hindernis entgegentreten ließ, so sah ich gleich, daß es mir an Hindernissen und

Verdrießlichkeiten in Bayern nicht fehlen würde, überlegte aber meine Lage wohl und entschloß mich konsequent dem zu dienen, an welchen ich meine Existenz nun einmal geknüpft hatte...«

Der weitere Verlauf des Glyptothekenwettbewerbs geht aus Klenzes Aufzeichnungen nur zu dem für ihn schmeichelhaften Teil hervor. Was Klenze unterschlägt, ist die Tatsache, daß der Kronprinz die ausgezeichneten Pläne, die ihm Karl von Fischer vorgelegt hatte, an ihn weitergab. In einem letzten und vierten Entwurf übernahm daraufhin Klenze all das aus Fischers Plänen, was den Beifall des Kronprinzen gefunden hatte. Durch solche Hinterlist kam Klenze zu seinem ersten Auftrag in München.

Das Urteil der Akademie hat Ludwig dann gleich noch einmal zugunsten seines Lieblingsarchitekten übergangen. 1816 wurde nämlich auch die Konkurrenz um des Kronprinzen teutschen Ruhmestempel, die Walhalla, entschieden. Und als die Akademie erneut gegen Klenzes Entwurf stimmte, war Ludwig so verdrossen, daß er von da an nie mehr, auch nicht mehr zum Schein, einen Wettbewerb ausschrieb.

Die Glyptothek ist nicht nur Ludwigs erstes Bauwerk, sondern der erste Museumsbau Deutschlands in reinem antiken Stil und aus Marmor. Als die Ausgaben für diesen ionischen Tempel immer weiter anwuchsen, beschwor Ludwig seinen Architekten: »Bedenken Sie, daß ich Geld aufnehmen muß, was mir zuwider, daß ich bei der Staatskasse bereits Vorschuß genommen habe!« Und fast im selben Atemzug erteilte er Klenze – wiederum schriftlich – die eindringliche Weisung: »Das prägen Sie sich aufs tiefste in Ihren Sinn: soviel Rücksicht auf meine Finanzen zu nehmen ist, was aber die Berechnung des Marmors am Untersberg, dessen Bearbeitung in Salzburg und München sowohl von Steinmetzen wie Bildhauern betrifft, damit werde möglichst tätig verfahren, ohne Rücksicht auf meinen Finanzstand!« Die letzten Worte unterstrich der Kronprinz doppelt – kein Wunder, daß er sogleich der Kritik ausgesetzt war. Sie kam in erster Linie von seinem Vater, der Ludwigs Begeisterung für alte Steine und »zerbrochene Puppen« – gemeint sind die Antiken – ohnehin nicht verstand. Max Joseph hatte seinen Sohn damals öffentlich als Narr tituliert, und in der Münchner Bevölkerung wurde die Glyptothek dementsprechend als »das närrische Kronprinzenhaus« verspottet.

Von Anfang an mußte Ludwig also lernen, sich gegen Kritik abzuhärten; entsprechend rigide und auch zynisch ist er dann als Bauherr aufgetreten. Voller Betroffenheit schilderte Klenze, mit wieviel Häme der Kronprinz den ausgebooteten Karl von Fischer bedacht hat: Der bedeutende Architekt, u. a. der Erbauer des Nationaltheaters, wurde ganz offenbar stellvertretend für den Vater und dessen »Parteigänger« bestraft. Klenze erzählt: »Der Kronprinz sagte... mit freudigem Gesicht: Aber Klenze, nicht wahr, das muß doch den Fischer recht ärgern, wenn er Sie vor seinen Augen täglich die Glyptothek bauen sieht und ich antwortete, daß ich dieses nicht hoffe und es mir recht leid thun würde – aber der Kronprinz schien bei dem Gedanken so recht mit Vergnügen zu verweilen. Fischer wohnte gerade am Platze wo die Glyptothek gebaut ward – er war die erste architektonische Liebschaft S. K. Hoheit gewesen, hatte ihm treu und mit bestem Willen 6–8 Jahre gedient, war jetzt krank und fast sterbend, und hätte in diesem Falle eher wahres Mitleid und Schonung als diese Art von Schadenfreude verdient. O Fürsten! Fürsten...« Karl von Fischer ist 1820, vier Jahre nach Baubeginn an der Glyptothek gestorben; in München nannte man als Todesursache gebrochenen Stolz und »gebrochenes Herz«.

Mit Leo von Klenzes Karriere geht es unterdessen unaufhaltsam voran, denn der neue Architekt ist zu einem überaus günstigen Zeitpunkt in die bayerische Residenzstadt gekommen. Max Josephs Kunstpolitik stagniert seit Jahren, und sein Hofbau-Intendant, Andreas von Gärtner, ist 72 Jahre alt und soll endlich pensioniert werden. Nachdem Karl von Fischer als Nachfolger ausscheidet, plädiert

Max Josephs Staatsminister Montgelas für Franz Thurn, einen eher blassen Architekten, den das Hofbauamt seit 30 Jahren beschäftigt. Klenze setzt alles auf eine Karte. An den Kronprinzen schreibt er am 27. Juli 1816: »Jene Partei ist am Werk, die sich hier stets allem Großen und Schönen entgegensetzt und welche in Herrn Thurn eine moralische und politische Garantie des Schlechten und Erbärmlichen findet, wie sie sich nicht leicht jemand leisten könnte. Ersteres weil es nicht möglich ist, daß seine Ideen und Angaben je Seine Majestät den König (wie sie es nennen) zum Bauen und Geldausgeben verleiten können und dann weil ein Dienst des anderen werth ist und er den seinigen nicht verweigern wird... Schon jetzt ist mein Einfluß geschmälert, und sollte Thurn Intendant werden, so wäre meine hiesige Existenz de facto aufgehoben...« Mit anderen Worten: Wenn der Kronprinz zulassen sollte, daß der Kandidat seines Vaters durchgesetzt wird, wären seine und Klenzes Projekte über Jahre blockiert; für diesen Fall droht Klenze zu gehen. Diese Drohung allerdings wagt er nur, weil er weiß, daß Ludwig ohnehin alles daransetzen wird, die Pläne seines Münchner Lieblingsfeindes Montgelas zu durchkreuzen. Daß dies gelingen könnte, ist mittlerweile sehr wahrscheinlich, denn der Kronprinz gewinnt zunehmend Einfluß auf seinen Vater, und Montgelas' Position ist entsprechend geschwächt. (Im Januar 1817 wird Max Joseph seinen Staatsminister auf Betreiben Ludwigs entlassen). Klenze jedenfalls wird noch im August 1816 Oberbaurat und im Herbst 1818 Nachfolger von Andreas von Gärtner und damit Hofbau-Intendant in München.

Mit der Umgestaltung Münchens hatte Max Joseph um 1800 begonnen: Ludwig Sckell hatte den Englischen Garten angelegt, Karl von Fischer den Karolinen- und Karlsplatz. Die »Angelegenheit vor dem Schwabingertor«, der alten Stadteinfahrt, sollte nun geregelt werden. Klenze beginnt mit der Anlage des Odeonsplatzes: Stadtmauern und Stadttor fallen, der Stadtgraben wird aufgefüllt, einzelne Wohnhäuser werden niedergerissen. Als erstes Gebäude der neuen Anlage entsteht das Hofgartentor, danach die Verlängerung der Brienner Straße mit Wittelsbacherplatz und schließlich eine repräsentative nördliche Stadtausfahrt, die Ludwigstraße.

In vier Jahren erwirbt Klenze alle notwendigen Grundstücke, besorgt die Bauherren und erarbeitet einen Finanzierungsplan, der Ludwig begeistert: »Das heißt gute Geschäfte gemacht! Lebhaften Dank für den mir von Ihnen gewordenen trefflichen Erwerb um solchen Preis!« Weniger angetan sind alle übrigen Betroffenen: Die Bauunternehmer müssen sich im Zuge der neuen Preispolitik gegenseitig mit Billigstangeboten unterbieten, die Baupreise sinken fast um die Hälfte, und auf die Bauhandwerker werden die Verluste selbstverständlich abgewälzt. Die Münchner Bevölkerung schließlich beklagt die höheren Bodenpreise sowie Klenzes Vorliebe für ausländische Waren: Dem heimischen Gewerbe – so heißt es häufig – werde durch seine Bautätigkeit nichts als Schaden zugefügt. Insgesamt fehlt die Überzeugung, daß mit der aufwendigen Max-Vorstadt-Planung eine dem öffentlichen Wohl zugedachte Bautätigkeit im Gange wäre. Dieser Kritik schließt sich Max Josephs Finanzminister Lerchenfeld an. In ihm erwächst dem Städteplaner Klenze ein erbitterter Gegner; Kronprinz Ludwig zieht sich weitgehend aus der Affäre. Klenze berichtet: »Alle diese Dinge mußte ich stets bei den Ministern betreiben, ohne daß der Kronprinz dabei genannt werden wollte, und besonders der Minister von Lerchenfeld ward mir darüber stets feindlicher gesinnt und wird gewiß kein Mittel unversucht lassen, mich es entgelten zu machen... Die Feindschaft des Ministers Lerchenfeld... ging zuweilen auf den guten König Max über, als demselben stets in die Ohren geblasen wurde, ich sei es, welcher den Kronprinzen zum Schuldenmachen und zu unnützen Ausgaben verleite.«

An den Kosten für die Ludwigstraße zahlt der Staat 35 Jahre lang. Nur in Abschnitten wird der umstrittene Plan bekanntgegeben und genehmigt. An allen Problemen und

Konflikten vorbei diskutieren der Kronprinz und Klenze währenddessen über Gestaltungsfragen. Zuerst einmal muß Ludwig von seinem Wunsch nach antiken Tempelfronten abgebracht werden: »Majestät, die antiken Helden wohnten nicht in Stockwerken übereinander«, belehrt Klenze, der nun seinerseits einsehen muß, daß die griechische Architektur nicht allen Zwecken genügt. Die Renaissance-Bauten, die er dann für die Bewohner des neuen Stadtviertels, darunter viele reiche Handwerker, entwirft, scheinen Ludwig zu kleinlich, den monumentalen Verhältnissen seines neuen München nicht entsprechend. Ludwig fordert – wenn schon nicht antike Tempel – so doch Wohnhäuser nach dem Muster italienischer Stadtpaläste, d. h. mit erhöhten Geschossen, wenigen Fenstern und großen Wandflächen. Demgegenüber stehen die Interessen der Bauherren, die für eine angemessene Verzinsung des investierten Kapitals nicht Paläste, sondern vermietbare Wohnungen erwarten.

Klenze muß zwischen den Parteien vermitteln. »Hier heißt es machen, was man kann, und nicht was man möchte«, schreibt er zu seiner Rechtfertigung an Ludwig. Trotzdem, so Klenze an anderer Stelle, könne man mit dem Machbaren schließlich zufrieden sein: »Leider ist München nicht Rom und Herr Meyer kein Farnese noch Pitti, doch glaube ich behaupten zu können, daß in ganz Rom und Florenz nicht ein bürgerlicher Schlosser ist, der solch ein Haus bewohnte oder bauen möchte.«

Zugunsten der Fassaden hat Klenze dann die innere Gestaltung dieser Wohnhäuser grob vernachlässigt, ein Vorwurf allerdings, der auch auf andere seiner Bauten zutrifft. Nach unablässigen Konflikten mit verärgerten Bauherren verzichtete Ludwig schließlich auf den privaten Wohnungsbau für die nördliche Ludwigstraße, auf der Staatsanstalten stattdessen ihre Verwaltungsgebäude errichteten. Auf diese Weise entstand die von vielen Zeitgenossen kritisierte menschenleere und kalte Prachtstraße, der dominante Teil vom sogenannten königlichen Baukasten.

Als Ludwig 1825 den Thron besteigt, erhält seine Bauleidenschaft trotz zunehmender Kritik erneut Auftrieb. Klenze, der neben seinen Bauvorhaben in der Ludwig- und Briennerstraße noch mit der Fertigstellung von Glyptothek und Walhalla beschäftigt ist, erhält im Jahr des Regierungswechsels gleich sieben weitere Aufträge, allen voran den Königsbau der Residenz, die Allerheiligen-Hofkirche, Odeon und Alte Pinakothek. Schloß Biederstein, das Herzog-Max-Palais und die Festungsbauten in Ingolstadt plant Klenze schon im Verlauf des darauffolgenden Jahres – er ist der ungewöhnlich schnelle Architekt eines ungewöhnlich besessenen Bauherrn. Auch seinen offiziellen Machtbereich kann Klenze beim Regierungswechsel noch einmal erweitern. Im Februar 1826 schlägt er dem König eine Neuorganisation des bayerischen Bauwesens vor: »Man übergebe mir statt der kleinlichen Gegenstände der Baupolizei, statt meine Zeit mit dem Beiwohnen langer Diskussionen über Straßen- und Wasserbauten in Anspruch zu nehmen, als erstem Mitglied der Bausektion die ganze Sparte des Civilbauwesens...« Absolute Unabhängigkeit und einen neuen Titel will sich Klenze auf diese Weise verschaffen. Ludwig I. gewährt beides ohne Zögern. An das Ministerium der Finanzen schreibt er bündig: »Den Rang eines Ministerialrates habe Klenze... Der durch die Last des kleinlichen Alltäglichen Niedergedrückte kann Seelenheiterkeit nicht bewahren, nichts Schönes hervorbringen.«

Ein Viertel des Personals, »wenigstens bei den oberen Stellen«, verspricht Klenze durch Zentralisierung einzusparen. Sich selbst aber gründet er ein neues mächtiges Amt: die Oberste Baubehörde im Bayerischen Innenministerium, eine Behörde übrigens, die noch heute nach Klenzes Vorschlägen organisiert ist. Als Chef der Obersten Baubehörde Bayerns kontrolliert und genehmigt Klenze fortan auch seine eigenen Bauvorhaben. In Künstlerkreisen ist dieser clevere Machtmensch entsprechend verhaßt, auf sein Wohlwollen jedoch ist man in Bayern angewiesen. »Er ist das Faktotum..., an den man sich wendet, um Gesuche durchzusetzen, und er ist's der Gnadenverteilung verspricht«, bemerkt Friedrich von Gärtner, den man als Architekten kaltgestellt hatte, verbittert.

Obwohl der vielbeschäftigte Klenze beständig über Zeitnot klagt, läßt er sich auch nicht den kleinsten Bauauftrag entgehen. Andere Architekten, vor allem jüngere Talente, haben so keine Chance, sich in München zu profilieren. 1826 stellt sich der engste Vertraute des Königs, der Bildhauer und Kunstagent Johann Martin von Wagner, an die Spitze der Opposition. Wagner, der seine Wahlheimat Rom, trotz verlockender Angebote Ludwigs in München, wohlweislich nicht verläßt, ist mit Sicherheit der einzige, der sich eine derart massive Kritik erlauben darf. Er schreibt: »Euer königliche Majestät haben dem Herrn von Klenze gleich anfänglich zu viel Gewalt eingeräumt, welche solcher, zum Nachtheil der Kunst sowohl als des Staats mißbraucht hat... Warum den einen zum Despoten über die anderen machen? Das Gute kann hiedurch unmöglich gefördert werden... denn es liegt in der Natur der Sache, daß jeder, der sich an der Spitze irgendeines Kunstfachs mit solcher überwiegender Macht gestellt sieht, sich insgeheim bestreben wird, jedes Talent zu entfernen und zu unterdrücken, damit seine Person umso nothwendiger und glänzender erscheine. Umso gefährlicher wird dieses noch, wenn solche Gewalt in die Hände eines hinterlistigen und ränkevollen Menschen gelegt wird... Die geschicktesten Künstler mit gleichem Einfluß und gleichen Hoffnungen einander gegenüberstellen, dies ist und bleibt sowohl für den Staat sowie für die Kunst das kräftigste und vorteilhafteste Mittel...«

Ludwig macht sich diesen Standpunkt sehr schnell zu eigen, zumal er fürchtet, daß er Klenze womöglich doch zuviel Macht eingeräumt hat: »Monopol taugt nichts«, schreibt er an Wagner und bittet, »einen tüchtigen Architekten zu erfahren, der mit Klenze in die Schranke treten kann.« Wagner äußert daraufhin ganz unverblümt: »Auf die Frage..., welches etwa die Künstler seyn könnten, welche mit Herrn von Klenze in die Bahn zu treten, getraue ich mir nicht zu antworten. Nicht deshalb, weil ich glaube, daß dieselben nicht leicht zu finden wären; denn Herr von Klenze hat bey seinen bis jetzt aufgeführten Bauten so viele, grobe, ja unverzeihliche Blößen gegeben und so wenig seine Aufgabe erschöpft, daß gerade kein allzu großer Baukünstler dazu zu gehören scheint, um denselben zu übertreffen.«

Bei alledem war ab 1826 endlich Friedrich von Gärtners Stunde gekommen. Im Verlaufe der nächsten Jahre erhielt er u. a. die Aufträge für den Bau der Universität, der Staatsbibliothek, der Ludwigskirche, des Siegestores und der Feldherrnhalle. Darüber hinaus zog Ludwig ihn zur Begutachtung der Klenzeschen Pläne heran, zuerst für den Königsbau, dann für die Ludwigstraße. Dabei wußte der Monarch sehr genau, daß die beiden Architekten schon seit Jahren verfeindet waren, daß Klenze in Gärtners Augen »... der andere, der Samiel, der Fuchs aller Füchse, die mit allen Wassern gewaschene Kanaille« gewesen ist. Von Rivalität und Konkurrenz jedoch versprach sich Ludwig eine Leistungssteigerung des einzelnen. Außerdem schien er die Positionskämpfe in »seiner« Münchner Künstlerkolonie zu genießen, ganz so, als handele es sich dabei um eine höchst ergötzliche Privatvorstellung. Im Zuge derart zynischer Personalpolitik wurden Ludwigs Künstler ständig gegeneinander ausgespielt und einer Reihe von fatalen Situationen ausgesetzt. So versuchte er zum Beispiel immer wieder, Friedrich von Gärtner und Klenze zusammenzubringen, obwohl beide darauf keinerlei Wert legten und auch unabhängig von ihrer beruflichen Rivalität durchaus nicht miteinander harmonierten: »Klenze war ein Norddeutscher, aalglatt und nicht leicht zu fassen, Gärtner ein süddeutscher Charakter, gemütvoll, aber ein Bär«, schreibt Ludwig später, als sich der Titanenkampf erledigt hat.

Solange es ging, zwang er jedoch die beiden Architekten zur Zusammenarbeit. Vor allem Gärtner hat darunter sehr gelitten. 1826 berichtet er Johann Martin von Wagner: »Schon zweymal war es der Fall, daß mich der König mit Klenze auf seinem Cabinette confrontierte und mich nicht eher entließ, bis wir einerley Meinung waren. Nicht genug, daß ich einmal meine Meinung ausgesprochen hatte, über die wir uns nicht einigen konnten, so mußte ich auf seinen Befehl in Klenzes Haus, mit ihm über die Pläne der neuen Residenz – himmelschreyende Fehler – rechten, selbe nach Einsicht verbessern helfen und nicht nachgeben, bis selbe behoben waren...« Man kann sich unschwer vorstellen, wie demütigend diese Situation für Klenze gewesen ist und wie er sich als Chef der Obersten Baubehörde an Gärtner gerächt hat. Nur ein Beispiel sei herausgegriffen: Als Ludwig 1826 ein neues Gebäude für die Akademie der Bildenden Künste plant und Gärtner mit diesem Auftrag bedenkt, trifft Klenze äußerst raffinierte Gegenmaßnahmen: Er beansprucht für seine zahlreichen Bauten so hohe Geldbeträge, daß der Rivale sich mit seinen schönen Plänen und der fernen Zukunft trösten muß.

Gärtner wiederum revanchiert sich, indem er alle Planungsfehler, die Klenze unterlaufen, mit unerbittlicher Kritik quittiert: »Jeder andere würde zehnmal aufgehängt worden sein, wenn er solche Streiche gemacht wie dieser«, bemerkt Gärtner, durchaus zu Recht, im Hinblick auf die Glyptothek.

Da war zuerst einmal die zu tiefe Lage des Museums. Bei Regenwetter bildete sich, wie auch vor dem ebenfalls von Klenze erbauten Kriegsministerium, der vielbespöttelte sogenannte Klenzesee. Dieser Besonderheit gedachte der Baumeister schließlich durch Tieferlegung der umliegenden Plätze und Straßen sowie durch eine Anlage eigener Abzugskanäle abzuhelfen; mehr als 36 000 Gulden waren für diese absonderliche Baukorrektur veranschlagt, genehmigt wurden die Mittel nicht. Dennoch wurden Veränderungen in der Gesamtplanung des Königsplatzes erforderlich: Zwei Wohnhäuser, die Klenze zu beiden Seiten der Glyptothek errichten ließ, mußten abgerissen werden, als sich herausstellte, daß der von ihm betriebene Ankauf der betreffenden Grundstücke nicht rechtskräftig war.

Das Maß ist voll, als Johann Martin von Wagner 1826 in der feuchten Glyptothek eine Beschädigung der Antiken fürchtet, und die von Peter von Cornelius verfertigten Fresken abzubröckeln drohen. Eine Untersuchungskommission wird gegründet. Aber Klenzes Arm reicht weiter: Er selbst wird als Mitglied der Kommission eingesetzt, und alle Schuld auf eine angeblich mangelhafte Freskotechnik von Cornelius abgewälzt. Unmöglich gegen jemanden aufzukommen, den Ludwig um jeden Preis protegiert.

Bezeichnenderweise wurde das herzliche Einvernehmen zwischen Klenze und seinem königlichen Auftraggeber erst gestört, als der Architekt 1835 in der »Zeitung für die elegante Welt« als der »Generalbevollmächtigte« des bayerischen Regenten bezeichnet wurde. Was alle sachbezogene Kritik nicht vermocht hatte, gelang einem – anonymen – Zeitungsschreiber mit dem Reizwort: »Generalbevollmächtigter« – als ob Ludwig, der König, nicht alles selbst tun und entscheiden könnte! Klenze notiert: »Wallerstein sagte mir, er habe den König nie in ähnlicher Wuth gesehen, und dieses war mir, der seine unglaubliche Eifersucht auf seine Selbständigkeit und keines Rathes bedürfende Ohnfehlbarkeit in Kunstangelegenheiten und Kunsturtheilen kennt, wohl begreiflich. Bei keiner der vielen Verläumdungsmethoden, welche man gegen mich beim König versucht hatte, war mir auch nur im geringsten bange gewesen, hier aber fühlte ich es gleich, daß man den richtigen Weg eingeschlagen hatte, denn es war gleichgültig, ob ich an dieser Äußerung schuld war oder nicht, der König mußte dahin geführt werden, alles dazu zu tragen, um zu beweisen, daß ich nicht ein Generalbevollmächtigter in Kunstsachen sei, und bei der extremen Art dieses Herrn zu denken und zu handeln, mußte dieses mehr oder weniger meine Beseitigung herbeiführen.«

So schlimm ist es dann beileibe nicht gekommen, aber das Verhältnis zwischen Klenze und Ludwig blieb für einige Jahre, genauer gesagt bis nach dem Tod Friedrich von Gärtners im Jahre 1847, abgekühlt. Alles in allem hat Klenze aber auch diese Phase gut überstanden. Unter anderem errichtete er in dieser Zeit die Hauptpost mit dem Denkmal Max Josephs II. und den Monopteros im Englischen Garten; auch gewann er – wiederum gegen Gärtner – 1843 den Wettbewerb zur Ruhmeshalle in München. Den Stein des Anstoßes allerdings hat Ludwig restlos beseitigt: Die Nummer mit dem »verläumderischen« Artikel wurde in Bayern sofort nach Erscheinen beschlagnahmt.

Insgesamt 40 Bauunternehmungen hat Ludwig I. finanziert, darunter die Restaurierungsarbeiten an den Domen von Regensburg, Bamberg und Speyer, »kleinere« Arbeiten im Bereich des Denkmalschutzes nicht mitgerechnet. Allein in München hat er fünf Kirchen errichtet, eine zwölfhundert Meter lange Straße angelegt und bebaut, drei große, man kann sagen: weltberühmte Museen geschaffen und mit Universität und Staatsbibliothek ein Zentrum für Lehre und Wissenschaft gegründet.

In keiner Stadt wurde damals soviel gebaut wie in München, der »größten Baustelle Europas«. Und in keiner Stadt entstanden in so kurzer Zeit derart prachtvolle, alles in allem künstlerisch hochbedeutsame Bauwerke wie hier. Eine Gesamtleistung, die selbst Metternich, der nicht gerade ein Freund Ludwigs gewesen ist, Respekt abnötigte. Wie aber wurde dies alles finanziert?

Ludwigs aufwendigste Projekte – also Walhalla, Residenz-Erweiterungsbauten, Glyptothek und Befreiungshalle – verschlangen insgesamt rund 11 Millionen Gulden; wohlgemerkt allein diese vier Bauten. Demgegenüber standen jährliche Staatseinnahmen von rund 30 Millionen. Wie war unter solchen Umständen ein derart gigantisches Bauprogramm durchzuführen? Ganz einfach durch langfristige Planung? Max Spindler schreibt: »Es gibt fast keinen Bau, den (Ludwig) nicht schon in jungen Jahren in Aussicht genommen hätte... Bei manchen Bauten wurde durch Jahrzehnte geplant, entworfen, geändert, gerechnet...

Überstürzt wurde niemals geplant, lange Planung, rasche Ausführung galt als Grundsatz. Aber auch dann, wenn begonnen war, wurde in Abschnitten gebaut, so daß die Bauzeiten verhältnismäßig lang waren. So verteilten sich die Lasten auf Jahre und die Kosten konnten gedeckt werden.«

Des Rätsels Lösung freilich ist dies nicht allein. Hinzu kam, daß Ludwig ein außerordentliches Geschick besaß, immer und überall die Preise herunterzuhandeln. Johann Nepomuk Ringseis, sein Reisearzt und langjähriger Vertrauter, erzählt eine aufschlußreiche Anekdote: »Czar Nikolaus frug in der Erzgießerei zu München nach dem Preis je einer der im Feuer vergoldeten kolossalen Bronzestatuen, welche für den Thronsaal bestimmt waren. Derselbe schien ihm so unbegreiflich gering, daß er an ein Mißverständnis glaubte und immer fragend wiederholte: ›Vom Entwurf des Bildhauers und vom Metallwerth angefangen bis zum letzten Handgriff?‹ Endlich meinte er kopfschüttelnd, ihm würde man in St. Petersburg das Zehnfache abverlangt haben.« An anderer Stelle enthüllt Ringseis dann, wie solche Dumping-Preise zustande kamen: »So lang die Künstler jung und unberühmt waren, nach Beschäftigung suchten, gab er ihnen Aufträge und verpflichtete sie sich zu Dank, daß sie auch später ihm wohlfeil arbeiteten.« Daß Ludwig dabei, sofern erforderlich, mit ein bißchen Erpressung nachhalf, weiß Ringseis aus eigener Erfahrung. Seine Tätigkeit als Reisearzt hatte sich für ihn bestenfalls auf Umwegen ausgezahlt: »So wußte (der Kronprinz) zwar wohl, daß meine Reisebesoldung den Ausfall meiner Münchner Praxis nicht decke; aber abgesehen davon, daß ich freiwillig darauf eingegangen war, brachte er auch bei der zweiten und dritten Reise, bei welcher ich noch durch Verkauf der Pferde und Anderes zunächst zu Schaden kam, es mit Recht in Anschlag, daß im Ganzen und Großen meine Laufbahn durch meine Stellung zu ihm eine bleibend glückliche Förderung erhalten; daneben war ihm nicht unbekannt, daß ich in Rom bei wiederholtem Aufenthalt als ein Leibarzt auch viele Praxis, besonders bei vornehmen Fremden gewonnen.« Ludwig verrechnete also das jeweilige Honorar mit dem Prestige, für ihn zu arbeiten. Ein Wunder, daß da überhaupt noch etwas übrigblieb.

Auf jeden Fall hat es der hohe Herr verstanden, seine Position nach allen Regeln der Kunst – und für die Kunst, versteht sich – auszunutzen. Ludwig wußte ganz genau, was er als Kronprinz und erst recht als König wert war; er verkaufte, wenn man so will, seinen Status gegen das, was ihm am wichtigsten war: die Kunst. Zu bezahlen hatte in jedem Fall das Volk, der sogenannte Untertan, ganz gleich, wie Ludwig die Kosten für seine Bauvorhaben auch immer verteilte.

Etwa die Hälfte seiner Bauten finanzierte er aus Mitteln der sogenannten Zivilliste. Private Mittel waren dabei durchaus nicht im Spiel, denn die Zivilliste bestand aus Staatsgeldern. Sie war das Jahreseinkommen eines Monarchen, das dieser für Hofstaat, Unterhalt von Gebäuden und Repräsentationszwecke direkt aus dem Staatshaushalt bezog. Soweit die eine Hälfte der Finanzierung. Und die andere? Selbstverständlich zahlte auch diese Hälfte wiederum der Staat bzw. die Stadt München. Wobei der König, wenn seine Zivilliste eben aufgebraucht war, von der scheinheiligen »Kostenteilung« durchaus abrückte. Nehmen wir als Beispiel die Ludwigskirche. Deren Kosten wurden auf eine Million Gulden veranschlagt. Der König gab 100 000, und die Stadt sollte den kleinen Rest von 900 000 Gulden aufbringen. Und das, obwohl sie bereits mit 2,5 Millionen in der Kreide stand und für die Grundstücke an der Ludwigstraße 750 000 Gulden berappen mußte. Es kam erwartungsgemäß zu heftigen Auseinandersetzungen zwischen dem Magistrat und dem bayerischen Regenten; ersterer wollte nicht zahlen, und letzterer wollte von der Ludwigskirche um keinen Preis abrücken. Was tat Ludwig? Er drohte, seine Residenz von München »hinwegzunehmen«, die Stadtväter bekamen es mit der Angst und erhöhten den Schuldenberg um besagte 900 000 Gulden. Ein bezeichnendes Beispiel für die vielbewunderte Durchsetzungskraft Ludwigs I.

Daß er sich mit derartigen Gewaltakten nicht unbedingt beliebt macht, ist ihm offensichtlich egal: Schließlich versteht er sich als Herrscher über ein ihm von Gott anvertrautes Gemeinwesen, und Gott wird schon gewußt haben, was er tut.

Das profane Volk allerdings ist empört, erst recht, als 1830 noch ein Malzaufschlag, der sogenannte Bierpfennig, zur Mitfinanzierung von Ludwigsbrücke, Ludwigskirche und zum Wiederaufbau des 1824 abgebrannten Nationaltheaters bewilligt wird. Es verstärkt sich die Vorstellung, daß das Volk sich die Kunst buchstäblich vom Mund absparen soll: »Der bewährteste Zecher ist bei diesem Verhältnisse, vielleicht sich selbst unbewußt, der größte Kunst-Mäcen«, heißt es um diese Zeit in der Zeitschrift »Flora«. In einer Würzburger Tageszeitung wird die Kunstpolitik Ludwigs dann ganz massiv kritisiert: »O heiliger Crispin! Bayern ist eine ackerbauende Nation und keine Palläste und Festung bauende... Je länger das Bauen dauert, je mehr Leute (leben) von Hand zu Mund, und so wächst dem fleißigen Volke die Bettelmacht über den Kopf. Bayern ist verarmt, Palläste und Festungen sprechen ihm Hohn, Kunst ersetzt kein Brod...«

Dabei kann man in wohlwollenden Ludwig-Biographien bis zum heutigen Tage lesen, daß Tausende von fleißigen Händen den edlen Kunstbestrebungen dieses Königs ihr täglich Brot verdankten. Wie soll man sich das zusammenreimen?

Freilich: niemand wird bestreiten, daß durch Ludwigs Bauwut zahllose Handwerker und Arbeiter Beschäftigung fanden. Aber sie wurden miserabel bezahlt, vor allem, wenn der Bauleiter Leo von Klenze hieß. Auf dessen Baustellen kam es dann auch mehrfach zu Streiks, auf die Klenze – selbstverständlich im Einvernehmen mit Ludwig – mit aller Härte reagierte. »Nachgeben glaube ich aus langer Erfahrung nicht zu dürfen«, schrieb er dem König, als beim

Bau der Walhalla die Steinmetze ihre Arbeit niedergelegt hatten. Die Folge war, daß damals alle Arbeiter den Bau verließen, was jedoch weder Ludwig noch seinen Architekten irritiert hat: Für Nachschub war unter der armen Landbevölkerung schließlich reichlich gesorgt. Und Klenze war stets stolz, wenn er – auf Kosten der ihm Untergebenen – dem König beim Sparen geholfen hatte: »Ganz Europa staunt«, schreibt er einmal an Ludwig, »mit welch geringen Mitteln Ew. Majestät so Großes tun können; mit der Architektur wird dies größtenteils dadurch erreicht, daß ich, rücksichtslos dem Recht folgend, die Interessen Ew. Majestät verteidigt habe.«

Soziale Motive kann man dem kunstbesessenen König also beim besten Willen nicht unterstellen. Zwar hat Ludwig den sozialen Gesichtspunkt hervorgehoben, wenn Angriffe auf seine »Geldverschwendung« drohten, aber in Wahrheit hat dieser Aspekt, wie auch Heinz Gollwitzer meint, »bei den Bauunternehmungen des Königs nicht einmal die Rolle eines Nebenmotivs gespielt, auch wenn er als Nebenprodukt in Erscheinung getreten ist«.

Überhaupt standen Ludwigs Ausgaben für soziale Zwecke in eklatantem Mißverhältnis zu seinen Ausgaben für das Bauwesen; selbst Ludwigs Vater war ja der Meinung, sein Sohn hätte statt der Glyptothek lieber ein Spital und ein sogenanntes Narrenhaus bauen sollen. Besonders auf dem »Sturmlandtag« des Jahres 1831 empörten sich denn auch zahlreiche Abgeordnete über Ludwigs Desinteresse an Einrichtungen zum Wohl der Bevölkerung: »Es ist wirklich Schauder erregend, wenn man in München Paläste aufsteigen sieht, die eine Million kosten, wie es bei der Pinakothek der Fall ist, während in anderen Kreisen die Kirchen, Schulen und Gefängnisse verwittern (wie z. B. das Gymnasium in Ansbach, welches von außen einem Burgverließ gleich sieht).« Auch in der Residenzstadt selbst hielten die Wohnverhältnisse insgesamt mit der Pracht der öffentlichen Bauten in keiner Weise Schritt. Aufgrund unzulänglicher sanitärer Anlagen waren die Münchner

Gassen total verschmutzt, und es fehlte insgesamt an ausreichenden Zugangs- und Verbindungsstraßen. Im Ausland amüsierte man sich schließlich darüber, daß man, weil die Straßen in Bayern so miserabel seien, bald überhaupt nicht mehr zu den Prachtbauten Ludwigs gelangen könnte.

Alles in allem hatte Ludwigs Bauleidenschaft für die bayerische Bevölkerung jeweils verschiedene, z. T. gravierende Entbehrungen zur Folge. So scheute er beispielsweise nicht davor zurück, diverse Staatsetats einfach zweckzuentfremden: Aus dem Etat für Landbauten ließ er Freskomalereien finanzieren, aus dem für Erziehung und Bildung Gemälde kaufen. Wer aus alledem jedoch schließt, daß man zumindest als Künstler unter Ludwig I. ein schlaues Leben hatte, irrt gewaltig: »Vögel, die man in den Hanfsamen setzt, singen nicht«, pflegte der hochherrschaftliche Tierfreund des öfteren zu verlautbaren und hielt seine Maler-, Bildhauer- und Architektenvögel entsprechend knapp. Und auch wenn Ludwig sich unbestreitbar bemüht hat, seine Lieblingskünstler ideell zu entlohnen, indem er ihnen beispielsweise Gedichte widmete, Straßen nach ihnen benannte und sie nach getaner Arbeit eifrig lobte, so war doch niemand seiner Mitarbeiter zu beneiden: Einem derart geizigen, launenhaften und despotischen Herrn zu dienen, war sicherlich auch im 19. Jahrhundert kein Vergnügen. Es ist dies die Kehrseite der überaus glanzvollen, vielbestaunten Kunsttätigkeit Ludwigs I.

9

Ehemann und Frauenheld:
».…o wie weit bin ich entfernt von Vollkommenheit!«

So viele Schmähschriften wie auf Ludwig I. wurden auf keinen bayerischen Herrscher verfaßt. Die Kritik bezog sich nicht nur auf die Regierungsweise, sondern auch auf den Lebenswandel des Monarchen, auf seine zahlreichen Amouren, die ihn schon als Kronprinzen ins Gerede brachten. Vor allem in seinen Italienreisen sah man andere Motive als die der Kunstbegeisterung oder der Erholungssuche: Ein »ausschweifendes Leben in fremden Landen« wurde Ludwig schon zu Lebzeiten nachgesagt, und besonders unverschämte Untertanen nannten ihn gar einen »alten Huren-Bock«.

Dabei gab Ludwig sich alle Mühe, der Welt ein intaktes Familienleben zu demonstrieren. Mit 24 Jahren hatte er geheiratet, mit einem lachenden und einem weinenden Auge. Gefreut hatte es ihn, daß er es damals – 1810 – geschafft hatte, die Pläne Napoleons einmal wieder zu durchkreuzen. Der »Korse« hätte ihn nämlich zu gerne mit einer Französin verehelicht, aber Ludwig konnte sich entziehen, indem er schleunigst in Deutschland Umschau hielt und auf eine sächsische Prinzessin auswich. Die unter solchen Bedingungen Erwählte hieß Therese, Prinzessin von Sachsen-Hildburghausen, und hatte den Vorteil, daß das kleine Land, aus dem sie stammte, mit Napoleon im Rheinbund zusammengeschlossen und gleichzeitig derart unbedeutend war, daß der allmächtige Kaiser beim allerschlechtesten Willen keine politischen Einwände erheben konnte. Therese war also der ideale Ausweg. Auch der königliche Papa Max Joseph, der die Idee ursprünglich ausgebrütet hatte, war ganz glücklich; um so mehr, als Ludwig und Therese sich tatsächlich zu mögen schienen: »Erschaffen zur Königin ist meine geliebte Therese«, schreibt Ludwig an seine künftige Schwiegermutter, »erschaffen zum fürtrefflichen Weib, zu treuer Freundin durch das Leben... Viele schöne, gute liebenswürdige sah ich schon, eine zweite Therese erspähte ich nirgends.«

Am 12. Februar 1810 verlobt sich der bayerische Thronfolger in Hildburghausen. Eigentlich hatte er von seiner Braut verlangt, daß sie zum katholischen Glauben übertreten würde, aber Therese war standhaft protestantisch geblieben – selbst auf die Gefahr hin, einen Verlobten zu verlieren, der für sie eine ausgezeichnete Partie war. Und Ludwig war von soviel Charakterfestigkeit beeindruckt. Mit einer gewissen Regine hat er währenddessen Schluß gemacht und bittet jetzt die Braut, Italienisch, »die Sprache der Liebe«, zu lernen. »Warum ich dies nicht früher geahnt habe?« antwortet Therese. »Hatte ich doch schon schreiben müssen: io amo, tu ami, egli ama, etc., doch was verstand ich von der ganzen Konjugation, ehe Du mein Lehrer wurdest. Teuer war mir diese Sprache zwar immer, – aber so teuer als jetzt, konnte sie mir erst dadurch werden, daß ich schreiben konnte: ti amo il mio Lodovico. – Schöner Name, süßklingend mir in jeder Sprache.«

Der Namenstag des bayerischen Königs, der 12. Oktober, wird als Hochzeitsdatum des Kronprinzen festgesetzt. Und je näher dieser Tag heranrückt, desto mehr bekommt es Ludwig mit der Angst: Würde die 18jährige Therese womöglich von ihm erwarten, daß er treu wäre, von jetzt an bis in alle Ewigkeit nur mehr ihr zu Füßen läge, seine Augen vor der Schönheit anderer verschlösse? Schnell greift er zur Feder und beginnt die Braut gründlich aufzuklären: »Glücklich werde ich sein mit dir, liebe, liebe Therese«, schreibt Ludwig einleitend, »doch wie Trübe und Helle, wechselt Freude und Trauer in dem Leben, Seligkeit gibt es auf Erden nicht, auch in der Ehe nicht, selbst in der glücklichsten, und o, wie weit bin ich entfernt von Vollkommenheit! Überspannte Erwartung mindert sie mehr als die Wirklichkeit. Geliebte Therese, präge Dir tief dies ein, es ist Wahrheit, Deiner Zukunft Glück hängt davon ab...«

Im nächsten Brief schildert Ludwig der künftigen Gemahlin seinen Alltag: »Den größten Teil des Morgens weile ich in dem Häuschen meines Gartens... Allein und auch nicht allein, denn ich bin mit großen Männern vergangener Jahrhunderte; Studium ist bei mir Leidenschaft, der Geschichte vorzüglich, man sollte sie... das Buch der Fürsten nennen. Nicht menschenscheu bin ich, aber fordert es nicht das Geschäft, liebe ich für den Mehrteil des Tages die Einsamkeit.« Nach solcher Aufklärung kann Therese nicht mehr sagen, sie hätte nicht gewußt, worauf sie sich einläßt: Ihr künftiger Gemahl wünscht seine Freiheit und seine Ruhe. Ihm beides zu gewähren ist Therese entschlossen – wobei die unerfahrene junge Frau schwerlich geahnt haben dürfte, was das im einzelnen bedeuten sollte.

Besser informiert ist Ludwigs Schwester Auguste, die seit fünf Jahren mit Napoleons Stiefsohn Eugène Beauharnais verheiratet ist. An sie wendet sich der ängstliche Bräutigam mit der Bitte, ihm einige schwesterliche Ratschläge zu geben: Was soll er seiner naiven Braut sagen, um sie hinreichend auf ihre schwere Aufgabe vorzubereiten – und sich selbst vor späteren Klagen und schlechtem Gewissen zu schützen? Wie kann er verhindern, daß Therese künftig unter ihm leiden müßte – wie einst seine geliebte Mutter unter dem leichtlebigen Vater? Und vor allem: Wie kann er dieses Leiden verhindern, ohne sich selbst ändern zu müssen? Die eheerfahrene Schwester führt ihn ein in die Geheimnisse des Möglichen und des Notwendigen:

»Die zu große Liebe unserer guten Mutter zum Vater machte ihr Unglück«, antwortet die Vizekönigin ihrem Bruder, »nicht weil sie ihn unaussprechlich liebte, aber weil sie ... von unserem Vater eine ebenso starke Liebe und eine immerdauernde Aufmerksamkeit forderte. Diesen Zwang erträgt kein Mann, selbst nicht der vollkommenste. Noch nie habe ich mit dem Meinigen einen trüben Augenblick gehabt... Ich setzte mein Glück darauf, alles zu tun, was ihm lieb ist... Wenn er zu mir kommt, so ist er sicher, gut empfangen zu werden, und keine Frage, die nur die Eifersucht stellen kann, kommt über meine Lippen. Auch sieht er mich als seine beste Freundin an und findet nur bei mir Trost, wenn er Kummer hat... Die einzige Vorstellung, die ich mir erlaube, ist zufrieden auszusehen, wenn ich etwas tue, was meinem Mann Vergnügen macht, wenn es auch nicht nach meinem Geschmack ist... Die Politik vereinigte uns, und die innigste Liebe auf gegenseitige Hochachtung gegründet, fesselt uns nun auf ewig aneinander... Ich will mich in keiner Weise Deiner Frau zum Exempel vorstellen, ich kann mich irren, lieber Bruder. Ich überlasse es Deinem Urteil... Zeige ihr, daß Du gerne siehst, wenn sie sich beschäftigt; Müßigsein bringt viel Unglück mit sich...«

Ernst und sachlich schreibt Ludwig daraufhin seiner Therese: »Therese! Du glaubst mit mir glücklich zu werden, ich mit Dir, so sehr uns schöne Hoffnung erfüllt, Gewißheit muß erst werden – von uns hängt es ab... Innig liebende Freundschaft, das soll unser Glück sein und bleiben...« Therese aber ist noch immer nicht ernüchtert: »Daß ich glücklich sein werde«, schreibt sie ihrem Prinzen, »dafür bürgt mir Dein Herz... zwar nicht Ideale träume ich mir von meinem kommenden Leben, aber viel des Großen erwarte ich doch...« Ein hoffnungsloser Fall.

Am Tag der Hochzeit, in der Hochzeitsnacht und noch am Tag darauf leidet Therese unter heftigen Zahnschmerzen, und Ludwig schreibt seiner Schwester Charlotte: »Die Seele Deines Bruders faßt nicht Taumel, ernst ist der Schritt, den ich tat, oh, oft dachte ich an Dich, konnte nicht hochzeitlich verloren sein in Wonne. Ausgezeichnet ist Therese durch ihr Herz, durch Vernunft, Schönheit, keine

bessere Frau würde ich mir wünschen, aber leidenschafts-
los verehelichte ich mich, es mag vorteilhafter sein für die
Zukunft!«

Die Hochzeit wird trotzdem glanzvoll inszeniert. Wie
400 Jahre vorher bei der Vermählung eines Bayernherzogs
veranstaltet die Bürgerschaft auch diesmal ein Pferdewett-
rennen. Rund 30 000 Menschen versammeln sich zu diesem
großen Ereignis. In einem türkischen Prunkzelt, das der
große Kurfürst Max Emanuel in den Türkenkriegen erbeutet hatte, sehen die Frischvermählten dem Rennen zu. Von
Therese, die ein Kleid in den weiß-blauen Landesfarben
trägt, ist die bayerische Bevölkerung begeistert: Sie ist eine
schöne und anmutige Frau und wirkt bei alledem sanft,
einfach und natürlich. Ihr zu Ehren wird die Wiese, auf der
die öffentliche Hochzeitsfeier stattfindet, auf den Namen
»Theresienwiese« getauft. Und zur Erinnerung an den Tag
der Vermählung des bayerischen Kronprinzen beschließt
man alljährlich ein »Oktoberfest« auf jener Theresienwiese
zu veranstalten.

Am Abend des ersten Oktoberfesttages lädt der bayerische König zu einem großen Ball. 2000 Portionen Braten,
16 000 Würstl, 50 Zentner Käse und 32 000 Stück Brot
werden verteilt. Dazu trinkt die Festgesellschaft 320 Eimer
braunes Bier und 8000 Maß Weißbier. Der Hof zieht sich
diskret zurück, und auch die frischgebackene Königin
bleibt nicht sehr lange. Ludwig bringt sie nach Hause und
kehrt allein zurück. In seinem Tagebuch kommentiert er:
»Mir machte es wenig Vergnügen, aber ich tat es, um meine
Freiheit zu zeigen und damit meine Frau nicht glaube, ich
müsse, weil sie es getan, wegbleiben... Ich als Bräutigam
habe der Braut geschrieben, meine gewohnte Lebensweise
würde ich beibehalten, so tue ich schon itzt so viel wie
möglich, bei Nacht schlafe ich in meinem Zimmer, nur zu
Besuch zu meiner Frau kommend, gehe ich bei Tage
spazieren, allein wie sonst. Man muß gleich anfangs auf
den Ton setzen, wie man ihn für die Folge will.« Einen Tag
später lädt der französische Gesandte zu einem Ball, und es

wiederholt sich das gleiche Schauspiel: Therese geht, Ludwig kehrt zurück und harrt aus bis zum frühen Morgen. »Zu Hause ist mein Ehestand mir nicht zuwider«, meint er in seinem Tagebuch, »aber unerträglich fällt er mir in der großen Gesellschaft! Auch heute blieb ich, da meine Frau schon weg, bis zu Ende. Mein Frohsinn war dahin.« Und an anderer Stelle: »Ihr werdet nicht mehr wiederkommen schöne Tage, die ich dahinlebte, frei und unabhängig!«

Das junge Paar lebt vorerst in Tirol, wo Ludwig als Statthalter fungiert. Am 28. November 1811 wird der erste Sohn und Thronfolger Maximilian in München geboren, zwei Jahre später Mathilde, dann Otto, Theodolinde, Luitpold – der spätere Prinzregent –, Adelgunde, Hildegarde, Alexandra und Adalbert – insgesamt 9 Kinder, zwischen 1811 und 1828. Während der ersten 3 bis 4 Ehejahre scheint sich Ludwig um die Rolle des soliden Familienvaters zu bemühen; jedenfalls sind aus dieser Zeit weder schwärmerische Liebesgedichte noch Skandalgeschichten überliefert. Aber um 1813/14, nach der Niederwerfung Napoleons, beginnt Ludwig seine Junggesellengewohnheiten wieder aufzunehmen. In England verliebt er sich in die Tochter eines Schullehrers. Und während der Rückreise schreibt er auf hoher See eines seiner bekanntesten, gewissermaßen programmatischen Gedichte:

Lieben muß ich, immer lieben,
Sei's auch meines Lebens Grab,
Lieben werde ich noch drüben,
Sinkt zur Gruft das Herz hinab.

Fortan nutzt Ludwig jede Gelegenheit, dem häuslichen Familienleben zu entkommen. So bemüht er sich 1814 mit Nachdruck um die Erlaubnis, am Wiener Kongreß teilzunehmen, obwohl er dort politisch überhaupt nichts auszurichten hat und wohl auch niemand den bayerischen Kronprinzen vermissen würde. Sein Adjutant, Freiherr Anton von Gumppenberg, schreibt seiner Braut aus Wien: »Der

Prinz könnte aber auch fort, wenn er wollte, er hat gar nichts zu sagen noch zu tun hier, und ich glaube sogar, der König wäre herzlich froh, wenn er ging; aber da ist er taub und blind. Er bildt sich ein, alles ging schief, wenn er weg ist und ist eitel genug, sich für recht nötig hier zu halten und er glaubt, je länger er da bleibt, je beliebter macht er sich. Das ist aber nicht wahr... Nun meint er gar, alle Weiber und Hürchen hier seien in ihn verliebt und reißen sich um ihn... Da möcht einen der Schlag treffen wegen solch eselhafter Lumpereien von Frau und Kind entfernt zu bleiben, sich nicht einmal hinsehen. Er gesteht es ja ganz klar und deutlich, er kann sich von dem lustigen Leben nicht trennen.«

Bemerkenswert ist in der Tat die Offenheit, mit der Ludwig seinen beständigen Liebesaffären nachgeht. Er gibt sich keine Mühe, diese Affären klammheimlich abzuwickeln, versucht niemals, seine Begleiter zu täuschen, und klärt die Ehefrau Therese zumeist selber auf, wobei er allerdings häufig den platonischen Charakter seiner Liebesbeziehungen beteuert – häufig, wie gesagt, aber nicht immer. Auch darf man getrost davon ausgehen, daß Ludwig seine erotischen Abenteuer selbst vor der Nachwelt nicht verbergen wollte. Schließlich hat er höchstpersönlich dafür gesorgt, daß alle seine Notizen, Anordnungen, Briefe und Gedichte im Blick auf eine spätere Veröffentlichung sorgfältig archiviert wurden. Er wollte, daß man wußte, was der bayerische König jeweils gedacht und empfunden und wen er jeweils geliebt hat.

Wie zum Beispiel eine Wiener Beamtentochter namens Toni, die er wie folgt bedichtet:

Ach, ich kann's nicht, kann es nicht ertragen!
Daß mit Dir es wäre nun vorbei,
Meine Toni, kann Dir nicht entsagen,
Denken nicht, daß es vorüber sei...
Muß Dich lieben, Liebende, vernehme,
Werd' Dein treuer Freund für ewig sein.

»Ewige Freundschaft« hat der empfindsame Monarch allen von ihm Angeschwärmten oder Geliebten irgendwann einmal geschworen. Daß er die diversen Damen meistens sehr schnell und völlig aus den Augen verlor, steht auf einem anderen Blatt: So wörtlich darf man Ludwig, wenn er gerade verliebt ist, nicht nehmen. Und Therese scheint das sehr schnell zu begreifen. Jedenfalls gibt sie sich vorerst damit zufrieden, daß der Gemahl ihr versichert: »Therese, meine Therese, die ich, wenn ich noch zu wählen hätte, allen die ich kenne... vorziehen würde; wir werden in glücklicher Ehe leben...«

Ludwig weiß sehr wohl, daß sein, wie er sagt, »leicht entzündbares eigenes Wesen« dem Eheglück nicht gerade förderlich ist. In zahlreichen Briefen an Therese bittet er um ihr Verständnis und um ihre Nachsicht. Daß er sich ebensogut seinerseits ein wenig disziplinieren könnte, kommt ihm offenbar nicht einmal in den Sinn: Er ist, wie er ist, und die anderen – vom Hoflakei über den Minister bis zur Ehefrau – haben zu sehen, wie sie damit zurechtkommen. Eine Sonderstellung nimmt Therese allerdings insoweit ein, als er sich ihr gegenüber beständig zu, wenn auch noch so indirekten, Entschuldigungen veranlaßt sieht. Ihr Glück liegt ihm tatsächlich am Herzen – nur kann er leider, leider nicht allzuviel dazu beitragen. Jedenfalls dichtet er »Zur Beherzigung« an sich selbst:

Zu der Tugend will sich Seele schwingen,
Zu der Sünd' hinab der Körper zieht,
Beide miteinander rastlos ringen.

Anfangs 1821 beginnt Ludwigs längste und sicherlich intensivste außereheliche Liebesbeziehung. Während des römischen Karnevals lernt er durch Zufall die 18jährige verheiratete Marchesa Marianna Florenzi kennen, verliebt sich schlagartig und unsterblich und erfährt heiße Gegenliebe. Ludwigs Verbindung mit Marianna dauert bis zu seinem Tod – also 47 Jahre lang. Genau 4845 Liebesbriefe schreibt sich das Paar während dieser Zeit. Derart eifrig hat selbst der als Vielschreiber bekannte Ludwig selten korrespondiert; lediglich seine diversen Kunstagenten könnten in dieser Hinsicht mit Marianna konkurrieren. Wobei Ludwig über der schönen Italienerin sogar die Kunst und seine geliebten Künstlerfreunde in Rom vergißt – zumindest für ein paar Tage:

»Wenig bekümmere ich mich nunmehr um Paläste und Bilder, / Alles ist tot, es lebt Liebe allein und ich ihr... / Italienische Glut mit teutschem Gefühl vereinend, / Bist wie durch Schönheit Du, auch durch Gemüt Ideal... / Achte auf Niemanden sonst, nur Dir, nur Dir zu gefallen, / Sehe ich lange Dich an, ergreift mich verwirrender Schwindel. / Das Ideale verträgt, ach! nicht des Sterblichen Blick.«

Therese bringt sich währenddessen durch die Geburt eines dritten Sohnes, Luitpold, in Erinnerung. »Treffliches, geliebtes Weib!« schreibt Ludwig daraufhin nach München, »nun mit einem neuen, starken Band mit mir vereint! Der Jubel, drei Söhne, ich Vater dreier Söhne!« Die Reisebegleiter Seinsheim und Ringseis werden im Überschwang umarmt und Marianna, Ludwigs »Madonnina«, freut sich sicherlich mit. Zumal auch sie bald, genauer gesagt ein knappes Jahr nach der Begegnung mit Ludwig, von einem Sohn entbindet. Der italienische Stammhalter wird auf den Namen »Lodovico« getauft, und Ludwig übernimmt sogleich die Patenschaft; später, als bayerischer König, holt er jenen Lodovico zusammen mit dessen jüngerem Bruder als Pagen an den Münchner Hof.

Der Ehemann der schönen Marchesa, ein erfolgloser Advokat, hofft unterdessen auf weitere fürstliche Zuwendungen, insbesondere auf Ludwigs Engagement in Sachen Karriere: Am päpstlichen Hof soll der Bayernfürst für den Marchese einen einflußreichen Posten herausschlagen. Im Gegenzug will Mariannas Gemahl seine Eifersucht auch weiterhin beherrschen.

1824 – Ludwig ist wieder einmal in Italien – laden Ettore und Marianna Florenzi den bayerischen Kronprinzen ein, sie auf ihrem Landgut Colombella bei Perugia zu besuchen. Ludwig nimmt mit Freuden an und muß Therese bei dieser Gelegenheit zum ersten Mal von dem Ehepaar erzählen. Er schreibt, er habe den Marchese vor 9 Jahren in Rom kennengelernt, lobt dessen wunderschönen Besitz, verliert aber kein Wort über dessen Frau.

»Schreibe ich Dir nicht so oft von hier wie von Städten«, meint Ludwig zu Therese, »befremde es Dich nicht. Das einfache Leben bietet wenig Stoff und daß er Dich liebt, dieses weiß Therese von ihrem Ludwig.« In Rom ist die bayerisch-italienische Liaison mittlerweile Stadtgespräch. Zumal sich Ludwig auch diesmal – außer Therese gegenüber – durchaus nicht um Vertuschung bemüht. Seinen Reisearzt Ringseis läßt er gar auf Colombella zurück, damit er sich bemühe, die plötzlich erkrankte Marchesa zu kurieren. Ringseis' Gemahlin wiederum ist in München als Klatschmaul berüchtigt.

Zum Skandal kommt es schließlich wenige Monate nach dem Thronwechsel in München. Ludwig I., der neue König, hat sich nämlich entschlossen, vorerst auf alle Repräsentationsbesuche im Ausland zu verzichten und statt dessen für 6 Wochen nach Italien zu fahren, ausgerechnet nach Colombella, zum Ehepaar Florenzi.

Der österreichische Gesandte ist empört; er hat immer gehofft, der erste Schritt des Königs außer Landes werde dem Besuch seines Monarchen in Wien gelten: »Überraschend, gleich einer Bombe, die vom Himmel fiel, kommt die Nachricht, der König reise nach Italien. Niemand hätte sich von diesem Ausfluge etwas träumen lassen, niemand erwartet, daß er statt die Ufer der Donau zu besuchen, plötzlich in der Nähe der Apenninen werde lustwandeln wollen. Cherchez la femme. Das entspricht der Stimmung des königlichen Herzens, das sich nach Schäferstündchen auf der Villa einer italienischen Dame / Marchesa Florenzi, wenn ich nicht irre / sehnt… Nachdem der König… wie erfahrene Geschäftsmänner sich ausdrücken… alles durcheinander geworfen und verwirrt hat, verläßt er ganz

Ludwig von Schwanthaler,
Bildhauer und Schöpfer des Riesenstandbildes der Bavaria
auf der Münchner Theresienhöhe

Die Bavaria vor der Ruhmeshalle,
Stahlstich, um 1850

Transport des Hauptes der Bavaria,
Stahlstich, um 1850 (Ausschnitt)

unverhofft das Feld seiner Regierungsexperimente... um einer Herzensangelegenheit zu obliegen...«

Therese, die mittlerweile natürlich Bescheid weiß, ist erneut schwanger. Und sie ist öffentlich gedemütigt. Trotzdem findet gerade sie die ersten entschuldigenden Worte: Ludwig brauche die Entspannung, die ihm der Umgang mit schönen Frauen gewähre, es sei dies eine Lebensnotwendigkeit für ihn. Eine Reaktion, die sich vor allem durch ihre taktische Klugheit auszeichnet. Hätte Therese sich der allgemeinen Empörung angeschlossen, so hätte dies ihre Stellung als Königin zweifelsohne noch stärker untergraben. Und geändert hätte Ludwig seinen Entschluß unter keinen Umständen.

Zu Ludwigs ersten Regierungshandlungen zählt unter anderem die Erhebung Ettore Florenzis zum bayerischen Kämmerer. Danach reist er am 7. Mai 1826 nach Colombella ab: »Ich bin wieder ins Privatleben versetzt oder besser, ich versetze mich selbst hinein, so daß ich mich zuweilen wundere, König zu sein...«, schreibt er von unterwegs an seine »geliebte Therese«. Und als er endlich am Ziel seiner Wünsche angelangt ist, erhält Therese die folgenden Zeilen: »Von rechtswegen soll Dir das rechte Ohr geklungen haben in diesen Tagen, als ich der Marchesa nicht nur Deines Gemütes Fröhlichkeit, sondern auch Deine Schönheit rühmte, das Muster eines Weibes wärest Du...« Zu diesem wahrhaft mustergültigen Weib kehrt Ludwig am 17. Juni zurück. Tags darauf schon, am Jahrestag der Schlacht von Waterloo, legt der heftig umstrittene König den Grundstein zu den Erweiterungsbauten der Residenz, die Klenze im Stil der Hochrenaissance des florentinischen Palazzo Pitti errichten soll.

In der Folgezeit muß Ludwig dem nun doch eifersüchtigen Ettore Florenzi seine Marianna buchstäblich abkaufen: In Rom vermittelt er ihm einige Geschäfte, in München zahlt er ihm, wie gesagt, ein Gehalt als Kämmerer, und zum Unterhalt des Landsitzes Colombella trägt der Bayernkönig nicht unerheblich bei. Auf dieser »Geschäftsgrundlage«

besucht Ludwig seine Marianna jahrelang und in regelmä-
ßigen Abständen in Italien. Therese macht zu alledem gute
Miene. 1827 schickt sie Marianna Florenzi gar den Abdruck
ihres von Karl Stieler gemalten Porträts, sozusagen als
Gastgeschenk für Ludwig, der um diese Zeit wieder einmal
auf Colombella weilt. »Ich freue mich für Dich«, fügt sie
hinzu, »daß Du drei Wochen noch die Dich erquickende
Landluft genießt.« Fünf Tage zuvor hatte Ludwig seine
Ehefrau schriftlich gebeten, sie möge ihm »stets sanft, aber
nicht weinerlich« begegnen. Und weiter: »...denn ich will
mich meines schönen, süßen, reizenden Weibes freuen, der
ich ohnehin in München fast gar keine Freude habe außer
bei Weib und Kindern und im Gefühl erfüllten Berufes.« Ihr
Antwortschreiben beschließt Therese dann mit der Beteue-
rung: »Du sollst mit mir zufrieden sein – Deine Worte will
ich tief ins Herz mir einprägen.«

Bei Marianna versucht sich der König unterdessen als
Deutschlehrer. Das vorläufige Ergebnis liest sich so: »Oh
mein Geliebter, wieviel ich Dich liebe! Ich habe für Dich ein
unbeschreiblicher und beständiger Liebe.« Der fürstliche
Pauker ist wie immer entzückt; erst recht, nachdem die
Geliebte schnelle Fortschritte macht und nach kurzer Zeit
schon Texte des romantischen Philosophen Schelling ins
Italienische übersetzen kann. Ludwigs bedeutendste Her-
zensdamen – also Marianna und Lola – waren gewiß nicht
dumm. Dafür fischt er mit den anderen, den zahllosen
Nebenaffären, in um so trüberen Gewässern. Und derartige
Affären findet selbst die über-tolerante Therese kränkend.
1836 schickt sie Ludwig, der sich gerade bei seinem Sohn
Otto in Griechenland aufhält, einen Brief, der in vielerlei
Hinsicht Abrechnungscharakter trägt. »Es ist mir nämlich
Dein Wille bekannt, daß Deine an mich gerichteten Briefe
uns einst überleben sollen«, beginnt Therese, und weiter:
»Da sie nun öfters Anspielungen... und Klagen enthalten,
daß ich zuweilen kalt oder wenigstens nicht herzlich,
wünsche ich, daß durch diese Zeilen die Gründe – (so
Ursache waren, daß mein Benehmen... wohl oft das Ge-

präge eines inneren Kampfes getragen), nicht mit mir zu Grabe gehen. Doch nun zur Sache...« Thereses Brief enthält zwei zentrale Beschwerden: Zum einen geht es um Ludwigs Wunsch, seine alljährlichen Ferienaufenthalte in Bad Brückenau künftig ohne Familie, begleitet nur von seinem engsten Freund, Freiherr Heinrich von der Tann, zu verbringen. Therese ist tief betroffen: »Nie hatte ich das geringste Mißtrauen über Deine alljährlichen oder alle zwei Jahre in Italien stattfindenden Aufenthalte Dir kund gegeben, ich freute mich vielmehr dieser Aufheiterung für Dich, mein Ludwig, erkannte, daß sie bei beinahe erdrückender Last von Arbeiten, Dir höchst notwendig waren. – Doch gleichzeitig in Bayern uns befindend und auch da 5–6 Wochen jährlich getrennt zuzubringen, in diesem Wunsche sogar Dir entgegen zu kommen, konnte ich nimmermehr für Pflicht erkennen... In schmerzlicher Stimmung brachte ich einen Tag – der nie uns wiederkehrt – den unserer silbernen Hochzeit zu...« Der zweite Klagepunkt in diesem für Thereses Verhältnisse geradezu aggressiven Brief ist eine gewisse »Madame D.«. Folgen wir den Ausführungen Thereses: »...noch ein Wort über den Besuch von Madame D... In diesen Zeilen sei es gleichfalls als Vermächtnis niedergelegt, daß wenngleich ich mit freudigem Herzen bemerkt, daß während zweier Jahre Du jedem Verhältnis irgendeiner Art entsagt und dies durch kein Wort, keine Klagen von meiner Seite veranlaßt, ich Deine lebhafte Fantasie so gut kennend, doch für mein Gefühl – gleichsam am qui vive blieb, um nötigenfalls sogleich wieder die dann von der Vernunft gebotene Stellung einzunehmen. – Der Jahre manche waren früher auf diese Weise für uns dahingegangen und stieg auch hie und da eine Wolke auf, begegneten wir uns doch stets bald wieder in Vertrauen und Herzlichkeit. – Ein Wunsch nur blieb aus vergangenen Erfahrungen mir zurück (ja, er ward zum täglichen Gebete), daß Du nämlich nie mehr die Dir unentbehrliche Erheiterung im Umgange mit einer Schauspielerin suchen mögest. Als nun Dein neues, selbst (wie ich überzeugt bin) ohne

Verliebtsein geknüpftes Verhältnis mir klar ward, traf es mich schmerzlich und doppelt schmerzlich... Denn ich fürchtete damals während Wochen blind zu werden und so vermochte ich es nicht ohne Bitterkeit (mir sonst fremd) an Madame D. zu denken. – Von Dir aufgefordert sprach ich ohne Rückhalt meine Überzeugung dahin aus, daß ich bei einem solchen Verhältnis, welches in der Vergangenheit Dich stets herabgezogen... mein Lebensglück für gefährdet halte, während ich wirkliches Verliebtsein in ein weibliches Wesen anderer Bildung (gleichwohl welchem Stand angehörend) Dir und Deiner ernsten Stellung zuliebe, gewiß wie sonst, mit Fassung, ja heiterem Gesichte getragen haben würde...«

Dieser überaus bemerkenswerte Brief hat Ludwig zwar sehr beschäftigt, aber verändert hat er nichts. Fortan fuhr der König wie geplant ohne seine Königin nach Bad Brückenau – einige Jahre später zusammen mit Lola Montez. Auch die wahl- und geschmacklosen Nebenaffären mit diversen Schauspielerinnen und naiven Bürgerstöchtern hat er nicht aufgegeben. Schon gar nicht seine Hauptaffäre mit Marianna Florenzi, mit der Therese sich allerdings weitgehend abgefunden hatte – zumindest nach außen hin. Was sich indessen hinter den Kulissen der königlichen Familie abspielt, mit welchen Mitteln der despotische Monarch Therese zwingt, seine Liebesabenteuer öffentlich zu decken, wird deutlich, als das Ehepaar Florenzi seinem mächtigen Gönner 1831 einen Besuch in München abstattet. Diese Visite – zu der Ludwig aufgefordert hatte – erhitzt in München die Gemüter. Zumal Therese nach einem kurzen Zusammentreffen mit Marianna für längere Zeit in ihre Heimat nach Hildburghausen fährt. Angeblich war diese Reise seit längerem geplant. Wie die Begegnung zwischen Ehefrau und Geliebter im einzelnen ablief, hat Ludwig wohlweislich nicht überliefert. Aber aus anderer Quelle wissen wir, was sich im Vorfeld dieses spektakulären Besuches in den königlichen Gemächern abspielt. Mit Auguste Escherich, der Frau eines hohen Zoll- und Eisenbahnbeamten, hatte

Therese sich angefreundet. Von ihr stammt der folgende Bericht:

»Im Lauf ihres Münchner Aufenthaltes hatte König Ludwig (das Ehepaar Florenzi) auch einmal zum Hoftee geladen. Eine Viertelstunde vorher aber kam er zur Königin mit einem schwergoldenen, kostbaren, eckiggegliederten Armreif und forderte von ihr, daß sie denselben anziehen und von ihrem Arm herunter der Marchesa schenken sollte. Diese letztere Zumutung wollte der Königin aber doch nicht passend erscheinen, und sie erklärte sich gerne bereit, der Dame das betreffende Geschenk zu machen, aber nicht von ihrem Arm herunter. Darüber erboste sich Ludwig, er zog der Königin das Schmuckstück mit Gewalt an und drückte es mit einem eisernen Griff seiner Finger ihr so fest ins Fleisch, daß jede Ecke nun eine blutige Spur auf ihrem Arm zurückließ: Da gab es keinen Widerspruch mehr.

Das war am Tag, vor dem sie mich zu sich bestellt hatte, gewesen, und das Herz war ihr noch schwer von diesem widerwärtigen Auftritt. Da mochte sie froh sein, eine mitfühlende Seele gefunden zu haben, denn sie erzählte mir die Geschichte ganz genau, wies mir auch die wunden Stellen. Man konnte deutlich die ganze Form des Schmuckstückes erkennen. Und sie weinte bitterlich: ›Und ich bin Königin! Bin die erste Frau im Land!‹«

Dem nachdrücklichen Wunsch ihres Gemahls hat Therese selbstverständlich Folge geleistet und der Marchesa jenes kostbare Armband geschenkt. Jedenfalls schreibt Ludwig, nachdem seine Gemahlin nach Hildburghausen abgereist ist: »So wehe wie dieser Abschied von Dir, tat mir keiner noch... und doch war es das erstemal, daß die Marchesa anwesend war. Du benahmst dich aber auch gar so liebreich gegen mich...«

Wenn Ludwig geahnt hätte, daß die Welt dereinst erfahren sollte, mit welchen Mitteln er das »liebreiche« Verhalten Thereses erzwungen hatte, so wäre er sicherlich außer sich geraten vor Zorn und Empörung. Denn Ludwig wollte sich zwar als Frauenheld verewigen, aber der Preis, den andere für dieses Leben zu bezahlen hatten, sollte durchaus nicht überliefert werden. Ebensowenig wie die privaten Schicksale, die sich hinter den 36 Porträts seiner Schönheitsgalerie verbargen. Auch hier hatte der königliche Schürzenjäger nämlich einiges angerichtet.

Die Schönheitsgalerie gab Ludwig ab 1827 in Auftrag. Sie sollte die mit kunstvollen Fresken ausgestaltete neue Residenz zusätzlich schmücken und das monarchische Bildungsprogramm vollenden. Dieses Programm galt der Erziehung durch Kunst und Schönheit. Die Frauenporträts bleiben demzufolge nicht unter Verschluß: Ihr Anblick sollte jedermann »erheben« – wobei die Heerscharen von Besuchern, gerade zu Ludwigs Zeiten, allein aus Neugier und Sensationslust gekommen sind. Jedenfalls zählte die Schönheitsgalerie des liebebedürftigen Monarchen über 100 Jahre lang zu den großen Attraktionen der Münchner Residenz. Seit 1945, nachdem der ehemalige königliche Wohnsitz durch Bombenangriffe zerstört worden war, hängen Ludwigs 36 Auserwählte im früheren Speisezimmer des Nymphenburger Schlosses und lassen den zeitgenössischen Betrachter vor allem erkennen, wie sehr der Schönheitsbegriff sich doch im Laufe der Zeit geändert hat.

Neu ist Ludwigs Idee nicht gewesen: Erste Schönheitsgalerien gab es im Italien des 17. Jahrhunderts. Carl Emanuel II., Herzog von Savoyen, war Besitzer einer 36 Bildnisse umfassenden Galerie, und auch seine jüngere Schwester Adelaide, die Gemahlin des bayerischen Kurfürsten Ferdinand Maria, ließ durch ihren Hofmaler Curlando eine solche Galerie malen, die sich im Schloß Schleißheim befand. Der Sohn Adelaides, Kurfürst Max Emanuel, den Luwig I. über alles verehrte, hatte sich ebenfalls eine Schönheitsgalerie angelegt; die schönsten Damen des französischen Hofes wurden damals in München verewigt. Ludwig griff also eine alte, barocke Tradition wieder auf. Karl Stieler, den er als Hofmaler von seinem Vater übernommen hatte, sollte die Idee der Schönheit in klassizistisch-kühlen Ölgemälden festhalten; dabei ging es in erster

Linie um die *Idee* des Schönen – der einzelne schöne Mensch wurde als Träger dieser Idee verehrt. Auch galten die Schönheit der Kunst und die Schönheit des Menschen – oder die der Natur – gleichermaßen als Ausdruck göttlichen Waltens: Hinter der »wahren« Kunst verbirgt sich ein göttlicher Genius und hinter dem vollkommenen, schönen Menschen die Schönheit des Kosmos. Ludwigs Verehrung weiblicher Schönheit war also durchaus nicht anstößig. Ganz im Gegenteil: Durch den Schönheitskult zelebriert der romantisch-religiöse Mensch eine Art Gottesdienst.

Vor allem unter diesem Aspekt werden Ludwigs zahllose Liebesaffären, auch die, die er zu den in seiner Schönheitsgalerie Porträtierten unterhielt, bis heute gedeutet. Daß auch der Bayernkönig über Sexualität verfügte, wird auf diese Weise bemäntelt. Als »landesherrliche Trophäensammlung« soll man seine Schönheitsgalerie nicht verstehen, sondern sie statt dessen in einem historischen Zusammenhang sehen, der sich in der Tat nicht bezweifeln läßt. Bloß schließt das eine das andere nicht aus: Die Wiederaufnahme der auf barocke Traditionen zurückgehenden Schönheitsgalerie und deren »Modernisierung« unter Ludwig I. beweist nicht das ausschließlich historische Interesse des bayerischen Monarchen. Der Idee des Schönen folgt bei Ludwig durchaus die Tat; mit bloßer Betrachtung gibt er sich höchst selten zufrieden.

Bezeichnend ist Ludwigs Plan, seine Schönheitsgalerie mit einem Porträt der Marchesa Florenzi zu eröffnen. Bereits 1821, kurz nach der ersten Begegnung in Rom, wird Karl Stieler nach Italien beordert, um die Schönheit Mariannas festzuhalten. Die Tatsache, daß die Galerie erst 6 Jahre später und nicht mit Mariannas Porträt eröffnet wird, läßt sich sicherlich auf die zunehmende öffentliche Kritik an der königlichen Liaison zurückführen. Außerdem war Ludwig 1821 noch Kronprinz und bei weitem nicht unabhängig.

Zahlreiche Anekdoten ranken sich um des Königs schönste Damen. Da wäre zuerst einmal Auguste Strobl, die Tochter eines Buchhalters, mit deren Porträt die Galerie

1827 eröffnet wird. Fräulein Strobl ist dem königlichen Spaziergänger in den Straßen Münchens aufgefallen. Sofort schleppt er sie zu Stieler, und sofort widmet er der »Holdseligen, der Schönsten, der Tugendhaftesten, die je geboren«, einige Reime. Aber »die Gustl« zeigt sich überhaupt nicht beeindruckt. Und als Seine Majestät sie nach einem Wunsche fragt, antwortet sie züchtig: »O Majestät, befördern Sie bitteschön den Forstgehilfen Hilber, daß ich ihn heiraten kann.« – Was Ludwig selbstverständlich tut, schließlich hatte er ja nichts gegen verheiratete Frauen, wie man an einer zweiten Geschichte, an der um Helene Sedlmayer sieht. Jene Schöne war die Tochter eines Schusters aus Trostberg. Sie kam als junges Mädchen nach München und arbeitete als Botin in einem Spielwarengeschäft; »dienstlich« mußte sie bisweilen zur Residenz, die königlichen Kinder mit Spielzeug versorgen. Auf einem dieser Botengänge wurde Helene von Ludwig entdeckt und wiederum in Stielers Atelier verfrachtet. Der König war – wie immer – bei allen Sitzungen zugegen, bestimmte die Haltung, Kostüm und Requisiten der jeweiligen Mädchen. Bei Helene Sedlmayer verfügte er eine Altmünchner Tracht und eine Riegelhaube – der Urtypus der »schönen Münchnerin« war geboren, und ein knappes Jahr später wieder einmal ein königlicher Sohn. Einer von Ludwigs Kammerdienern führte die 17jährige Helene noch schnell vorher zum Traualtar; zur Trauung im Dom erschien der Monarch höchstpersönlich. Vor Stielers Porträt dichtet er dann sehnsuchtsvoll:

An Helene Sedlmayer

Bist nicht gemalt!
Du bist es selbst,
Du lebest,
Die Augen liebeschwimmend seh'n mich an.

Du neigest dich zu mir,
Du nahes, schwebest,
Die Arme dehn ich aus.
Dich zu umfah'n!

Helene Sedlmayer hat acht weitere Söhne geboren, die allerdings eindeutig dem königlichen Kammerdiener zugeschrieben werden. Sie wurde 86 Jahre alt und verstarb in einem städtischen Altersheim. Die schöne Altmünchner Tracht hat der königliche Verehrer ihr spendiert.

Auf andere Weise spektakulär ist die Geschichte mit Amalie von Schintling, der Tochter eines königlich-bayerischen Offiziers. Deren Verlobter, ihr Vetter Fritz von Schintling, will seine Braut partout nicht von Stieler porträtieren lassen. Die Schönheitsgalerie, auch »Galerie galanter Damen« genannt, ist dem Bräutigam nämlich – zu Recht – suspekt: Was heißt schon galant? Das ist – so Fritz von Schintling – »eine unüberlegte und sträfliche Beschuldigung« des Königs. Aber Amalies Vater, der Offizier, fühlt loyal, und Ludwig ist ohnehin nicht geneigt, auf das Porträt Amalie von Schintlings zu verzichten. Schließlich wird der Bräutigam zum Nachgeben gezwungen, weil ihm das Geld fehlt, um die notwendige Kaution zur Heiratserlaubnis zusammenzubringen; in solchen Fällen muß man sich mit einem Bittgesuch um Erlaß der Kaution an den König wenden. Und der bewilligt die kautionslose Hochzeit, wenn im Gegenzug Amalie gemalt werden darf. Am Ende stirbt die schöne Braut, kurz nach der Fertigstellung des Porträts und kurz vor der Hochzeit. Sie war 19 Jahre alt und plötzlich an Tuberkulose erkrankt.

Erstaunlicherweise werden alle diese Episoden bis heute mit augenzwinkerndem Wohlwollen zur Kenntnis genommen: Es geht doch anscheinend nichts über einen so richtig »menschlichen« König. Und für »menschlich« hält man offenbar auch Grobheiten wie die folgende: Eines Tages begegnet dem alten König in der Ludwigstraße eine alte Frau, macht einen tiefen Hofknicks und stellt sich vor als Nanette Kaula, die Bankierstochter, die einst für die Schönheitsgalerie gemalt wurde. Der König darauf: »Täts heut nimmer, täts heut nimmer...« und geht weiter. Eine Episode, die weniger den Witz, als vielmehr das mangelnde Taktgefühl Ludwigs I. beleuchtet.

Bei alledem kann es nicht genügen, die Schönheitsgalerie allein auf derart persönlicher Ebene abzuhandeln. Man muß anerkennen, daß Ludwig gerade mit seiner Schönheitsgalerie einen für damalige Verhältnisse durchaus fortschrittlichen und humanen Gedanken zum Ausdruck gebracht hat. Allein die Tatsache, daß im Festsaalbau der Residenz Porträts von Handwerker- und Bürgertöchtern neben denen von Kronprinzessinnen, Gräfinnen und anderen hochadeligen Damen hängen, zeigt eine in Ludwigs Kunstbegriff immer wieder zum Vorschein kommende Tendenz zur »Demokratisierung«. Daß er – bei aller restaurativen Politik – eine ständeübergreifende Idee des Schönen nicht nur propagiert, sondern in zahlreichen seiner Kunstbestrebungen auch verwirklicht, muß als historische Leistung betrachtet werden.

Insgesamt 27 Jahre lang wurde Karl Stieler mit der Schönheitsgalerie beschäftigt, wobei er, wie alle Künstler Ludwigs I., dessen beständiger Einmischerei und Kritik ausgesetzt war. Vor allem mit dem Porträt von Lola Montez war Ludwig ganz und gar nicht zufrieden; es schien ihm alles zu fehlen, was ihn an der Geliebten entzückte, »die feuchte Glut im Gazellenauge, die süßen Flammen von Rosen und Rubinen, die auf den Wangen glühten, der schlanke Hals, weiß wie Schwanenflaum ...« Von all der Schönheit, bei deren Anblick Ludwig »es zaubrisch in sich tagen« fühlte, kam ihm aus dem Porträt nichts entgegen. »Stieler, Ihr Pinsel wird alt!« soll der König zu seinem 66jährigen Hofmaler gesagt haben, woraufhin der Künstler das Bild wie zur Überarbeitung mitnahm, es unverändert wiederbrachte und auf die Bemerkung »Nun ist es schön!« antwortete: »Wenigstens schön genug für einen alten Pinsel!«

Besonders am Herzen lag Ludwig auch das 16 Jahre zuvor entstandene Bildnis der Lady Jane Ellenborough. Diese Frau, eine Abenteurerin vom Zuschnitt Lolas, zog Ludwig ganz außerordentlich in ihren Bann. Sie ist 25 Jahre alt, Engländerin und aus bestem adeligem Haus. Ihr Vater hatte die damals 17jährige mit einem 71jährigen Lord verheiratet, dem sie nach vierjähriger Ehe davonlief, weil sie den österreichischen Prinzen Felix Schwarzenberg kennengelernt hatte. Der Lord ließ sich daraufhin scheiden, und Jane ging mit Felix nach Paris. Dort lernte sie den damals 30jährigen Honoré de Balzac kennen, der sie in seinem Roman »Die Lilie im Tal« verewigt: »Diese reizende, schlanke Lady, scheinbar so zerbrechlich, aus Milch und Rosen, so zart, mit einschneidender Stirn, dieses Geschöpf, dessen Glanz wie phosphoreszierend und flüchtig erscheint, hat doch ein eisernes Wesen... Kein Mann kommt ihr zu Pferde nach..., ihre Leidenschaft ist ganz afrikanisch..., ihre Begierde wie der Wirbelwind der Wüste, deren brennende Unendlichkeit sich in ihren Augen malt...«

Mit solcher »Mitgift« kommt Lady Jane 1831 nach München – warum weiß niemand, aber die frohe Kunde verbreitet sich unter der männlichen Bevölkerung wie ein Lauffeuer. Als einer der ersten ist selbstverständlich der Landesherr persönlich zur Stelle. Wo auch immer Jane erscheint, den Monarchen hat sie im Gefolge. Und bald schließt sich auch noch ein Dritter, der bayerische Baron Karl von Venningen Ulner an. Ihn wird Lady Jane vorläufig heiraten, danach einen griechischen Grafen namens Theotoki und später 24 Jahre lang als Lieblingsfrau eines Beduinenscheichs durch die Wüste ziehen – eine wahrhaft bemerkenswerte Frau. Ludwig allerdings ist bei Lady Jane bei weitem nicht so erfolgreich, wie er gerne möchte. Denn die Lady erlaubt sich ihrerseits für männliche Schönheit zu schwärmen, und in dieser Hinsicht hat Ludwig ja bekanntlich gar nichts zu bieten.

Dabei wäre Jane gerade zur rechten Zeit gekommen. Kurz bevor sie nämlich in München auftauchte, war eine mächtige Leidenschaft zu der Hofsängerin und Gemahlin des Schauspielers Vespermann, Katinka, geborene Sigl, in die Brüche gegangen. Katinka hatte sich schleunigst aus dem Staub gemacht, war auf Gastspielreisen nach Paris und

London geflohen, nicht ohne dem König zu sagen, warum: So ginge es nicht weiter, sie sei eine verheiratete Frau und erwarte gerade ein Kind von ihrem Mann. Ludwig hatte sich daraufhin einsichtig gezeigt und die Tourneepläne unterstützt. Aber kaum war die Sängerin aus der Stadt, da schrieb er der »geliebten, vielgeliebten« Katinka: »Wehmütig ist meine Stimmung und die Tränen sind mir immer nahe. Die Königin äußerte gen mich, sie fände es natürlich, daß ich so wäre, ich möchte nicht suchen, anders zu scheinen... Katinka... vermöchtest Du nur mich zu lieben, von Seligkeit trunken würde Dein Ludwig sein. Aber bloß das, was Du fühlst, fahre fort mir auszudrücken... Meine Frau beweist sich sehr mild gegen mich, sie schont meinen Schmerz, vermied darum sogar, als ich sie Schlitten fuhr, daß es an Deiner Wohnung vorbeiging... Meine Geliebte nennt Dich meine Frau, ihr Ton dabei weder im mindesten ungehalten, noch traurig... Du liebreizende Zauberin, welche den Ludwig bezauberte und verzauberte... Katinka, wie gehst Du mir ab! Wie unersetzlich bist Du mir... Seit Deiner Abwesenheit habe ich nur noch alte Frauen besucht...

O! Eile wiederum in uns're Mitte,
Voll Sehnsucht harren der Zurückkunft wir.
Gewähre auch dem Freunde seine Bitte,
Und bringe Du Dein Herz zurücke mir;
Es zu verdienen ist mein rastlos Streben,
Mir's zu erhalten durch das ganze Leben...

Unangenehmes folgt Unangenehmem seit Deiner Entfernung und meiner Zufluchtsstätte, meiner einzigen, wo ich Erholung fand, wo mir Lebenserfrischung wurde, beraubte ich mich selbst. Was habe ich gemacht, als ich Deinen Urlaub bewilligte?«

Einen ähnlichen Fehler macht Ludwig zwei Jahre später noch einmal. Diesmal ist er für die gefeierte Hofschauspielerin Charlotte von Hagn entflammt. Aber auch sie will von Ludwig durchaus nichts wissen. Kurz nach ihren Sitzungen bei Stieler kündigt die temperamentvolle Dame ihren langfristigen Vertrag mit dem Münchner Hoftheater: Sie will sich nach Dresden oder Berlin absetzen; die fortwährenden erotischen Attacken des Monarchen gehen ihr auf die Nerven. Durch Erfahrung klug, verweigert Ludwig zwar die Annahme der Kündigung, läßt sich später aber dummerweise die Genehmigung zu einer Gastspielreise abschwatzen, und Frau Hagn kehrt von derselben einfach nicht mehr nach München zurück. Zornerfüllt erklärt der König sie zur Vaterlandsverräterin und Abtrünnigen, die zu seinen Lebzeiten nie mehr eine bayerische Bühne betreten dürfe. Und im stillen Kämmerlein dichtet der Monarch deprimiert:

Lieben immer
Mußt Du, nimmer
Wirst Du mehr geliebt.

Aber Gottlob gibt es ja doch noch die gute Therese und Marianna. Wobei die Liebesbeziehung zu letzterer sich zunehmend in Freundschaft verwandelt. Man trifft sich zwar nach wie vor alle ein, zwei Jahre in Italien, schreibt sich ansonsten eifrig Briefe, spricht aus Gewohnheit von »ewiger Liebe«, bezichtigt sich gegenseitig der Untreue – aber Marianna wird eben auch nicht jünger, und außerdem hat sie 1836, nach dem Tod ihres Ettore, zum zweitenmal geheiratet, und zwar einen Engländer namens Evelyn Waddington. Dieser neue Gemahl ist weit weniger entgegenkommend als der alte. Er weigert sich gar mehrfach, die Einladungen des Königs anzunehmen. »Evelino möchte nicht gerne hören«, schreibt Marianna dazu, »er führe selber seine Frau zu ihrem Geliebten . . .« Alles in allem ist es mit Marianna also nicht mehr ganz das Wahre.
Bleibt nur noch die eigene Gemahlin:

Mich drängt's: nach Dir die Arme auszubreiten,
Geliebtes Weib, Dich glühend zu umfangen,
Beseliget an Deinem Mund zu hangen,
Um niemals von demselben mehr zu scheiden.

Dankbar wendet sich Ludwig immer wieder »An die beste der Frauen«: »Wenn die Seele geschwärmt, Liebe für andere empfand, / Unvergleichliche Edle, Deine erhabene Güte, / Sie bezwang mein Herz, ewig nur liebet es Dich.«

Tief gerührt erwidert Therese im Juni 1841: »Zu werden, wie mein Ludwig mich schildert, ja nur zu leben, mein Herzensmännchen zu erheitern, zu beglücken, sei mein Streben. Ermatte ich darin, soll ein Blick auf jenes Sonett mir frohen Mut geben, heiteren Sinnes jedes Wölklein von Deiner Stirne zu verscheuchen.«

Sie wird noch einige »Wölklein« zu verscheuchen haben, und bald schon ausgewachsene Wolken.

An Therese

Wenn mir verführerische Blicke winken,
Daß ich vom Pfade nicht der Tugend scheide,
Verhinderst du, daß ich auf ihm nicht gleite,
Wenn's in der Schönheit Arme drängt zu sinken.

Der Wollust Küsse dürstet mich zu trinken,
Ein Engel stehest du jedoch zur Seite,
Beschützend gebend sicheres Geleite,
Ob Firmamente gleich von Augen blinken.

So, rettend, führe mich durch's ganze Leben,
Du, Himmlische, vom Himmel mir gesendet,
Und liebend laß' mich einst zu ihm entschweben.

Dich sieht mein Geist, und nie wird mehr verblendet
Der Blick von Sinnenlust, die nie gegeben
Befriedigung, den Frieden nur entwendet.

An die Liebe

Ohne Liebe wäre nicht die Erde,
Ohne Liebe selbst der Himmel nicht;
Liebe, welche sehnend ich begehrte,
Du allein bist meines Lebens Licht.

Deine Feuerstrahlen laß mich saugen,
Nicht an Zukunft denken, nicht zurück,
In dein Glutenmeer entzückt mich tauchen,
Fühlen, fühlen nur in dir mein Glück.

Bloß die Liebe kann die Liebe lohnen,
Nur dem Herzen schenket sich das Herz;
Ohne sie sind eine Last die Kronen,
Ach! es heilt kein Thron des Herzens Schmerz.

10

Lola und die Machtfrage:
»Vergessen, vergeben, aber nicht nachgeben!«

Als Lola Montez im Herbst 1846 in München eintrifft, ist König Ludwig 60 Jahre alt. Seine Leidenschaft für Marianna Florenzi ist erloschen und weit und breit keine Frau in Sicht, in die er sich verlieben könnte. Diesen Zustand schätzt Ludwig überhaupt nicht: Sollte er womöglich alt werden? Ein entsetzlicher Gedanke, ein Gedanke, den es zu verdrängen gilt. Sein Körper reagiert unterdessen mit Krankheit: Des Königs Stirn verunziert eine Geschwulst, die ihm zu allem Übel auch noch Schmerzen bereitet. Gequält sitzt Ludwig in seiner Residenz und wartet auf Erlösung.

Während dieser krisenhaften Zeit erlaubt sich die Intendanz seines Hoftheaters eine eigenmächtige Entscheidung: Eine Tänzerin namens Maria de los Dolores Porris y Montez hatte sich – wie zahllose andere Tänzerinnen – um ein Engagement bemüht und war abgelehnt worden. Diesen Bescheid legt man dem Monarchen nachträglich vor, nicht ohne darauf hinzuweisen, daß besagte Senora Montez übel beleumdet sei: Auf ihren Theaterreisen quer durch Europa sei sie durch zahllose Temperamentsausbrüche aufgefallen, sie habe sich u. a. durch Affären mit Franz Liszt und Alexandre Dumas – Vater *und* Sohn – hervorgetan; ihretwegen hätten Ehrenmänner sich duelliert, und selbst ihre hochadeligen Verehrer schone sie nicht durch Diskretion. Kein Wunder, daß der traurige, unverliebte Monarch hellhörig wird. Jedenfalls will er ganz genau wissen, wodurch »befragte Tänzerin öffentlichen Anstoß gegeben habe«. Einen Tag später, am 7. Oktober 1846, gewährt er der Skandalumwitterten Audienz: Eine solche Frau trifft man schließlich nicht alle Tage, und belebend könnte sich so ein kleines Plauderstündchen gewiß auswirken. In spanischer Sprache tauschen Lola und Ludwig bei diesem ersten Zusammentreffen Gedanken über Kunst und Literatur mit dem Ergebnis, daß Lola bekommt, wonach sie verlangt. Sie darf in München auftreten. »Noch heute ist ihr die Antwort zu eröffnen, mit der Bemerkung, daß ich mich darauf freue, sie tanzen zu sehen«, befiehlt Ludwig dem Intendanten seines Hoftheaters.

Bereits drei Tage später steht Lola auf der Bühne, und zwar in einem Schwank in drei Akten mit dem Titel: »Der verwunschene Prinz«. Man war daran gewöhnt, daß die jeweilige Tänzerin bei derartigen Einlagen im duftigen weißen Ballettröckchen auf der Bühne hin und her wirbelte. Nicht so Lola Montez. Sie erscheint in schwarzer spanischer Seidentracht, bewegt sich langsam und rhythmisch zu dem sich steigernden Tempo der Musik. Kenner behaupten, ihre Tanzschritte seien falsch, weder Fandango noch Bolero. Aber was soll's. Ihr Tanz wirkt aufs Publikum. Und auf den König. Die Tänzerin gefällt ihm. Ludwig bittet sie um einen zweiten Auftritt einige Tage später, und vor allem darum, daß sie dem Maler Stieler für die Schönheitsgalerie Modell sitzt. Während dieser Sitzungen kommen der alternde Mann und die junge Frau sich näher. Was Ludwig an Lola findet, liegt auf der Hand: schließlich ist sie eine überaus attraktive und aufregende Frau. Was aber findet Lola an dem schwerhörigen, unansehlichen Ludwig? Will sie ihre Anziehungskraft auf einen leibhaftigen König erproben, ihre Laufbahn als *femme fatale* buchstäblich krönen? Liebt sie den Dunstkreis der Macht – und des Geldes? Zählt sie einfach zu der Heerschar von Spekulanten, die sich um jeden Thron, um jede Machtzentrale scharen und auf die Brosamen lauern, die vom Tisch des hohen Herrn abfallen?

Oder hat Ludwig ihr ganz aus eigenem Antrieb das Versprechen gegeben, daß sie es – so der König –»nicht nötig haben sollte, von den Almosen des wetterwendischen Volks-Beifalls zu leben, daß sie immerdar rechnen könnte auf seinen Schutz, auf sein Herz«? Wer von beiden hat hier wen bestochen? Oder geht es womöglich gar nicht um Bestechung?

Lolas Memoiren geben über den Verlauf ihrer Beziehung zu Ludwig kaum Aufschluß. Um so genauer sind offenbar die Historiker informiert, die sich jedoch ausschließlich an Ludwigs – stets für die Nachwelt geschriebenen – Tagebuchnotizen orientieren. Heinz Gollwitzer beispielsweise meint: »Dem König gegenüber spielte sie die verfolgte Unschuld und setzte ihm unaufhörlich mit Klagen und Verleumdungen gegen ihre tatsächlichen oder angeblichen Verfolger zu. Ludwig, dessen Verhalten schon bald alle Symptome von Hörigkeit aufwies, war in nur zu vielen Fällen willfährig. Die Abenteurerin hatte ein großartiges Betätigungsfeld gefunden. Die Posse ›Der verwunschene Prinz‹ wurde vom Spielplan abgesetzt, die Tragödie des verwunschenen Königs nahm ihren Lauf.« Wie einseitig doch bis heute die Sympathie und das Mitleid verteilt sind! Als ob Lola der leibhaftige Satan und Ludwig das arme Opfer wäre, als ob der Autokrat von Gottes Gnaden, der langerprobte, zynische Frauenheld überhaupt jemals die Rolle des armen Opfers gespielt hätte.

Vorerst jedenfalls hat nicht nur Lola, was sie will – ihr Engagement nämlich –, sondern auch Ludwig ist nicht schlecht bedient: Seine trübselige Stimmung ist verflogen, er fühlt sich jung und am Leben. Sein Intimus Heinrich Freiherr von der Tann, der ihm während der Lola-Affäre auch als Zuträger über die Stimmung im Lande dient, erhält folgenden, überschwenglichen Brief: »Und ich kann mich«, bekennt Ludwig, »mit dem Vesuv vergleichen, der für erloschen galt, bis er plötzlich wieder ausbrach... Ich glaubte, ich könne nicht mehr der Liebe Leidenschaft fühlen, hielt mein Herz für ausgebrannt, hielt mich nicht mehr für den Alten, das war mir ein betrübendes Gefühl. Aber nicht wie ein Mann von vierzig Jahren, wie ein Jüngling von zwanzig, ja *comme un amoureux de quinze ans* faßte mich die Leidenschaft wie nie zuvor... meine Gedanken wurden reiner, ich wurde besser; ich war glücklich, ›ich bin glücklich‹. Einen neuen Schwung hat mein Leben bekommen, jung bin ich wieder geworden, freudig sieht mich die Welt an. Meiner jungen Freundin habe ich von meinem alten Freund Tann gesprochen, den ich selbst bei ihr einführen will. Das ist ein Selbstbekenntnis und *froh*, daß er es ablegen kann, ist der Ihnen anhängliche Ludwig.«

Das sind freilich hohe Töne für ein Verhältnis, über das sich die Münchner Gesellschaft von Anfang an »das Maul zerreißt«. Warum eigentlich? Wieso fügt sich die Affäre mit Lola Montez nicht ein in die Reihe der vorherigen Affären des Königs, die ja auch stadtbekannt waren und zumeist großzügig übersehen wurden? Wieso regte man sich plötzlich derart auf? Niemand wußte, und man weiß es bis heute nicht, wie nah sich die beiden gekommen sind, zuerst in einem Nebenhaus des Gasthofs »Zum Hirschen«, wo Lola logierte, und später in dem Haus Barer Straße 7, das sie zum Geschenk erhielt. Besuche und Geschenke dieser Größenordnung waren ganz im Rahmen des üblichen. Doch plötzlich wurden sie von den Münchnern in größere Dimensionen hochgeredet: Aus dem Stadthaus wurde ein Palais, aus einer zweispännigen Kutsche »sechs edle Rösser«, die Ludwig eigens aus England herbeigeschafft habe. Nun kam es auch an den Tag, daß Lola aus Warschau und aus Berlin fortgewiesen worden war, weil sie Polizeiorgane mit der Reitpeitsche bedroht hatte. Zu dieser »Ohrfeigenhistorie«, die gesetztere bayerische Gemüter in ihrer behäbigen Rechtschaffenheit so traf, als ob man sie selbst geschlagen hätte, nimmt Lola in ihren Memoiren Stellung: »Ich aber frage die Männer, womit wir Frauen es denn eigentlich verschuldet haben, daß wir Ihnen gegenüber dazu sollten verdammt sein, stets die Lämmer zu sein, welche sich niemals daran erinnern dürfen, daß die Wange eines Mannes für die Frauen nicht immer zum Küssen da ist? – Wenn der Zorn der Brutalität begegnet, so glaube ich, hat er ein Recht dazu.«

Von einer Frau, noch dazu in damaliger Zeit, sind das heftige und herbe Worte – eine provokative Haltung. Vermutlich hat genau diese Haltung den König angezogen, ihn an die eigene Jugend erinnert, an die Provokationen, die er sich als »teutscher« Kronprinz in napoleonischen Zeiten geleistet hatte und auf die er zeitlebens stolz war. Seine Lola ist ihm also gar nicht so unähnlich: Auch sie schert sich nicht ums Gerede ihrer Umwelt, und auch sie äußert ihre Meinung ganz direkt, mit nur minimaler Rücksicht auf das jeweilig Opportune. Ein Kapitel ihrer umfangreichen Lebenserinnerungen trägt die Überschrift: »Krieg den Männern«. Es enthält die Wiedergabe eines Gespräches, bei dem sie ihrem Ludwig vortrug, was sie tun würde, wenn sie eine Königin wäre:

»Ja, Sire, wäre ich als eine Königin geboren, ich hätte die Uebel des Krieges über den Erdball getragen und mich mit allen Königen geschlagen.

– Auch mit mir, Lola, fragte der König lächelnd.

– Auch mit Ihnen, Sire.

– Und weshalb?

– Weil ich als Königin auf der ganzen Welt kein Gesetz geduldet haben würde, welches den Männern mehr als den Frauen erlaubt.«

Im weiteren Verlauf des Gespräches ging es – Lolas Beschreibung zufolge – um das Dauerthema der gemütsmäßigen Unterschiede zwischen Männern und Frauen. Während der König diese Unterschiede für naturgegeben hielt, beharrte Lola:

»Das mag in einzelnen Fällen seine Richtigkeit haben, entgegnete ich, aber ich bleibe doch bei meiner Behauptung, daß diese Unterschiede das Resultat der gesellschaftlichen Stellung, nicht der angeborenen Eigenthümlichkeit der Frauen ist.

212

– Nun, ich sehe wohl ein, sagte der König lachend, daß sie unter allen Umständen auf den Krieg beharren würden.«

Von Lolas umstürzlerischen Überzeugungen kann die Münchner Bevölkerung freilich – zumindest vorerst – nichts ahnen. Aber es genügt vollkommen, daß sie ohne Papiere in der bayerischen Residenzstadt aufgekreuzt ist: Durch derart »ordnungswidriges Benehmen« macht man sich in jedem Fall verdächtig. Da nutzt es gar nichts, daß Lola fortwährend behauptet, eine spanische Adelige zu sein, und ihre Kurzbiographie sogar in der Zeitung veröffentlichen läßt. Dort beteuert sie: »...daß mein Vater ein carlistischer Offizier war, nach dessen Tode meine Mutter, eine geborene Havaneserin, sich mit einem irländischen Adelichen verheirathete. Ich bin im Jahre 1823 in Sevilla in Andalusien geboren, und in Folge unglücklicher Familienverhältnisse sah ich mich genöthigt, beim Theater mein Fortkommen zu suchen...«

Eine andere Version verbreitet Lola in ihren 1851 in Berlin erschienenen Memoiren. Folgen wir diesen späten Erinnerungen, so war Lolas Vater ein irischer Gentleman namens Guilbert, Sohn einer Gräfin und eines diskret verschwiegenen Vaters, ihre Mutter ebenso adelig wie spanisch, eine geborene Oliverres de Montalvo. In Sevilla sei sie 1823 auf den Namen Marie Dolores Elisa Rosana Guilbert getauft worden und »Lola« sei von Kindheit an ihr Kosename gewesen.

Zwei weitere biographische Varianten sind im Umlauf. Die Historiker nämlich wollen herausgefunden haben, daß Lola als Tochter einer irischen Putzmacherin und eines irischen Offiziers namens Gilbert geboren wurde. Wann und wo läßt sich so genau nicht sagen, entweder 1818 in Limerick, Irland oder auch 1819 (vielleicht auch 1820) in Montrose, Schottland.

Bleiben wir dabei, sie Lola Montez zu nennen. Sicher ist, daß sie ihre ersten 10 Lebensjahre in Indien verbracht hat, wo ihr Vater Armeedienst leistete und sie – folgt man ihren

Memoiren – »mit einer beispiellosen Sorglosigkeit erzogen«
wurde: »Ich gehörte, glaube ich fast, zu der Klasse der
hüpfenden und kletternden Thiere.« Das wilde unerzogene
Kind wurde dann nach England, in ein Pensionat in Bath
geschickt, um dort eine höhere Töchter-Erziehung zu genießen. Das bedeutete Sprachen, Klavier und Konversation
zu lernen, was Lola nach ihren Angaben mühelos bewältig-
te, und dabei zugleich den »General en chef« bei den
Verschwörungen gegen Reglement und Lehrerin spielte:
»Hier verteidigte ich mich bis auf's Äußerste, aber der
Moment der Niederlage, nämlich der Strafe, blieb nicht aus.
Eine Magd mußte mit ihrem Lederriemen mir einige tüchti-
ge Fuchtelhiebe aufzählen.« (Man erinnert sich an ihre
spätere Vorliebe für Reitpeitschen.)

Nach dieser abgeschlossenen Einübung ins frauliche
Wohlverhalten – Lola ist jetzt 14 – soll sie nach dem Willen
der Mutter Alexander Lunley ehelichen. Der ist zwar schon
60, aber im kolonialen Indien sehr vermögend geworden.
Auf das junge Mädchen wirkt dieses Ansinnen schockie-
rend. Was daraufhin geschieht, ist wiederum in zwei
Versionen überliefert. Nach Lolas eigenen Worten entführt
sie der Begleiter ihrer Mutter, den sie fälschlich als Beschützer in ihrer Notlage sieht. »Und am anderen Morgen,
dreißig Meilen hinter Bath, war er schon nicht mehr mein
Papa! –« In anderen Berichten ist sie nicht die Verführte,
sondern – wie könnte es auch anders sein – die Verführerin,
die höchst romantisch während des Einkaufs ihrer Braut-
ausstattung in Paris mit dem Lebensgefährten der Mutter
verschwindet. Egal unter welchen Umständen: 1837 heiratet Dolores Gilbert den Capitain Thomas James und folgt
ihrem Gatten wie ehemals die Mutter dem ihrigen nach
Indien.

Das Eheleben scheint Lola bald langweilig zu sein, um so
unterhaltsamer sind die Vergnügungen der Kolonialgesell-
schaft, die Bälle und Salons, die Ausfahrten und Jagden. Sie
übersteht mehr als ein »Liebesattentat« und muß allmählich
feststellen: »Der böse Leumund begann mich mit seiner

giftigen Zunge anzugreifen. Eine junge Frau, welche das Unglück hat, schön und gesund zu sein, hat in der Regel zwei schlimme Feinde, welche sie erbittert verfolgen. Es sind die Männer, welchen es nicht gelingt, ihr Fallstricke zu legen. Es sind die Mädchen, welchen es nicht gelingt, Männer zu finden.« – Eine völlig unbrauchbare Einsicht für ein häuslich braves Eheweib, aber eine brauchbare für eine junge Frau, die sich in den Intrigen und Machenschaften der besseren Kreise behaupten will. Es kommt, wie es kommen muß: Mrs. James verläßt ihren Mann und unter der Ungnade ihrer Frau Mutter – sie läßt anläßlich des Aufbruchs ihrer Tochter Todesanzeigen verteilen – auch gleich Indien.

Sogar Betty Kelen, die Lola unter dem – eher abwertenden – Titel »Dame mit der Peitsche« porträtiert hat, findet verständnisvolle Worte: »Lola dürfte nicht das einzige ungebärdige Mädchen gewesen sein, das im 19. Jahrhundert von einer ehrbaren Familie verstoßen wurde, aber so grausam ausgeschlossen und ihrer Identität beraubt wurden sicher nur wenige. Keine von ihnen war wie Lola von einem wütenden Dämon besessen, Miss Gilbert war tot. Aber Lola Montez sorgte dafür, daß die ganze Welt wußte, wie lebendig sie war. Vielleicht hat sie immer nur für die Ohren eines einzigen, weit entfernten Menschen gespielt.«

Zurück in England beginnt sie unter dem Namen Lola Montez ihre Karriere als Tänzerin, steigt in ein Gewerbe ein, in dem die begehrlichen Blicke der Männer sie in den Himmel der »Weiblichkeit« emporheben und die Mißgunst »ehrbarer« Bürger und Bürgerinnen sie in sündige Höllen stoßen. Die verlogene Moral war zu beidem seit jeher schnell bereit. Eduard Fuchs schreibt in seiner Sittengeschichte: »Zu den Alltäglichkeiten zählte es früher, wenn man sich um einen Schuh, der einer Tänzerin ins Parterre geflogen war, mit einer derartigen Wut balgte, daß es verschiedene Rippen-, Arm- und Beinbrüche gab.« Für diese Verletzungen körperlicher Art – und, noch heimtückischer, die unsichtbaren Verletzungen der biederen Gesinnung – rächte man sich. Man tratschte, man übertrieb, man erfand und erdichtete, wusch sich selbst rein, indem man den anderen anschwärzte. Dieses Verfahren hat sich bekanntlich bis heute bewährt.

Zwischen 1842 und 1846 bereist Lola halb Europa, tanzt auf den Bühnen von London, Paris, Warschau, St. Petersburg, Moskau, Dresden und Berlin, fährt nach Spanien und Italien. Sie lernt viele Menschen kennen, vor allem natürlich Männer, und genießt ihren Erfolg als Tänzerin und als schöne Frau. Für Eitelkeiten sei sie anfällig, gesteht sie in ihren Memoiren. Ganz uneitel verfährt sie jedoch mit ihren »Männergeschichten«. Intime Berichterstattung ist von ihr nicht zu erwarten. Dabei hat sie im Salon von Georges Sand immerhin solche Berühmtheiten wie Victor Hugo, Honoré de Balzac, Eugène Sue, Théophile Gautier, Alphonse de Lamartine und Alexandre Dumas kennengelernt; wie gut hat sie, wie gesagt, verschwiegen – wodurch den Zeitgenossen und der Nachwelt manch schöne Mitteilung entgangen ist. Dafür brodelte es in München um so heftiger in der Gerüchteküche. Ihren schärfsten Kritikern war es jedenfalls gerade recht, daß zu den von ihr selbstverfertigten Legenden andere, weit prickelndere dazukamen. Ein Gerücht, das sie nach München begleitete, lautet, ihretwegen habe der Herausgeber der freisinnigen Pariser Zeitung »La Presse« bei einem Duell den Tod gefunden. Wahr soll das nicht sein, erhärtete aber aufs beste den Verdacht, daß die »falsche Spanierin« auch Freimaurerin sei.

Wie es einer derart übel beleumdeten Freu gelingen konnte, binnen weniger Wochen zur Herzensdame des Bayernkönigs aufzusteigen, konnten sich dessen tugendhafte Biographen nur dadurch erklären, daß sie Lola Montez dämonisch-teuflische Fähigkeiten zuschrieben. Der König, der »lichterloh brannte«, ist damit billigerweise entschuldigt: »Die Verirrung des Monarchen war um so beklagenswerter, als ihn nicht nur seine Schwächen, voran sein kindischer Trotz, das Sich-Sperren gegen die bessere Einsicht aller Wohlmeinenden, sondern auch honorige Eigen-

schaften, sein überschwengliches Treue- und Dankbar-
keitsbedürfnis zumal, in einen wahren Teufelskreis bann-
ten, aus dem er von sich aus nicht mehr herauskam.« Der
»arme König« schrieb unterdessen ein Gedicht nach dem
anderen. Und er begann sie »Lolita« zu nennen und sie
über all die anderen zu stellen, die ihn je betörten. Auch
über die Italienerin Marianna.

An meine leidenschaftlich geliebte Lolita

Nicht den Geliebten kannst Du betrüben,
Dir fremd sind die Launen,
Treibst mit dem Liebenden kein quälendes,
grausames Spiel.
Selbstsucht kennst Du nicht, hingebendes
zärtliches Wesen;
Gut ist Dein liebendes Herz, treu Dein
wahrhaft Gemüt.
Glücklich willst Du den seh'n, der Dich liebt,
dann bist Du es selbsten.
Weiß es der Liebende gleich, hört er's doch
immer erfreut,
Daß geliebet er ist, daß ewig das Herz
er besitzet.
Nicht wie von anderen geschah, bist Du darüber
ihm still.
Auf das neue bekennst Du dem Liebenden,
daß Du ihn liebest;
Dieses Alte ertönt, immer beseligend neu.
Tropfen der Seligkeit ach, und ein Meer von
bitteren Leiden.
Die Italienerin gab; Seligkeit, Seligkeit bloß
Lassest Du mich entzückend, begeisternd, beständig
empfinden,
In der Spanierin fand solch eine Liebe ich nur.

Solche Liebesschwärmerei, von der Lola im einzelnen gar
nicht gewußt haben dürfte, ruft nach und nach Minister,
hohe Geistliche, den österreichischen Gesandten und
hochkatholische Damen der Gesellschaft auf den Plan. Zur
Rettung des Monarchen schmiedet man ein Spionagekom-
plott. Eine Bedienstete von Lola Montez wird bestochen,

217

jeden Schritt ihrer Herrin in ein Tagebuch einzutragen. Nachdem diese Aufzeichnungen entsprechend gehaltvoll und verfänglich ausfallen – ob sie der Wahrheit entsprachen, wußte keiner der monarchistischen Retter –, wird die Magd beim König eingeschmuggelt. Sie muß sich vor ihm auf die Knie werfen und ihm ein Dokument der angeblichen Untreue Lolas übergeben. Der König in einem Brief an von der Tann: »Sie wollte, ich sollte, ohne Lolita mehr zu sehen, mich von ihr trennen. Dieses könnte ich nicht, äußerte ich gegen sie... Meine innere Stimme siegte zum Glück, der Schein war gegen die Geliebte, sie aber unschuldig. Öde sah ich die Jahre, welche ich noch zu leben hatte, vor mir liegen.« Und weiter über die folgende Aussprache mit »Lolita«: »Schrecklich war sie, eine Medea. Als König behandelte sie mich in französischer Sprache. Sie würde von München weg(gehen) und alles zurücklassen, was sie besäße. Nachdem sie einige Zeit gesprochen – Dolchstöße ins Herz waren mir ihre Worte, mehr noch deren Ton... setzten wir uns nebeneinander, sprachen... spanisch traulicher Weise, Tränen entstürzten ihr, versöhnt waren wir, sie verläßt mich nicht. Würden auch alle Beschuldigungen begründet gewesen sein und wären reumütig sie von ihr mir gestanden worden, alles hätte ich verziehen, so sehr leidenschaftliche Liebe erfüllte mich.«

Armer, in seinen Sinnen und Gefühlen gefangener König. So jedenfalls sah es der konservative und größte Teil der Bevölkerung und vor allem die erzkonservative Partei der katholischen Ultramontanisten, die damals von Ludwigs Innenminister Karl von Abel geführt wurde. Wie aus politischen Dossiers leicht herauszulesen, kam dieser Partei, welche sich katholischer als der Papst gab, die »private Unmoral« des Monarchen gerade recht. Bot sie doch eine passende Gelegenheit, die Maßnahmen zum Schutz des Königs vor diesem teuflischen Weib mit der Durchsetzung der eigenen politischen Linie zu verbinden.

Als Tänzerin ist Lola in München zweimal – manche sagen viermal – aufgetreten. Trotzdem blieb sie im Mittelpunkt des allgemeinen Interesses. Denn Ludwig spazierte am hellichten Tag in die Barer Straße zu seiner Lolita. Am 30. November 1846 meldet der preußische Gesandte in München, Graf Bernstorff, in einem Geheimbericht nach Berlin: »Alle Ehrfurcht vor der Heiligkeit der Person des Monarchen, jeder Begriff von der Würde des Thrones wird durch diese rücksichtslose Öffentlichkeit gewaltsam mit Füßen getreten.« Das monarchische Prinzip geriet also ins Wanken. Und sogar das mühsam aufrechterhaltene Bild vom königlichen Familienglück war in Gefahr: Immerhin hatte die langmütige und überdisziplinierte Königin Therese ihren Gatten schon zu Beginn der Lola-Affäre für einige Tage aus der gemeinsamen Loge im Theater verwiesen. Wohin sollte das führen? Graf Bernstorff hält weiterhin fest: »Die hochkirchliche Partei ist dadurch aufs tiefste niedergeschlagen und beunruhigt. Sie, die den König Ludwig als frömmsten der Könige, als den Beschützer der Kirche und des Glaubens in Adressen und Manifesten proklamiert hatte, sieht sich plötzlich vor den Augen der Welt auf das grausamste widerlegt... Indes wird diese Partei mit ihren Priestern und Beichtvätern schwerlich verfehlen, diesen Fehltritt des Monarchen gelegentlich zu ihrem Vorteil auszubeuten.«

So geschah es. Daß Stimmungen politisch nützlich sein können, wußte man auch damals. Und daß umgekehrt politische Maßnahmen Stimmungen erzeugen, das wollte zumindest Karl von Abel ausnutzen, indem er beschloß, den König sozusagen von rechts zu überholen. Wobei allein das Überholmanöver als solches von dem autokratischen Monarchen nicht geduldet werden konnte. Entscheidend wird jetzt – wie schon 1831 – das Verhalten der königlichen Beamten. Und die proben ganz offenbar zum ersten Mal seit Jahren den Aufstand. Es beginnt, als man Lola wegen angeblicher Verstöße gegen Sitte und Ordnung einen polizeilichen Verweis zukommen läßt. Sie zerreißt denselben und meldet das Ganze dem König. Dieser will sich gütlich einigen und beschwichtigt den Polizeidirektor Freiherrn von Pechmann: »Nehmen Sie es mit Lola Montez nicht so genau, die bayerischen Einrichtungen sind ihr fremd.« Aber Pechmann will den Wink nicht verstehen und übergibt die Sache dem Stadtgericht. Der König ordnet daraufhin Pechmanns Zurückversetzung »an einen kleinen, katholischen, Gottesdienst habenden Ort«, in diesem Fall nach Landshut, an. Innenminister Abel begreift nun unvermutet, daß es sich dabei um einen königlichen Willkürakt handelt, und erklärt dem obersten Landesherrn, daß sein Vorgehen die »ohnehin bestehende und überall verbreitete – nicht gegen Eure königliche Majestät gerichtete – vielleicht beispiellose Erbitterung aufs neue steigern und eine Mißstimmung erzeugen, die auch an dem nächsten Landtage gar manche Aufgabe zur unlösbaren machen dürfte.« Ludwig – seinerseits bestens im Drohen geübt – versteht augenblicklich. Empört schreibt er an von der Tann: »Meine hiesige Familie benimmt sich sehr gut, ganz vorzüglich die Königin, ich weiß es zu schätzen, ich liebe sie. Aber die Jesuitenpartei, wenigstens ein Teil derselben, die Gesandten Senfft und Pallavicini an der Spitze, das Weibergremium der Frommen par excellence sind erbost auf Lolita, die Katholikin, aber eine *abgesagte* Jesuitenfeindin ist; das ist freilich ein unverzeihliches crimen. Wer weiß, wenn sie das Gegenteil, Einführung der Jesuiten-Collegien in Bayern, bewirkte, wir bekämen vielleicht zum heiligen Ignatius von Loyola eine halbe heilige Lola. Sie, die nie an den Nerven litt, leidet jetzo an heftigem Nervenkopfweh, es ist sich nicht (darüber) zu verwundern, weit eher, daß ich dessen verschont bin bei den wiederholt Herz und Königssinn verletzenden Vorfällen.«

Ludwigs Schwester, die österreichische Kaiserin Karoline Auguste, hatte ihn bereits ermahnt, und seine Stiefschwester, die Königin von Sachsen, hatte Lola gar 50 000 Francs Rente auf Lebenszeiten geboten, falls sie von Ludwig ließe. Schließlich mischt sich der Fürsterzbischof von Diepenbrock ein und beschwört »König Ludwig... sein großes, reiches königliches Herz nicht von dieser elenden, weltberüchtigten Buhlerin stehlen« zu lassen. Der König greift zu einer Verteidigung, die ihm damals keiner mehr glaubt. Er erklärt: »Der Schein trügt. Mätressenwirtschaft mochte ich nie und mag sie nicht, Bekanntschaften hatte ich aber fast immer, welche meine Phantasie angeregt, und gerade sie waren mein bester Schutz gegen Sinnlichkeit. Ich besitze ein poetisches Gemüt, was nicht mit dem gewöhnlichen Maßstab gemessen werden darf. Wie der Schein trügt, will ich Ihnen sagen, indem ich hiermit mein *Ehrenwort* gebe, daß ich nun im vierten Monate weder meine Frau noch einer anderen beigewohnt, und vorher es beinahe fünfe waren, in welchen ich mich dessen enthalten... Scheinbar nur ist Skandal, daß in Wirklichkeit keiner, ein füglich ausführbareres Mittel, dieses der Welt begreiflich zu machen, wünsche ich sehnlich zu kennen. Brechen kann ich nicht, vermöchte nicht mehr mich selbst zu achten, man begehre von mir nicht das Unmögliche.«

Diese wahrhaft königliche Antwort an Diepenbrock wird auf Ludwigs Weisung an alle Bischöfe Bayerns verschickt und gelangt später auch in außerkirchliche Kreise. Aber so aufrichtig und geradlinig die offenen Worte auch klingen, sie erweisen sich als wirkungslos. Lola wird weiterhin bekämpft. Sie ist und bleibt der passende Aufhänger, um Unmutgefühle und diffuse Ängste zu artikulieren. So heißt es in einem Flugblatt-Vaterunser von 1847:

»Lola Montez, leider Gottes noch die Unsere, die du bald lebst in, bald um München, bald in China, bald in Sendling, du Teufel ohne Hörner und Schweif, aber mit sonst allen Teufelskünsten und Attributen, du Babylonische, die nirgends fast mehr leben kann, weil sie dich schon überall hinausgehauen, verwünscht sei dein Name... dein Wille geschehe; friß und schwelg und vergib uns unsere Schuld, wenn wir dich nicht genug noch durchgewalkt haben und verachten, komm und laß dich massakrieren oder bleib draußen und laß dich woanders totschlagen, auf daß wir erlöst sind von dir und der Pest und allen dran hängenden Übeln. Amen.«

Es war Vormärz, auf die Restaurationspolitik seit 1815 hatte man geduckt und feig reagiert. Und solche Duckmäuserei schafft Unbehagen und auch Angst, für die man nur allzugern »die anderen«, die Außergewöhnlichen, diejenigen, die außerhalb der Ordnung stehen, verantwortlich macht. Die Ordnungsgewalten, also vor allem die Polizei, die Zensur und das Militär, versinnbildlichen und vermitteln diese Angst. Vor ihnen kuscht man, aber ist auch froh, daß sie einem das Fremde, den Teufel vom Leib halten. Eine satirische Bildergeschichte, die Moritz von Schwind auf die Lola-Affäre gezeichnet hat, macht diese doppelte Funktion durchsichtig. Da wird von einem Mäuslein erzählt, das von der Katze geschont und in Diensten genommen wird. Aber es hat den Teufel im Leib und wirft eines Tages »offen die Larve weg, schwingt grinsend die Peitsche über der Katze und zieht sie in Netze, aus denen es kein Entrinnen mehr gibt«. Und die Moral aus der Geschicht: »Nimm keinen Teufel in dein Haus, auch wenn er noch so klein wäre, denn er wird dir über den Kopf wachsen.« Eine beängstigende Vision, wie da aus der kleinen Maus der Teufel steigt. Die Bedrohung, so das Zeitgefühl, ist allgegenwärtig: Man muß beständig auf der Hut sein und besser einmal zuviel als einmal zu wenig denunzieren – auf daß die schöne, heile Welt nicht womöglich doch aus den Fugen geriete.

Hinter der »sauberen« Fassade eines Obrigkeitsstaats wird normalerweise kräftig intrigiert. Solches tat auch der Minister Abel. Nach außen gab er sich ruhig und abwartend, so daß der König schon den Eindruck gewonnen hatte, er würde die Affäre vom politischen Tagesgeschehen ausklammern. Aber Ludwig hat sich getäuscht. Abel war bei den Versuchen, den König von seiner Lolita abzubringen, der wichtige Mann im Hintergrund. Selbst Papst Pius IX. wird bemüht. Am 9. Februar 1847 geht ein päpstlicher Ordnungsruf an Ludwig ab: »Bisher ist der König von Bayern immer eine feste Stütze der katholischen Sache gewesen. Nachdem wir aber in Erfahrung gebracht haben, auf welche Weise unser innigstgeliebter Sohn von dem

Wege der Tugend abweicht, sehen wir, daß diese Stütze durch eine solch große und wichtige Änderung der Dinge morsch wird und der katholischen Sache mehr schadet als Heil und Ehre einbringt...« Als ob der König jemals vorgehabt hätte, den Schoß der Kirche zu verlassen! Auch Lola legt größten Wert darauf, eine gute Katholikin zu sein. Das Treiben der hochkatholischen und politischen Kreise, eben Abels sogenannte Jesuitenpartei, richtet sich gegen Ludwigs Politik.

Einen Eklat hatte es schon 1841 gegeben. Im November war Ludwigs Stiefmutter, Königin Karoline, gestorben, mitten in den Verlobungsfeierlichkeiten des Thronfolgers Maximilian und der Preußenprinzessin Marie, deren protestantische Eltern folglich in München weilten. Auch Karoline war Protestantin gewesen, aber natürlich sollte die Königin in der Wittelsbacher-Gruft der Theatinerkirche beigesetzt werden. Die Theatinerkirche aber ist katholisch. Und ein protestantischer Sarg darf da nicht hinein. Unter dem Druck des Klerus erfolgte die Aussegnung bei schlechtem Wetter unter freiem Himmel, die katholische Geistlichkeit erschien im Zivilfrack, und bei der Beisetzung am folgenden Tag gab es weder Musik noch Gebet noch Kerzen. Statt dessen sprach ein Prediger über das Strafgericht Gottes. Ludwig war außer sich und das preußische Königspaar desgleichen. Die Verlobung des katholischen Thronfolgers mit der protestantischen Prinzessin fand dennoch statt, sehr zum Leidwesen der »Jesuitenpartei«, die ihre Macht allerdings hinreichend demonstriert hatte.

Die Jesuiten selbst waren seit 1773 verboten, im Konkordat 1817 wieder zugelassen worden, aber noch nicht wieder eingesetzt. Ihr Wiedererscheinen lag wie eine Drohung über denjenigen, die die Zukunft des Landes in einem modernen säkularen Staatswesen sahen. Nun war der König selbst kein Vorreiter für diesen modernen Staat. Aber die fortwährenden Einmischungen und Verwarnungen seitens der Kirche in sein Verhältnis mit Lola Montez trieben ihn zunehmend in die Opposition: »Adel und Jesuitenpartei hetzen das Volk auf, verbittern mir das Leben, zu wundern, wie ich auffallend frisch aussehe, noch recht munter sein kann...«, meldete er an den Vertrauten von der Tann.

Mittlerweile war Lola auf die Idee gekommen, daß es von Vorteil wäre, eine Gräfin zu sein. Um so mehr, als man sie in München bei dieser Gelegenheit einzubürgern hatte, denn in den Adelsstand konnten nur Einheimische erhoben werden. Sehr wahrscheinlich hat Lola sich diesen Vorgang weit einfacher vorgestellt, als er in Wahrheit gewesen ist. Denn der König war bei der Verleihung des Bürger- und Adelsrechts zwar nicht gebunden, aber er hatte zuvor die Meinung des Staatsrats anzuhören. Und welche Meinung das Kabinett Abel vertrat, konnte man sich denken. Am 3. Februar wurde dann die Frage des Bürgerrechts, des Indigenats, höchstoffiziell erörtert, nachdem der Magistrat das Gesuch um Einbürgerung abgelehnt hatte, weil Lola bekanntlich keine Papiere besaß. Im Staatsrat beschäftigte man sich daraufhin mit der Frage, ob Lola denn überhaupt volljährig sei, ob sie ausreichend Schulbildung und Religionsunterricht genossen habe. Kurzum, man versuchte vorerst, das Verfahren zu verschleppen und eine direkte Stellungnahme zu umgehen – wahrscheinlich in der Hoffnung, daß der König währenddessen zur Besinnung käme und von seinem Vorhaben abließe. Ludwig aber veranlaßt eine weitere Sitzung am 9. Februar mit dem energischen Hinweis: »Der Staatsrat muß sich äußern, wenn der König will, das Wie ist seine Sache, die des Königs, welche Entscheidung er fassen will.« Alle Staatsräte – außer Georg Ludwig von Maurer – lehnen Lolas Einbürgerungsantrag ab. Graf Bray legt dem Monarchen das Sitzungsprotokoll vor, und der scheint es nicht einmal zu lesen. Jedenfalls signiert Ludwig: »München, 10. Februar 1847. Meine Entschließung ist unverweilt ohne Einrede auszuführen.« Und in einem Begleitschreiben: »In Bayern besteht das monarchische Prinzip. Der König befiehlt, und die Minister gehorchen. Glaubt einer, es sei gegen sein

Die Walhalla bei Regensburg,
Zeichnung von Leo von Klenze, der das Monument
1830-1842 erbaute

Walhalla, Innenansicht.
Foto, um 1880

Zwei Bildnisse aus der
berühmten Schönheitsgalerie in Schloß Nymphenburg:

Oben: Die Münchner Bürgerstochter Helene Sedlmayr,
von Stieler 1831 gemalt
Unten: Auguste Strobl, von Stieler 1827 gemalt

Oben:
Die Befreiungshalle bei Kelheim,
von Klenze und Gärtner 1842-1863 errichtet.
Stahlstich, 1863
Unten:
Innenraum des antikisierenden Rundbaus.

Gewissen, so gibt er das Portefeuille zurück und hört auf Minister zu sein. Der König läßt sich nicht von solchen vorschreiben, was er tun und lassen soll. Was ich bereits älteren Ministern hiemit gesagt, erkläre ich auch jungen. Ludwig.«

Der so angeherrschte Außenminister Bray verlangt augenblicklich seine Entlassung. Eine Haupt- und Staatsaktion beginnt. Innenminister Abel verfaßt ein Memorandum, datiert am 11. Februar, mitunterzeichnet von Kriegsminister Gumppenberg, Finanzminister Seinsheim und Justizminister Schreck: »Allerdurchlauchtigster... Die Ehrfurcht vor dem Monarchen wird mehr und mehr ausgetilgt, weil nur noch Äußerungen der lautesten Mißbilligung vernommen werden. Dabei ist das Nationalgefühl auf das tiefste verletzt, weil Bayern sich von einer Fremden, deren Ruf in der öffentlichen Meinung gebrandmarkt ist, regiert glaubt.« Es folgen die »Tränen des Bischofs von Augsburg«, die »abfälligen Urteile des Auslands« und der Hinweis, daß die Sache nicht »ohne Rückwirkung auf die Treue der bewaffneten Macht« bleiben wird: »Es ist die Sache des Königtums, die auf dem Spiel steht.« Das Aktenstück ist so, wie es keineswegs sein darf, wenn man bei dem autokratischen Monarchen etwas erreichen will. Dementsprechend ist Ludwigs Reaktion. Die vier Indigenatsgegner drohen mit geschlossenem Rücktritt, und der König setzt eine Frist von 24 Stunden: Entweder man besinnt sich eines Besseren, oder die Rücktrittsgesuche werden in Gottes Namen bewilligt. »Vergessen, vergeben, aber nicht nachgeben«, lautete Ludwigs Motto spätestens seit 1830. Und über dieses Motto sind sie alle, mitsamt dem König, schließlich gestürzt. In einem Brief an von der Tann kommentiert Ludwig: »Abel beharrt dabei. Er bekommt seine Entlassung, die Jesuitenherrschaft ist gebrochen... Nachträglich stehe hier, daß die Jesuitenpartei im Volk verbreitet, Lolita stehe mit dem Teufel im Bündnis, hätte mir einen Liebestrank gegeben. Bewunderungswürdig benimmt sich fortwährend die Königin.«

Politisch gesehen war es ein Fehler, daß Ludwig die Regierung Abel ausgerechnet über die Einbürgerung der Lola Montez stürzen ließ. Zumal er schon länger mit dieser erzkonservativen Regierung und mit Abels Führungsstil nicht einverstanden war. Aber jetzt sieht es so aus, als hätte allein Lola einen politischen Kurswechsel bewirkt. Überdies ist Abel aus seiner Entlassung gestärkt hervorgegangen. Als tapferer Streiter gegen das Teufelsweib Lola ist er so populär wie nie zuvor, und der politische Katholizismus bekommt kräftig Aufwind. Katholische Pfarrer betätigen sich als Sprachrohre des politischen Mißvergnügens und beschwören das »Opfer Abels, des Gerechten«. Dem neuen Märtyrer huldigt sodann ein großer Teil der Münchner Studentenschaft und schließt sich der ultramontanistischen Bewegung an – was der Karriere überaus guttat, waren doch die meisten Professoren streng katholisch.

Vorerst jedoch hatte der König eine neue Regierung berufen, die von aufgeklärten und liberalen Zeitgenossen euphorisch begrüßt wurde: das sogenannte Ministerium der Morgenröte mit dem Kulturprotestanten Georg Ludwig von Maurer an der Spitze. Allenthalben sprach man vom »Systemwechsel«. Politische Gegner wie Eisenmann und Behr wurden – was längst überfällig war – aus dem Gefängnis entlassen, die Zensur aufgehoben, und auch die heftig umkämpfte Luther-Büste durfte plötzlich doch in der Walhalla aufgestellt werden. Sogar der Anfang einer Neuordnung der Verwaltung wurde gemacht: Unter Friedrich Freiherr Zu Rhein wurde das Kultusministerium aus dem Innenministerium herausgelöst, wodurch Ludwig hoffte, die religiösen Kämpfe zu beenden. Sieht man von Metternichs Österreich ab, so hörte der König nur wohlwollende Stimmen zum »Systemwechsel« in München. Friedrich Wilhelm von Preußen gratulierte: »Dein heldenmütiger Sieg über das nächtliche Treiben der unwürdigen Jünger des spanischen Ignaz hat Dir hier, wie in ganz Deutschland, ungezählte Herzen gewonnen. Wo ich hinhöre, ist nur ein Aufatmen und Loben...«

Die bayerischen Ultramontanen waren unterdessen nicht untätig geblieben. Karl von Abel hatte die Denkschrift, in der er dem König seine Verweigerung, Lola einzubürgern, begründet, an die Presse gegeben und damit unters Volk gebracht. Graf Arco-Valley ließ andeuten, der König gehöre unter Vormundschaft gestellt und versprach 5000 Gulden unter die Armen Münchens zu verteilen, wenn der Lola-Spuk endlich vorüber sei. Universitätsprofessor Lasaulx schließlich, ein fanatischer Katholik, krönte all diese Bemühungen, indem er vorschlug, das zurückgetretene Kabinett Abel wegen seiner mannhaften Haltung vor dem Königsthron mit einer Dankadresse zu ehren. Den Wutausbruch Ludwigs kann man sich vorstellen: Spontan beschließt er, den allzu eifrigen Herrn Professor kurzweg in den Ruhestand zu versetzen. Zum Abschied ihres streitbaren Lehrers veranstalten die katholischen Studenten daraufhin einen Demonstrationszug, der zuerst vor des Professors Haus und dann johlend »zur Lola« führt. Dorthin will auch Ludwig aufbrechen, als man ihm aufgeregt die Unruhen meldet. Aber was könnte einen König, dazu noch einen Ludwig, in diesem Fall zurückhalten? Majestätisch schreitet er durch die von Truppen abgesperrte Straße, vor Augen seine Lolita, die vor der schreienden und steinewerfenden Menge in ihrem »Stadtpalais« am offenen Fenster steht. Von dieser Haltung ist Ludwig enorm beeindruckt: Lola habe, schreibt er wiederum an von der Tann, »vielen Männern beschämenden Mut« bewiesen. Gegen Abend erst verläßt der König seine Freundin, als er erfährt, daß die randalierenden Studenten zur Residenz gezogen seien und Fenster der Nibelungensäle zertrümmert hätten. Die Polizeidirektion ermittelt einen harten Kern von 20 Personen, Studenten, Gesellen, Lehrlinge. Der Steinewerfer wird als »ein Theologiestudent aus Dillingen« identifiziert. Als sich sechs Professoren für die Festgenommenen einsetzen, werden sie entlassen, darunter Johann Sepp und Johann von Döllinger. »Krone und Leben kann ich verlieren, nicht mich beugen«, erklärt Ludwig seinem Sohn Maximilian II.

Sich nicht beugen, nicht nachgeben! Die Gerüchte über Lola überhören oder verbieten. Es war allmählich abzusehen, daß die königliche Sturheit zum politischen Scheitern führen mußte. Gerüchte – mögen sie auch falsch sein – machen Meinung. Das gibt auch der wohlgesonnene von der Tann zu bedenken: »Ehe sie nach München kamen, war sie Euer Majestät keine Sittenreinheit schuldig. Ob früher gefallen oder nicht, kann Euer Majestät sehr gleichgültig sein. Anders ist es mit der Welt. Keine Gewalt auf Erden kann Achtung fordern – mit dem Erzwingen ist es ohnehin eine sehr mißliche Sache, und man glaubt sie, wie bei jeder öffentlichen Person, verweigern zu müssen.« Eine Person der Öffentlichkeit, vor allem der politischen, ist Lola mittlerweile geworden. Und sie verlangt Anerkennung, zunächst einmal den schon längst versprochenen Gräfinnentitel. Ludwig beginnt auf der anderen Seite langsam wahrzunehmen, in welche Situation er sich manövriert hat. Seit Anfang März 1847 leidet er unter Flechten, diesmal unter ganz besonders hartnäckigen, dazu noch im Gesicht. Wochenlang verkriecht der König sich in seiner Residenz.

Mitten hinein in diese angespannte Lage fällt die Veröffentlichung des vierten Bandes von Gedichten des Königs. Eines, das er in der »Augsburger Zeitung« vom 17. Juli 1847 abdrucken läßt, können seine Gegner nur als Herausforderung lesen. Es feiert – so Ludwig – »ein entscheidendes Ereignis, das die Macht der Ultrakirchlichen auf ewig vernichtet hat«. Und der König wendet sich direkt an seine politischen Feinde:

Ihr habt mich aus dem Paradies vertrieben,
Für immer habet ihr es mir umgittert,
Die ihr des Lebens Tage mir verbittert,
Doch macht ihr mich nicht hassen, statt zu lieben.

Die Festigkeit, sie ist noch nicht zersplittert,
Ob mir der Jugend Jahre gleich zerstieben,
Ist ungeschwächt der Jugend Kraft geblieben,
Ihr, die ihr knechten mich gewollt, erzittert.

Die Antwort bleibt nicht aus, eine gehässige Umdichtung unter dem Titel »Dämonenstimmen«:

Uns ist zu schlecht, was wir Dich sehen lieben.
Die Leidenschaft, sie ist noch nicht zersplittert.
Ob Dir der Jugend Jahre gleich zerstieben,
Der Jugend Schwächen sind bis jetzt geblieben.

Und vor der Schande bist Du nicht erzittert...
Du selber wirst, wenn Dein Verstand gelichtet,
Verfluchen das entscheidende Ereignis,
Das Deinen Ruhm auf ewig hat zernichtet.

So unglücklich dieser Krieg als poetischer ist, um so größer ist seine Wirkung in der Öffentlichkeit. Seine Majestät hat ihn höchstpersönlich angezettelt, die Gerüchteküche erneut aufgeheizt. Muß man ihn nicht endgültig verloren sehen in den Fängen dieser Spanierin? In einem Spottvers erklärt Heinrich Heine die gefallene königliche Tugend zur Tatsache:

Stammverwandter Hohenzoller
Sei dem Wittelsbach kein Groller,
Zürne nicht ob Lola Montez
Selber habend nie gekonnt es.

Niemand weiß bis heute, ob der König Ludwig »es« konnte oder durfte. Wahrscheinlich aber ist, daß er ohne das Gegeifer und die lästigen Rettungsaktionen um ihn herum die Kapriolen seiner Lolita nicht so lange mitgemacht hätte.

Inzwischen ist Ludwig, am 22. Juni, zum Sommeraufenthalt nach Brückenau aufgebrochen. Lola folgt ihm erst fünf Tage später, weil sie, wie man sagt, die Genesung eines Artillerieoberleutnants namens Nußbaumer hat abwarten wollen. Eine merkwürdige Verzögerung, wie denn auch der Badeaufenthalt sich wenig harmonisch gestaltet. Mit von der Partie ist nämlich auch der alte Freiherr von der Tann, des Königs vertrauter Freund, den Lola allerdings nicht leiden kann. Bei einem Streit zwischen dem ungleichen Paar – der angeblich so laut war, daß ganz Brückenau zuhören konnte – schlägt sich Tann auf die Seite des Königs. Lola droht abzureisen, aber Ludwig bleibt vorerst unversöhnlich. Schließlich räumt der gute Tann das Feld. Während der folgenden Zweisamkeit soll Lola Montez dem Bayernkönig ihren Grafenbrief endgültig abgetrotzt haben. Jedenfalls signiert Ludwig rund 3 Wochen nach jener Sommerfrische in Brückenau: »Der Señora Lola Montez ist der gräfliche Stand zu verleihen. Ich wünsche dabei keinerlei Einwände zu hören, denn ich habe ein königliches Versprechen zu erfüllen.«

Für den alteingesessenen bayerischen Adel war dieser Vorgang beleidigend. Es war zwar üblich, uneheliche Sprößlinge aus dem Königshaus mit Adelstiteln zu legitimieren, aber diese Lola als Gräfin?! Die Regierung zögert. Staatsrat von Maurer läßt zwar das Diplom ausfertigen, aber in München liegen. Dafür schickt er dem König die verbetenen Einwände: »Es hat mich dieser Allerhöchste Regierungsakt sehr überrascht. . . . Euer königliche Majestät haben nämlich vor einigen Monaten... die Allerhöchste Gnade gehabt, mir zu versichern, nicht an einen solchen Schritt zu denken. Ich habe daher bisher und sogar gestern noch diese These allenthalben hier verfochten, wenn oft erwähnte Signora in ihren Gesellschaften erklärte, daß sie das königliche Versprechen habe, in den Grafenstand erhoben zu werden..., daß ihr Euer königliche Majestät gleichfalls versprochen haben, nach Allerhöchst dero Rückkehr nach München auch die Ministerverweser bei ihr einzuführen und daß sie sodann in Bayern regieren werde. Der treugehorsamst Unterzeichnete hat bisher diesem Gerede keinen Glauben geschenkt. Da nun aber, nach dem königlichen Signate vom 4. d. M. der eine Teil des Geredes zur Wirklichkeit geworden ist, so muß ich befürchten und glauben, daß nun auch der zweite Teil jenes Gerüchtes der Wahrheit gemäß ist.« Ein zweites drängenderes Warnschreiben Maurers begleitet am 11. August das nun doch weggesandte Grafendiplom: »Ich kann nicht umhin, Euer königliche Majestät nochmals auf die Folgen dieses Allerhöchsten Schrittes aufmerksam zu machen. Sie werden sehr groß sein.« Damit sie wenigstens für Maurer erträglich wären, erbittet er im gleichen Schreiben für vergangene und gegenwärtige Dienste eine stattliche Belohnung: Ernennung zum erblichen Reichsrat, Schenkung von Lehensgütern und für seinen Sohn die Ernennung zum außerordentlichen Professor des Rechts an der Universität München.

Die Adelsurkunde wird am 25. August 1847 ausgefertigt, an dem Tag, an dem sowohl Lola als auch Ludwig Geburtstag haben. Ludwig wird 61 Jahre alt und Lola eine Gräfin von Landsfeld »wegen der vielen, den Armen Bayerns erzeigten Wohltaten«. Man lästert zwar allgemein, daß die Standeserhebung ungültig sei, schon weil der Name der Geadelten, Maria Porris y Montez, ein falscher sei – ruhiger aber wird die Stimmung im Lande nicht.

Die Landtagswahlen im Herbst 1847 bestätigen das gemäßigt freiheitliche System. Aber des Königs Verhältnis zu Maurer ist seit Lolas Adelserhebung angeschlagen. Von Sitzung zu Sitzung muß er fürchten, daß die Sache vor den Abgeordneten zur Sprache kommt. Gleich nach dem Landtag setzt Ludwig ein neues Kabinett ein: das zweite Kabinett unter dem Fürsten zu Öttingen-Wallerstein. Habe dieser doch verhindert, daß die »allerzartesten und allerpersönlichsten Beziehungen am Landtag auch nur im entferntesten berührt wurden«. Nach 9 Monaten ist es also mit dem »Ministerium der Morgenröte« vorbei.

Bei alledem wird Ludwigs Beziehung zu Lola schon seit längerem grundsätzlich mit Politik verbunden. Hat sie nicht doch ihre Hand mit im Spiel? Ist sie nicht doch die heimliche Regentin? Obschon Öttingen-Wallerstein nicht ihr Freund ist, heißt sein Ministerium von Anfang an »Lola-Ministerium«. Und unter diesem Etikett läßt sich überhaupt gar nichts mehr verkaufen. Zumal Lola weiterhin durch spektakuläre Aktionen auffällt: Sie soll von zwei Lakaien begleitet ausgehen, was doch nur den Damen der königlichen Familie zusteht. Sie soll ihre Pferde aus dem königlichen Marstall anfordern. Und sie soll jeden, der sie nicht bei ihrem frischgebackenen Titel nennt, beim König anschwärzen. Die Minister weigern sich allerdings trotzdem, ihr den erwünschten Besuch abzustatten. Dafür hat sich an der Universität das Korps Alemannia zusammengeschlossen, eine Art Garde für Lola Montez und eine ständige Provokation an der katholisch gesinnten Hochschule. Ende Januar stirbt Joseph Görres, und Lola wagt es, den Trauerzug zu stören. Polizei muß aufgeboten werden, Kundgebungen gegen Lola und ihre Anhänger – und auch schon gegen den König – folgen, Zusammenstöße bleiben nicht aus. Am 7., 8. und 9. Februar kommt es zu regelrechten Straßenschlachten, auf deren Höhepunkt Lola persönlich eingreift. Mit gezückter Pistole soll sie sich in den Tumult am Odeonsplatz gestürzt haben, um ihre Alemannen zu verteidigen. Als man sie überwältigt, soll sie in die Theatinerkirche geflüchtet sein.

Spätestens von diesem Zeitpunkt an handelt Ludwig nur noch unklug. Er bittet die Verfolgte in seine Residenz und gibt augenblicklich Befehl, die Universität bis zum Wintersemester 1848/49 zu schließen. Öttingen-Wallerstein rät ab: »Die von Euerer königlichen Majestät beschlossene Vorkehrung ist so furchtbar ernst, wälzt so namenloses Unglück über Tausende biedere Familien, greift so tief in die Zukunft von sechzehnhundert Jünglingen, ... vermengt überdies in so unglaublichem Grade Schuldige und Schuldlose, daß ich an sie und ihre Folgen... nicht ohne Schauer denken könnte, käme sie wirklich zum Vollzuge. Ich sah sie kommen, ich wußte, daß und wer sie wollte...« Am Morgen des 10. Februar, als die Schließung der Universität angeschlagen und über den Rücktritt des Kabinetts gerätselt wird, findet im Rathaus eine erregte Sitzung statt. Die Bürgerschaft, die sich 1830 unter den Herrscherwillen geduckt hat, will sich 1848 durchsetzen. Forderungen nach der Verantwortung der Minister gegenüber dem Landtag und nach der Vereidigung des Heeres auf die Verfassung werden laut. Schließlich zieht man – inzwischen eine zweitausendköpfige Menge – vor die Residenz und verlangt den König zu sprechen. Auf Ludwig wirkt das wie Erpressung. Erst ein Fußfall des Prinzen Luitpold macht ihn geneigt, die Deputation zu empfangen, und zwar mit gehörig königlichen Worten: »Die Münchner Bürger sind undankbar; sie vergessen, was ich durch zwanzig Jahre für ihre Stadt getan. Ich kann meine Residenz auch verlegen. Nichts hindert mich daran.« Und schließlich: »Ich lasse mich nicht erschrecken. Man kann mir mein Leben nehmen, aber meinen Willen nicht.«

Seine Lola haben sie ihm bei diesem Anlaß doch genommen. Zwar beschränkt der Monarch am folgenden Tag die Schließung der Universität auf das Sommersemester, doch das reicht nicht aus. In einem Aufruf, der jedoch nicht mehr an die Öffentlichkeit kommt, klagt der König: »Münchner, wollet ihr das Herz Eures Vaters brechen.« Dann, im Laufe des Vormittags des 11. Februar 1848, kapituliert er vor dem Druck der Bürger und der Reichsräte, die sich im Bayerischen Hof versammelt haben: Binnen einer Stunde muß Lola die Stadt und Bayern verlassen. Die Universität wird sofort wieder geöffnet. »Nichts trennt mehr den König von seinem Volk«, deklamiert Fürst Öttingen-Wallerstein.

Einen Monat nach ihrer Ausweisung wird Lolas Haus geplündert. Vorher, am 9. März, ist sie noch einmal, als Bäuerin verkleidet, nach München zurückgekehrt. Mitten in der Nacht soll sie Ludwig im Polizeipräsidium getroffen und ihn beschworen haben, ihr ins Schweizer Exil zu folgen, um ein neues Leben zu beginnen. Aber sie wird sofort abgeschoben.

Am 29. Februar treffen die ersten Nachrichten von der Februar-Revolution ein. In Paris ist die Republik ausgerufen, der französische Bürgerkönig Louis Philippe hat abgedankt. Daraufhin kommt es im erzrestaurativen Wien zur Revolution. Metternich tritt am 13. März zurück. Aus Berlin werden Kämpfe gemeldet, und in München ist man wegen der Affäre Lola ohnehin gereizt. Am 2. März beginnen

Unruhen, die sich zunächst gegen den Innenminister des »Lola-Ministeriums«, Franz von Berks, richten. Berks war als Günstling Lolas in seine Position gekommen und hatte sich als außerordentlich unfähig und hinterhältig erwiesen: u. a. hatte er sich – kaum an der Macht – an der endgültigen Vertreibung seiner vormaligen Gönnerin beteiligt, was in München die Verachtung, die man ihm ohnehin entgegenbrachte, nur noch steigerte. Am Abend des 2. März wird seine Wohnung gestürmt und furchtbar verwüstet, am 3. März beantragt der »Mätressen-Minister« seine Beurlaubung. Ein erster Triumph der Revolution in München, zumal Ludwig jetzt einen angesehenen und langgedienten Oppositionellen, den Regensburger Bürgermeister Freiherr von Thon-Dittmer, auf die Stelle ins Innenministerium beruft.

Die Situation ist damit freilich nicht entschärft, denn die politische Unzufriedenheit, die schon lange in der Bevölkerung gegärt hatte, kommt im Zuge der französischen Revolutionsereignisse auch in München zum Ausbruch: Klagen über Polizei- und Justizwillkür werden laut, die Abschaffung der Zensur sowie freiheitliche Reformen in Verwaltung und Militär gefordert. Die Stände werden daraufhin aufgelöst, und die neugewählten Vertreter des Volkes sollen am 31. Mai zusammenkommen, um, wie es heißt, »die verfassungsmäßigen Wünsche des Volkes in herzliche Beratung zu nehmen«. In den Tagen vom 3. bis zum 6. März 1848 geht es in München um die Beschleunigung der in Aussicht gestellten Neuwahlen. Am 4. März kommt es zu einer eher kuriosen Erhebung: Als die Bürger hören, daß Arbeiter sich bewaffnen wollen, stürmen sie das Zeughaus, um zu verhindern, daß »die unterste Volksklasse ... blutige Rache (nimmt) an den Verrätern und dann über alle Besitzenden« herfällt. Ein Zeitgenosse berichtet: »Die Sturmglocken tönten dumpf und schauerlich ... und eine bunte Menge von Studenten, Künstlern und Arbeitern erschien ... in wunderlichem, grauenhaftem und phantastischem Aufzuge. Das bürgerliche Zeughaus mußte sein

altes, aus dem Dunkel der Jahrhunderte stammendes Ge-
räthe herausgeben, um die ebenfalls aus dem Dunkel der
Zeiten entstammende Willkürherrschaft zu Grabe zu tragen. Ritterspieße, Flammenschwerte, alte Flinten, wunder-
liche Säbel, Haubayonette, Hackbeile, Keulen, Hämmer,
große Schlosserzangen und manches andere friedliche
Werkzeug dienten bunt untereinander (an) dem denkwür-
digen Tage des 4. März dem an 4000 Mann zählenden
Münchner Landsturm als Schutz- und Trutzwaffe.« Ein
revolutionäres Schauspiel, das König Ludwig selbst inszeniert haben könnte!

Die Mehrzahl seiner Berater und seine Familie drängen
Ludwig zu Zugeständnissen; Prinz Karl reitet durch die
aufständische Menge und gibt sein Ehrenwort, daß die
Stände statt am 31. Mai bereits am 16. März zusammen-
gerufen werden. König Ludwig gibt schließlich nach. Die
bayerische Revolution ist zu Ende, als am 6. März unter
dem Jubel der Bevölkerung folgende königliche Proklamation verlesen wird:

»Ich habe Mich entschlossen, die Stände Meines Reiches
um Mich zu versammeln; dieselben sind auf den 16. d. M.
in die Hauptstadt berufen. An die Stände des Reiches
werden ungesäumt Gesetzvorlagen gelangen, unter Anderem: über die verfassungsmäßige Verantwortlichkeit der
Minister; über vollständige Preßfreiheit; über Verbesserung der Stände-Wahl-Ordnung; über Einführung der Öffentlichkeit und Mündlichkeit in die Rechtspflege mit
Schwurgerichten; über die in der IX. Verfassungs-Beilage
angedeutete umfassendere Fürsorge für die Staatsdiener
und deren Relicten, dann deren Ausdehnung auf die
übrigen Angestellten des Staats; über Verbesserung der
Verhältnisse der Israeliten. Ferner ordne Ich in diesem
Augenblicke die schleunige Abfassung eines Polizei-Ge-
setzbuches an; ebenso befehle Ich die unverzügliche Beeidi-
gung Meines Heeres auf die Verfassung und lasse Ich von
heute an die Censur über äußere und innere Angelegenheiten außer Anwendung treten. Ein großer Augenblick ist in

der Entwicklung der Staaten eingetreten. Ernst ist die Lage Teutschlands. Wie Ich für die teutsche Sache denke und fühle, davon zeugt Mein ganzes Leben. Teutschlands Einheit durch wirksame Maaßnahmen zu stärken, dem Mittelpunkt des vereinten Vaterlandes neue Kraft und nationale Bedeutsamkeit mit einer Vertretung der teutschen Nation am Bunde zu sichern und zu dem Ende die schleunige Revision der Bundesverfassung in Gemäßheit der gerechten Erwartungen Teutschlands herbeizuführen, wird Mir ein theurer Gedanke, wird Ziel Meines Strebens bleiben. Bayerns König ist stolz darauf, ein teutscher Mann zu sein.«

In Wahrheit sind Ludwigs Gefühle überaus geteilt. Die weitgehenden Freiheiten, die ihm »seine Untertanen« durch die Märzforderung abverlangen, widerstreben ihm sehr: Seine unumschränkte, gottgegebene Königsmacht ist ernsthaft in Gefahr. »Es ist eine arge Zeit, in der wir leben«, schreibt Ludwig an den Kronprinzen Maximilian. »Nicht zu beneiden sind die Könige.«

Der vorgezogene Landtag versammelt sich am gleichen Tag, an dem Ludwig kundtut, daß er seiner Lolita Bürgerrecht und Adelstitel entzogen habe. Auch erteilt er den Behörden das Recht, Lola Montez auf bayerischem Boden zu verhaften. In seiner Liebesangelegenheit, die zur »Landescalamität« wurde, hat Ludwig also endgültig nachgegeben. Seine Regierungsvorstellung – »in Bayern herrscht das monarchische Prinzip« – aber ist ungebührlich angeschlagen. Einen Schattenkönig abgeben, das will und kann er nicht. Hermann von Rotenhan, seinem beratenden Gesprächspartner während der letzten Regierungstage, vertraut er am 18. März an: »Ich habe 23 Jahre als wahrer König geherrscht und soll jetzt noch ein bloßer Unterschreibkönig sein, gebunden und gefesselt an beiden Händen, nein, das kann ich nicht. Wer neu beginnt kann sich vielleicht darein finden, aber nach 23 Jahren, das geht nicht.« Auch Heinz Gollwitzer meint, daß der König die »Vorgänge, die zur Vertreibung Lolas geführt und diejenigen, die ihn zum Erlaß der Proklamation vom 6. März gezwungen hatten, als persönliche Schmach« empfindet. An Abdankung denkt er so schnell allerdings nicht. Statt dessen macht er sich zuerst einmal auf die Suche nach einem Schuldigen. In Fürst Wallerstein will er ihn gefunden haben und beschließt dessen Entlassung. Der Ministerpräsident kommentiert: »Der König glaubt ein großes Opfer gebracht zu haben, und haßt die, welche ihm dazu rieten... Der König in seiner Monomanie verletzt die Menschenwürde in anderen. Es geht über alle Begriffe.«

Noch am 17. März ist Ludwig entschlossen, die Krone – zumindest vorerst – nicht niederzulegen, weil er fürchtet, man könne ihm einen »Mangel an Mut« nachsagen. Erst als sich das Gerücht verbreitet, Lola sei neuerlich in München aufgetaucht und Thon-Dittmer, der Innenminister der sogenannten März-Regierung, daraufhin – ohne Ludwig zu fragen – einen Katalog von Gegenmaßnahmen verabschiedet, ist der König zum Rücktritt entschlossen. Nicht *daß*, sondern *wie* gegen Lola vorgegangen wurde, hat ihn endlich zermürbt: »... also ohne mich, eigenmächtig, gegen die von mir Geliebte feindlich zu verfügen«, schreibt Ludwig später, sei ihm »unausstehlich« gewesen. Und weiter: »Nicht einen Minister des Inneren haben zu können, der mein Vertrauen besäße, sondern das der Empörer, und täte ich nicht, was sie wollen, neue Aufstände. Ekel bekam ich, ferner die Krone zu tragen...« Am 19. März dankt Ludwig I. zugunsten seines Sohnes Maximilian II. ab: »Regieren konnte ich nicht mehr«, erklärt er öffentlich, »und einen Unterschreiber abgeben wollte ich nicht. Nicht Sklave zu werden, wurde ich Freiherr.«

Eigenhändig entwirft Ludwig I. folgenden Aufruf an sein Volk: »Bayern! Eine neue Richtung hat begonnen, eine andere als die in der Verfassungsurkunde enthaltene, in welcher ich nun dreiundzwanzig Jahre geherrscht. Ich lege die Krone nieder zugunsten meines geliebten Sohnes, des Kronprinzen Maximilian. Treu der Verfassung regierte ich, dem Wohl des Volkes war mein Leben geweiht, als wenn ich eines Freistaats Beamter gewesen, so gewissenhaft ging ich mit dem Staatsgute, mit den Staatsgeldern um. Ich kann jedem offen in die Augen sehen. Und meinen tiefsten Dank allen, die mir anhingen. Auch vom Throne herabgestiegen, schlägt glühend mein Herz für Bayern, für Teutschland.« »Schwungvoll« hat die Geschichtsschreibung diesen Abschied genannt.

Es ist Ludwig überaus schwergefallen, auf seine Königswürde zu verzichten. Bis an sein Lebensende hat er unter dem jähen Machtverlust gelitten und immer wieder gefürchtet, er wäre auf seine alten Tage zur »Untätigkeit« verdammt – was ihm ganz und gar gegen die Natur ging. Hinzu kamen – unmittelbar nach dem Thronverzicht – Nachrichten über Lola, die ihn nur wenig erfreuten: Sie ging über Bern und Genf zurück nach England, trat wieder als Tänzerin auf, heiratete schon im Juli 1848 den 20jährigen Cornett George Traford Heald. Wegen Bigamie angeklagt – sie war ja noch immer Mrs. James – floh Lola im Dezember 1851 nach Amerika.

In München verdichten sich unterdessen die Gerüchte über ihr »ausbeuterisches« Verhältnis zu Ludwig: Mehr als eine Nebenaffäre habe sie sich als »Königs-Mätresse« geleistet, und ihre Zuwendungen an ihr Nahestehende seien eher Bestechungen als Werke der Armenpflege gewesen. Ludwig läßt seinen Kummer in Gedichte fließen:

Hätt ich doch nie und nimmer Dich gesehen!
Für die gegeben ich mein letztes Blut,
Durchdrangest mich mit namenlosen Wehen,
Du meines Lebens glühendste Liebesglut!

schreibt Ludwig am 22. Januar 1849.

Sein Leben lang behauptet der abgedankte Bayernkönig vor sich und der Welt, seiner verhängnisvollen Liebe zu Lola habe er die Krone geopfert, die schöne Tänzerin habe sein Königsleben zerstört. Das entspricht den Tatsachen zwar nicht so ganz, aber Ludwig hat sich ja stets bemüht, eigene Fehlleistungen zu übersehen und statt dessen die »Schuld« bei anderen zu suchen. Die Historiker haben dieses Verfahren bis zum heutigen Tag fast ausnahmslos übernommen: Nicht Ludwigs unzeitgemäße politische Haltung, sondern jene »spanische Fliege« wird für die Ereignisse im Revolutionsjahr 1848 verantwortlich gemacht. Eine populäre Geschichtsfälschung, die auf Ludwigs eigene Legendenbildung zurückgeht. So dichtete er beispielsweise im Mai 1851 im Gedenken an seine Lolita:

Die Krone habe ich durch Dich verloren,
Ich grollte Dir darum doch nicht,
Die Du zu meinem Unglück bist geboren,
Du warst ein ganz verblendend, sengend Licht.
Den besten Freund, der jemals Dir geworden,
Du stießest treulos ihn von Dir,
Verschlossen waren Dir des Glückes Pforten,
Bloß folgend Deiner lüsternen Begier.

Lola selbst versucht sich zu verteidigen, indem sie den Standpunkt ihrer Gegner einnimmt und ihn entsprechend denunziert. Zum Abschluß ihrer Memoiren schreibt sie: »Diese Lola ist nichts, als eine Courtisane: wie unrecht, daß sie ein König liebt! Ach glaubt es mir, Ihr tugendhaften Leute: diese Weltgeschichte im Unterrock, wie ihr sie nennt, ist oft eine bessere Weltgeschichte, als diejenige ist, welche in Pantalons einherstolzirt und sich so träge, so kraftlos, so gleichgültig oder so frech, anmaßend und über ihre Thatkraft begehrlich zeigt.« Aus solchen Bemerkungen geht hervor, daß auch Lola die Bedeutung ihrer Rolle in München gewaltig überschätzt. Sicherlich: drei Ministerien sind über ihrem Tanzbein gestürzt, weil ein autokratischer – und sicherlich verliebter – Monarch sie partout zur Gräfin Landsfeld erheben wollte. Aber dieser Monarch hätte seinen Regierungsstil auch ohne die »Lola-Calamität« verändern müssen, oder, da er das nicht konnte, eben abtreten. Weltgeschichte hat Lola Montez also nicht gemacht, auch nicht die von ihr berufene »Weltgeschichte im Unterrock.«

Im fernen Amerika hat Lola ebenso erfolgreiche wie gelegentlich skandalumwitterte Tourneen absolviert. In einer Revue »Lola in Bavaria« erschien sie als Tänzerin, Politikerin, Gräfin, Revolutionärin und Flüchtling. Für einige Zeit hat sie sich im eben gegründeten San Francisco niedergelassen und in Grass Valley in Sacramento die Goldgräber des Abends mit ihrem »Spider-Dance«, dem Spinnentanz, becirct. Verheiratet war sie auch noch einmal, 1853, der Ehemann starb jedoch bald. 1855 nahm sie eine Einladung zu einer Tournee des Theaters von Sydney in Australien an. Ob sie dort Erfolg hatte, weiß man nicht genau; verlottert und verarmt lebte sie jedenfalls nie. Nach ihrer Australientournee versuchte Lola andere Wege, sich ihren Lebensunterhalt zu verdienen. Sie hielt nun Vorträge über ihr Leben und ihre Reisen, über »Heroines of History«, über den »Comic Aspect of Love« und über »Romanism«, die römische Kirche, worin sich auch dieser Satz über ihre anhaltende »Jesuiten-Feindschaft« findet: »Fortschritt ist der Schrecken der katholischen Länder, aber besonders in Österreich, Bayern und Italien. Da sind sie genau dort, wo sie 300 Jahre zuvor waren: tief drunten in ewiger Stagnation und Unbeweglichkeit.«

1858 werden in New York drei Bücher unter dem Namen »Lola Montez, Countess of Landsfeld« veröffentlicht. Eines davon heißt: »The Arts of beauty; or Secrets of a Lady's Toilet« – also ein Ratgeber für die Schönheitspflege; er soll in mehrere Sprachen übersetzt worden sein. Lola ist jetzt ungefähr vierzig Jahre alt. Eine fortschreitende Krankheit, die mit Lähmungserscheinungen verbunden ist, fesselt sie ans Haus. Sie stirbt, fromm und mildtätig geworden, am 17. Januar 1861 in New York. Über König Ludwig hat sie nie ein böses Wort gesagt oder geschrieben.

Auch Ludwig selbst hat sich mit verbitterten oder gar abwertenden Äußerungen sehr zurückgehalten. Energisch hat er sich jedoch um Vergessen bemüht: Lolas Name durfte in seiner Gegenwart nicht mehr genannt werden, man sprach, wenn es denn unvermeidlich war, von dem

»bewußten Gegenstand«. Das Bild jenes »bewußten Ge-
genstandes« in der Schönheitsgalerie der Residenz wurde
verhängt und später bei Nacht und Nebel entfernt.

11

Zwanzig Jahre Ruhestand:
»Ich bin, wie wenn ich gestorben wäre...«

»Nicht für so geliebt beim Volke hielt ich mich«, äußert Ludwig I. unmittelbar nach seiner Thronentsagung. »Vernahm, man habe auf den Straßen geweint...« Wie wohl müssen derartige Nachrichten dem liebebedürftigen König getan haben! Wie wohl auch die Huldigungsadresse, die ihm 264 Künstler überreichten. Daß auf der anderen Seite eine Reihe von Untertanen, wahrscheinlich die Mehrzahl, Ludwigs Rücktritt als »Sieg der neuen Zeit« verstanden und feierten, wollte er nicht zur Kenntnis nehmen. Ebensowenig wie die eigene Stimmungslage: »Wie neugeboren, in dieser Lage, die Krone vom Haupt... lustig, verjüngt, von der Last der Krone befreit zu sein«, schrieb er am 20. März, aber schon einen Tag später: »Heute nicht ohne Reue, die Krone niedergelegt zu haben.« In Wahrheit überwogen Gefühle der Depression und der Verzweiflung. »Ich bin, wie wenn ich gestorben wäre, und sehe, wie es nach dem Tode gehet«, bekannte Ludwig seiner Schwester Auguste, die dazu bemerkte: »Man muß seinen Mut und seine Kraft bewundern, aber er leidet dabei und wir alle mit ihm.«

Gleich nach seiner Amtsübernahme beschließt Maximilian II. eine Reihe von Gesetzesänderungen; auch werden, wie bei jedem Regierungwechsel, die meisten hohen Staatsposten neu besetzt. Als Ludwig erfährt, daß Maximilian im Zuge solcher Aufräumarbeit auch den Intendanten des

Hoftheaters entlassen will, greift er ein: »Dies systematische Stellenentziehen«, schreibt der alte Monarch an den Sohn, »betrübt und verletzt mich tief.« Ludwig bittet Maximilian, den Intendanten in seinem Amt zu belassen. Bitter fügt er hinzu: »... der Vater, der vor wenigen Monaten Befehlhabende, Bittsteller bei seinem eigenen Sohn... daß solches hart sei, dieses bedarf keiner Versicherung... Der Vater, der freiwillig seinem Sohn die Krone übertrug, verdient, sollte ich meinen, doch einige Rücksicht.« Aber Maximilian läßt sich nicht moralisch erpressen: schließlich ist er nun der König. Man kann sich vorstellen, wie schwer der befehlsgewohnte Ludwig mit dieser Situation fertig wird. Voller Ingrimm registriert er die kleinsten Kleinigkeiten, die auf seinen Machtverlust hindeuten. So schildert er z. B. im Oktober 1848 Therese, wie er kürzlich im Hofgarten einige rauchende Soldaten sah, obwohl er das Rauchen seinerzeit auf der Straße erlaubt, aber im Hofgarten verboten hatte. Er sei daraufhin auf einen der Raucher zugegangen, um ihm Bescheid zu sagen. Der ungezogene Mensch aber habe doch glatt auf König Maximilian verwiesen und auf dessen ausdrückliche Raucherlaubnis. Ludwig weiter: »Schweigend entfernte ich mich, und wenn Du willst, ist es eine Kleinigkeit, aber immerhin empfindlich, weil es fühlen läßt, daß ich gar nichts mehr zu sagen habe.«

Aber Ludwig will sich keinesfalls gehenlassen und in Selbstmitleid baden: Er will viele Reisen unternehmen, sich öfter als früher in Berchtesgaden, Salzburg, Bad Brückenau aufhalten und vor allem so schnell wie möglich wieder nach Rom in seine geliebte »Villa Malta« fahren und natürlich Marianna treffen, mit der er nach wie vor eifrig korrespondiert Auch alle anderen Lebensgewohnheiten behält er bei: Er steht um 5 Uhr morgens auf, macht täglich ausgedehnte Spaziergänge, pflegt die Kontakte zu »seinen« Künstlern, verkehrt regelmäßig in kleinen aristokratischen Zirkeln, nimmt an geselligen und kulturellen Veranstaltungen teil, dichtet und schreibt alles auf, was ihm nur irgendwie bemerkenswert erscheint. »Lediglich« die immense Regierungsarbeit ist plötzlich weggefallen – was der Gesundheit des Monarchen sehr zuträglich ist: »Allgemein bemerkt man, wie ich frisch und kräftig aussehe«, schreibt er Anfang 1849 an seinen Sohn Otto nach Griechenland, »besser als wie ich noch die Krone getragen, jugendlich wird der ins dreiundsechzigste Jahr Gehende gefunden.«

Dabei wird Ludwig gerade um diese Zeit schwer zugesetzt. Es hat sich ein Mann namens August Papon bei ihm gemeldet, sich als ehemaliger Sekretär der Lola Montez bezeichnet und gedroht, alle Liebesbriefe zu veröffentlichen, die der König einst an Lola geschrieben hatte – falls Ludwig dies nicht durch eine größere Geldzuwendung zu verhindern wünsche. Der Erpresser versteht es überdies, dem Exmonarchen zu suggerieren, daß Lola selbst an dem Geschäft beteiligt sei, was Ludwig schlimmer trifft als der drohende Skandal. Außerdem scheinen jetzt alle diejenigen recht zu behalten, die hinter Lola stets eine geldgierige Intrigantin vermutet hatten, so z. B. Ludwigs Schwester, die österreichische Kaiserin Karoline Auguste. Zum Fall Papon schreibt sie denn auch: »Es ist mir eine unendliche Beruhigung, daß dir endlich klar wurde, was außer dir jedermann bekannt war. Ach, es ist so natürlich, daß Dein redliches, liebendes Gemüt sich sträubte, eine solche Abscheulichkeit für möglich zu halten.« Bitter enttäuscht und in größter Bedrängnis entschließt sich Ludwig daraufhin, die Diskretion Lolas zu erkaufen: Über August Papon läßt er seiner in die Schweiz geflohenen ehemaligen »Lolita« 1 Million Franken anbieten. Papon veröffentlicht diesen Geschäftsbrief, und der Skandal um Lola lebt erneut auf. Dabei wäre Ludwig besser beraten gewesen, wenn er nach wie vor seinem »liebenden Gemüt« getraut hätte. Lola hat mit Papon nämlich überhaupt nichts zu tun, sie will durchaus kein Geld, und der angebliche Sekretär verfügt auch nicht über königliche Liebesbriefe. Aber als Ludwig das erfährt, ist es wieder einmal zu spät.

Während der ersten Zeit behielt der abgedankte König seine Wohnräume in der Residenz bei. Aber mit seinem

Sohn und Nachfolger verstand sich Ludwig ausgesprochen schlecht. Maximilian war dem Vater zu weich, zu unentschlossen, zu wenig tatkräftig – ein »Gelehrter auf dem Königthron«, wie Maximilian II. sich selbst genannt hat. Es wiederholte sich also der Konflikt, den Ludwig mit dem eigenen Vater erlebt hatte: Zwei gänzlich verschiedene Charaktere prallten aufeinander. Und auch diesmal war niemand zu Ausgleich oder Toleranz imstande. Maximilian litt unter seinem herrischen Vater, und Ludwig war enttäuscht von dem für seine Begriffe unzulänglichen Sohn. Die Schuld an dieser Entwicklung gab er den Studienjahren des damaligen Kronprinzen in Berlin und Göttingen, wo Maximilian mit liberalen und protestantischen Ideen in Berührung gekommen war. »Soviel ich Haare auf dem Kopf habe, reut es mich«, schreibt Ludwig, wenn er daran denkt, daß er selbst diese Ausbildung bewilligt hatte.

Dabei unterscheiden sich die Regierungsgrundsätze Maximilians im Prinzip kaum von denen seines Vaters; auch er verteidigt die ungeschmälerte Aufrechterhaltung der Kronrechte und die Selbständigkeit Bayerns. Lediglich in Kleinigkeiten ist Maximilian liberaler, oder besser: nachgiebiger. Und derartige Zeichen von »Schwäche« kann Ludwig bekanntlich nicht ausstehen. Hinzu kommt das Verhältnis zur Kunst. Maximilian hat ausgeprägte literarische und vor allem wissenschaftliche Interessen; die bildende Kunst liegt ihm weit weniger am Herzen als dem Vater. Aber auch Maximilian ist von der Bauleidenschaft besessen, bloß hat er leider einen ganz anderen Geschmack als der Vater. Er will einen ganz neuen Baustil erfinden, »das Beste aus allen Stilen in einem vereinen« – ein schauerlicher Gedanke, sowohl für Ludwig als auch für seinen Baumeister Klenze, auf dessen Mitarbeit Maximilian dann auch schnell verzichtet. Mit der Münchner Maximilianstraße, einer neuen Prachtstraße nach dem Vorbild der Ludwigstraße, verewigt sich auch Maximilian II. als Städtebauer, zumal er erstmals die Isar in die Planungen mit einbezieht. Wobei die überragende Gesamtleistung Ludwigs durch dieses Konkurrenzunternehmen nicht geschmälert wird. Ganz im Gegenteil: Das »architektonische Sammelsurium« der Maximilianstraße macht zahllose der ehemaligen Kritiker Ludwigs zu seinen begeisterten Anhängern.

Auf der anderen Seite haben die Bauambitionen Maximilians für Ludwig, der sich bisweilen »Stadtbaurat im Ruhestand« nennt, fatale Folgen. Der neue bayerische König braucht »sein« Geld nämlich für die eigenen Projekte; an der Finanzierung von Bauwerken, die in der Ära seines Vaters begonnen wurden, will sich Maximilian nicht beteiligen. Und dies, obwohl Ludwig in kluger Voraussicht einen Tag vor seiner offiziellen Abdankung einen Vertrag ausgehandelt hatte, der ihm die Fortsetzung seines Mäzenatentums erlaubte. Nach den dort getroffenen Abmachungen verpflichtete sich Maximilian Verbindlichkeiten »betreffend für Bayerns Ruhmeshalle, für das Siegesthor, für die Befreyungshalle« und »die Vollendung der Ausmalung und Verzierung des Speyerer Domes, der Nibelungen- und Odyssee-Gemächer in der Münchner Residenz« zu übernehmen. Überdies standen Ludwig neben dem freien Wohnrecht in den Aschaffenburger und Berchtesgadener Schlössern, dem Gebäude in Bad Brückenau sowie dem Wittelsbacher Palais in München jährlich 500000 Gulden aus der Zivilliste zu. Eine lächerliche Summe im Vergleich zu den gewohnten 2,3 Millionen, aber der abgedankte König durfte froh sein, daß er wenigstens diesen Betrag durchgesetzt hatte. Für einen Exmonarchen sah die bayerische Verfassung nämlich überhaupt keine Zivilliste vor. Die Vollendung der begonnenen Bauwerke wurde so mit knapper Not gesichert. Allerdings nicht ohne das Zutun Ludwigs: Besonders nach seiner Abdankung hat der König einen beträchtlichen Teil seines Privatvermögens in die Kunst investiert.

Die beständigen Auseinandersetzungen mit Maximilian führen 1849 schließlich zu Ludwigs Auszug aus der Residenz. Brutal gesagt, hat der Sohn den Vater regelrecht vor die Tür gesetzt, wobei Maximilians Entscheidung durchaus verständlich und sicherlich auch berechtigt ist. Ludwig kann sich nämlich trotz bester Vorsätze nicht aus den Regierungsgeschäften seines Sohnes heraushalten, er findet immer und überall ein Haar in der Suppe und hat selbstverständlich stets recht. Will Maximilian sich jemals als König profilieren, so gilt es, sich von der Bevormundung dieses Vaters zu lösen und eindeutige Grenzen zu ziehen.

Zum Alterssitz des abgedankten Monarchen bestimmt Maximilian das Wittelsbacher Palais, ein Stadthaus, das er als Kronprinz bewohnt hatte. Ludwig fühlt sich dort ausgesprochen unwohl, zumal das Gebäude im neugotischen Geschmack seines Sohnes errichtet wurde. Im Laufe der Zeit scheint er sich allerdings mit der neuen Umgebung zu arrangieren. Er tröstet sich damit, daß ihn dort nichts an seine Königszeit erinnere und daß es angenehm sei »unter anderem Dache als der jetzt Regierende« zu leben. Bei alledem bleibt der Auszug aus »seiner« Residenz für Ludwig bis zuletzt schmerzhaft. Als er 1855, nach der Feier zum 44. Geburtstag Maximilians, am Königsbau entlang geht, schreibt er hinterher in sein Tagebuch: »In dem von meinem Geld erbauten Gebäude die inneren Lichter von außen zu sehen, als wie ein Toter bin ich dafür.«

Einen schweren finanziellen Schlag muß Ludwig gleich nach seinem Umzug einstecken. Es geht um ein Darlehen, das er 1835/37 zur Unterstützung seines Sohnes Otto an Griechenland gegeben und direkt aus der bayerischen Staatskasse abgezogen hatte. Auf dem Landtag des Jahres 1849 wird der skandalöse Vorfall aufgerollt und der Exmonarch aufgefordert, die Anleihe samt Zinsen aus Privatmitteln zu ersetzen. Insgesamt 1,5 Millionen Gulden soll Ludwig an den bayerischen Staat zurückzahlen. Zuerst einmal versucht er, das Geld aus Griechenland zu bekommen. An seinen Sohn schreibt er: »Mir geht das Wasser bis an den Kragen. Bewirke, lieber Otto, daß Griechenland seine Verbindlichkeiten erfülle, wenigstens die Schuld anerkenne.« Aber in Griechenland ist gar nichts zu holen, und daß die bayerischen Stände doch noch einspringen würden, ist ganz ausgeschlossen. Viel eher ist zu befürchten, daß die Legende von Ludwigs gewissenhaftem Umgang mit Staatsgeldern in sich zusammenfallen würde und das bayerische Königtum einen erneuten Autoritätsverlust erlitte. Von allen Seiten wird dem Exmonarchen deshalb dringend geraten, schleunigst in seine Privatschatulle zu greifen. Zumal mittlerweile bekannt ist, daß dieselbe so leer nicht sein kann. Ludwigs alter Freund Karl von Seinsheim bringt es auf den Nenner: »Geruhen Allerhöchstdieselbe hierbei auch zu bedenken, daß erst vor kurzem durch den elenden Papon jener Brief vom 18. Dezember 1848 bekanntgemacht ward, in welchem Eure Klg. Mt. einer in ganz Bayern höchst unbeliebten Persönlichkeit eine Summe von *einer* Million Franken anboten – und es wird dann Allerhöchstdenselben deutlich werden, wie kein Opfer zu groß sein dürfte, den hierdurch entstehenden unberechenbaren Skandal zu verhüten; kein Opfer zu groß, um den weltgeschichtlichen Ruhm Euer Kgl. Mt. zu erhalten und überhaupt eine Debatte zu vermeiden, die zur großen Freude so vieler Übeldenkenden inner und außer der Kammer Eurer Kgl. Mt. und dem Königtum an sich unheilbare Wunden versetzen würde.« Überdies macht man Ludwig darauf aufmerksam, daß es – falls er sich weigern würde zu zahlen – unter Umständen zu einem Gerichtsverfahren gegen ihn unter dem Vorsitz König Maximilians kommen könnte. Es bleibt ihm also keine andere Wahl, als die 1,5 Millionen zu berappen. Auf diese Weise wird Ludwig zum Privatgläubiger des griechischen Staates. Sein Geld aber bekommt er nie mehr zurück.

Zu den erfreulichen Höhepunkten im Leben des abgedankten Herrschers zählen die Feierlichkeiten zur Eröffnung der bayerischen Ruhmeshalle und die Enthüllung der Bavaria am 9. Oktober 1850. Aufregende Monate, ja Jahre, waren vorausgegangen; schließlich war die Bavaria die erste Monumentalstatue der Neuzeit: »Nero und ich sind die einzigen, die so Großes gemacht haben, seit Nero keiner mehr«, betonte Ludwig mehrfach und voller Stolz.

Bereits im Mai 1837 hatten Leo von Klenze, Ludwig von Schwanthaler, Johann Baptist Stiglmaier und Ferdinand von Miller den Vertrag zur Herstellung der Bavaria unterzeichnet. Seit 1840 arbeitete Schwanthaler an dem Modell, ab 1841 wurde die ganze Figur in Gips abgeformt, und 1843 waren schließlich alle Teile in Originalgröße vollendet. Die Statue wurde daraufhin in einzelnen Stücken gegossen; begonnen wurde mit dem Guß des riesigen Hauptes. Als man die Vorbereitungen dazu traf, äußerte Ludwig den Wunsch zuzuschauen. Weil die Gußarbeiten aber zu gefährlich waren, überredete Ferdinand von Miller den Monarchen, erst dann in die Werkstatt zu kommen, wenn der Kopf der Bavaria aus der Gußgrube gehoben würde. Zusammen mit Therese beobachtete Ludwig das trefflich inszenierte Spektakel. Miller hatte 30 Arbeiter in dem Kopf versteckt und – um zu beweisen, daß er das Leben der Arbeiter nicht gefährde – auch seine zwei kleinen Söhne Fritz und Ferdinand in dem monumentalen Haupt untergebracht. Die Gießerei war festlich beleuchtet, und mit vier großen Flaschenzügen wurde der Riesenkopf langsam aus der finsteren Grube herausgehoben. Ferdinand von Miller erzählt: »Der König war selig vor Freude. – Als der Kopf etwa vier Fuß über der Bodenfläche schwebte, wurde die Brücke unter den Kopf geschoben, mit bengalischem Feuer der Kopf beleuchtet und dessen Insassen brachten dem König ein schallendes ›Hoch‹ aus, das sich aber ganz unheimlich anhörte. Neugierig frug der König wo und wer denn das sei? ›Das sind die Arbeiter, die mir beim Guß geholfen und die im Kopfe stecken!‹ – ›So lassen Sie dieselben doch heraus!‹ rief er. Ich legte eine Leiter an den in der Luft schwebenden Kopf. Zuerst erschien Fritz in seiner Bluse, machte mit seinem blausamtenen Käppchen seine ehrerbietige Verbeugung und stieg dann die Leiter herunter, dann Ferdinand ebenso. Die Damen waren entzückt über diese zwei mutigen Knaben. Dann kam ein Arbeiter um den anderen, die sich auf der Brücke in Reih und Glied aufstellten. Das Staunen des Königs wuchs, so oft ein neuer Mann überraschend auftauchte; er zählte sie alle und rief bei jedem: ›Theres! noch einer!‹ Als es aber über zwanzig ging, nahm er mich beim Arm und sagte mir ins Ohr: ›Man merkt gar nichts, wie machen Sie es denn, daß sie immer wieder neue Leute in den Kopf, der doch in der Luft schwebt, hineinbringen?‹ ›Sie waren alle darin‹, sagte ich – ›a pas‹ – er schüttelte den Kopf und ging wieder in neues Staunen über... Schon um acht Uhr des andern Morgens kam der König, nahm mich unterm Arm und sagte ganz zutraulich: ›Jetzt erklären Sie mir aber, wie Sie das gemacht haben, es war reizend und niemand merkte was.‹ Meine wiederholte Versicherung, daß alle, die aus dem Kopf gestiegen auch wirklich darin untergebracht waren, nahm er sehr ungnädig auf. ›Das ist nicht wahr, das ist nicht möglich‹, lautete seine barsche Antwort. Ich gab zwei Arbeitern ein Zeichen und sagte dem König: ›Majestät glauben mir vielleicht auch nicht, daß in dieser Haarwuckel zwei Mann stecken?‹ Er guckte hinein und war ganz erschrocken, darin zwei lebendige Menschen zu sehen. Immer noch zweifelnd, befahl er: ›Gleich herauskommen!‹ Und wie er die zwei Mann neben der Haarwuckel stehen sah, sagte er: ›Nun habe ich es gesehen und glaub es doch nicht!‹«

Die geschilderte Szene spielt im Spätherbst 1844, Wilhelm von Kaulbach hat sie in einem Fresko an der Außenseite der 1944 durch Bomben zerstörten Neuen Pinakothek festgehalten. Als Ludwig 1848 abdankte, war die Statue noch immer nicht fertig. Vieles war schiefgegangen beim Guß der Bavaria: der Löwe gelang erst beim zweiten Anlauf, weil die riesige Erzmasse nicht schmelzen wollte, und im Oktober 1845 hatten 360 Zentner glühendes Metall, das man allein für das Bruststück der Bavaria benötigte, den Dachstuhl der Gießerei in Brand gesetzt. Wenige Monate nach dem Rücktritt Ludwigs starb dann unerwartet Ludwig von Schwanthaler, mitten aus der Arbeit herausgerissen. Die künstlerische und technische Verantwortung trug nun ganz allein Ferdinand von Miller; die Weiterfinanzierung übernahm Ludwig aus Privatmitteln. Stück für Stück brachte man schließlich die fertigen Teile der bayerischen Schutzgöttin unter großen Transportschwierigkeiten zur Theresienwiese; der riesige Kopf wurde in einem Triumphzug von 12 Pferden durch die Stadt gezogen. Vor einer begeisterten Zuschauermenge ließ Miller erneut seine 30 Arbeiter aus dem Kopf heraussteigen.

Noch größer waren die Feierlichkeiten, als die mühsam montierte Kolossalstatue am 9. Oktober 1850 enthüllt wurde. »Ein Zeichen und eine Bretterwand von 70 Fuß Höhe und 40 Fuß Breite stürzt in einem Stück unter dem Donner der Kanonen über den Berg, ein zweiter Wink und die zu beiden Seiten derselben befindlichen Bretterwände stürzen weiters krachend zusammen und ›Bavaria‹, das Sinnbild des bayerischen Vaterlandes, stand vom schönsten Sonnenlichte beleuchtet vor den Augen der staunenden Volksmenge.« Tränen der Freude soll Ludwig beim Anblick der Riesendame vergossen haben, wobei die tausendfachen Huldigungen, die man dem abgedankten Monarchen bei dieser Gelegenheit entgegenbrachte, ihn mindestens ebensosehr gerührt haben. Zu Hause dichtet er:

Glühend schien die Sonne, noch glühender schlugen die Herzen,
Bei dem glänzenden Fest, welches die Liebe beseelt.
Gegenwart war die Vergangenheit wieder; ich schien auf das
Neue der Beherrscher des mich freudig umgebenden Volks.
Doch es war nur ein Traum, ein Traum, den ich Wachender hatte.
Aber es ist kein Traum, daß ich geliebt von dem Volk...
Meine alten Münchner, sie waren, wie sie gewesen,
Eh sie der Taumel erfaßt, welcher ergriffen die Welt.
›Zu dem Vater kamen die Kinder‹, in dankbarer Liebe,
Sie fühlten was ihnen er war, welchen sein Volk hat geliebt.

Glücklich ist Ludwig, wenn er von irgendwoher den Beweis erhält, daß man ihn nicht ganz vergessen hat, wenn sein Sohn Otto aus Griechenland schreibt, man habe dort seinen Geburtstag festlich begangen, oder wenn Marianna sich wieder einmal aus Perugia meldet. Anfang 1851 kündigt er seinen Besuch in Italien an, und sie schreibt: »Du bist meinem Herzen der Liebste und ich freue mich so, Dich nach sieben Jahren endlich wiederzusehen.« Noch viermal wird Ludwig seine alte Freundin in Italien besuchen. Sie ist mittlerweile längst Großmutter, übersetzt Hegel und verfaßt selbst philosophische Abhandlungen. Warm und zärtlich geht sie immer wieder auf Ludwig zu: »Komm doch, ich bin traurig und sehne mich nach Dir. Was ist die ganze Welt wert, wenn das Herz leidet«, heißt es in einem ihrer letzten Briefe. Und ganz am Schluß schickt sie dem todkranken Freund einen selbstbestickten Fußsack nach Nizza.

1854 stirbt Ludwigs Gemahlin Therese an der Cholera, die wieder einmal in München wütet. In ihrem Testament hatte sie geschrieben: »Überzeugt, daß unser himmlischer Vater mich in seiner Gnade vor dem Könige, meinem vielgeliebten Gemahle, von der Erde abberufen werde, drücke ich ihm wärmsten Dank des Herzens für jeden Beweis der Liebe aus, durch welchen er mir das Leben zu verschönern wußte.« Ihr Vermächtnis an Ludwig ist eine kleine Bronzeuhr, die sie jahrelang bei sich getragen hatte: »Möge ihr Schlag dem Könige, meinem besten Freunde, stets nur heitere, frohe Stunden bezeichnen.«

Ludwig ist jetzt 68 Jahre alt, und er leidet schwer unter dem Verlust Thereses, den er vier Jahre lang in rund 70 Gedichten beklagt. Aber diese Gedichte gelten nicht allein der verstorbenen Gemahlin, sondern bringen das Verlangen nach einem weiblichen Wesen, nach Liebe und Geborgenheit zum Ausdruck. Ludwig ist also wieder einmal auf der Suche. 1858 wird er endlich fündig, und zwar bei seiner Tochter Mathilde, der Großherzogin von Hessen. An deren 18jährige Hofdame Carlotta, Freiin von Breidbach-Bürresheim, verliert der alte Schürzenjäger sein »leicht entzündliches« Herz. Es wird wie schon so oft vorher: von einem Tag auf den anderen steht Ludwig total in Flammen. Er reist am laufenden Band nach Darmstadt, bringt Blumen, Zuckerstückchen mit den Porträts seiner Familie und natürlich Gedichte:

An Carlotta.

In den Hafen schien das Schiff gekommen,
Von den sturmbewegten Wogen her.
Seine Ruder sind ihm jetzt genommen:
Wieder treibt's im endelosen Meer.

Eher in die Flucht treibt es unterdessen die angebetete
Carlotta. Sie ist durchaus nicht in den mittlerweile 72jähri-
gen verliebt, aber sie will ihn auch keinesfalls verletzen.
Bleibt die Hoffnung, daß er aus extremer Zurückhaltung die
richtigen Schlüsse zieht. In gewisser Weise schraubt Ludwig seine Ansprüche dann auch zurück: »Möchte Carlotta
mir nicht kalt sein und ich dieses Wortes wegen nicht
mißverstanden werden. Manche haben Innigkeit und Wär-
me für mich, die nie in mich verliebt... so meine ich's,
möchte sie so für mich fühlen.« Sobald Carlotta aber nur das
geringste Entgegenkommen zeigt, ist alles sofort beim
alten. Denn für Ludwig ist das Verliebtsein in Carlotta von
existentieller Bedeutung: es ist Indiz für seine »Jugendfri-
sche«. Nichts kann ihn mehr ärgern, als wenn z. B. in einer
Zeitung der Ausdruck »der greise König« vorkommt: »Zum
Kuckuck mit diesem Wort, das nicht paßt zu meinen
blonden Haaren und zu meinem liebenden Herzen...«,
erwidert er auf solche Formulierungen. Eine erneute
Liebesaffäre soll also bezeugen, daß Ludwig I. ganz der
Alte, aber keinesfalls alt ist.

Seine Schönheitsgalerie hatte Ludwig nach 14jähriger
Unterbrechung zu Ehren der Schauspielerin Anna von
Greiner wieder eröffnet; Friedrich Dürck, ein Verwandter
und Schüler Stielers, hatte die Schöne – in die Ludwig
natürlich auch ein bißchen verschossen war – porträtiert.
Jetzt soll sich Dürck mit der »holdseligen« Carlotta beschäftigen. Aber Carlotta fühlt sich überhaupt nicht geschmeichelt, sie hat vielmehr Angst um ihren guten Ruf – von
wegen Lola und Konsorten... Nur widerwillig und aus
Rücksicht auf die Stellung bei Ludwigs Tochter Mathilde
sitzt sie dem Hofmaler schließlich Modell. Und dann

kommt es tatsächlich zu der befürchteten Rufschädigung, denn just an der Stelle, an der einst Lolas Bild hing, finden die sensationslüsternen Galeriebesucher jetzt das Porträt Carlottas. Das veranlaßt das sanftmütige und schüchterne Mädchen, sich endlich zu deutlichen Worten durchzuringen: »Verzeihen Sie mir, Majestät«, schreibt sie an Ludwig, »ich habe immer gesagt, daß ich stets wahr sein will. Ich habe es Ihnen zugeschworen. Sie selbst haben es von mir verlangt, so muß es denn dabei bleiben. Ich kann und kann nicht.«

Ludwig ist am Boden zerstört. Er fällt in eine heftige Krankheit und fährt zur Erholung nach Rom. Als er bei einem Atelierbesuch wieder einmal die Statue des Amor sieht, meint er: »Was hat der kleine Gott mir doch mein Lebtag zu schaffen gemacht!« Und aus der Strada dei canestri, der Straße der Korbmacher, schreibt er an Carlotta: »Lebhaft denk ich an Dich, in der Straße der Körbe am meisten...« Eine souveräne, selbstironische Bemerkung, die Ludwig bei aller Penetranz als guten Verlierer ausweist. Daß er auf seine Niederlagen oder auf das, was er dafür hält, fast immer mit mehr oder weniger schweren Krankheiten reagiert, steht auf einem anderen Blatt: auch – und gerade – für den hochempfindlichen Ludwig ist die Aufrechterhaltung der Fassade ein mühsames Geschäft.

Zeitlebens war Ludwig viel krank gewesen. Zwei schwere Lungenentzündungen hatte er mit knapper Not überstanden, häufig litt er unter schwerer Bronchitis, unter Migräne, Ausschlägen, Furunkeln und Flechten; hinzu kamen ein extrem empfindlicher Magen und besondere Anfälligkeit für fiebrige Erkältungen. Zahlreiche Beobachter hatten ihm ein äußerst kurzes Leben prophezeit, ja nicht einmal damit gerechnet, daß er seinen Vater überleben und überhaupt König werden könnte. Wobei sein langjähriger Arzt Ringseis die Leiden Ludwigs häufig auf seelischnervliche Belastungen zurückführte.

Bei alledem hat der sensible Hypochonder die meisten seiner Freunde und Feinde sowie zwei Söhne, zwei Töchter, eine Schwiegertochter und nicht zuletzt die Ehefrau Therese zum Teil um Jahrzehnte überlebt. Bis zum Ende blieb er rüstig und geistig präsent: Er besuchte nach wie vor Kunstausstellungen, unternahm ausgedehnte Reisen und behielt sein Interesse an erotischen Abenteuern ungeschmälert bei. Noch wenige Monate vor seinem Tod besuchte Ludwig die Weltausstellung in Paris und war bei Kaiser Napoleon III. und dessen Frau Eugenie zu Gast. Der österreichische Kaiser Franz Joseph berichtet seiner Sissi, die übrigens eine Nichte Ludwigs I. ist: »Kaiserin Eugenie fragt immerfort nach Dir. Sie ist jetzt hauptsächlich damit beschäftigt, sich des Königs Ludwig zu erwehren, der seit drei Tagen hier ist und noch immer sehr zudringlich einen Kuß von ihr begehrt. Er ist übrigens kreuzfidel... Sie hat mit Ludwig verabredet, heute mit ihm im Luftballon zu fahren, der täglich vom Ausstellungsgarten aufsteigt...«

Trotzdem setzen zunehmende Vereinsamung und der – bei aller Vitalität – fortschreitende Prozeß des Alterns dem König in seinen letzten Lebensjahren erheblich zu. Im Laufe des Jahres 1862 – Ludwig ist jetzt 76 – beobachtet sein Leibarzt, daß die »Sorge für Leben und Gesundheit... in auffallender, schier dämonischer Weise sich auf seine Seele gelagert und ihn mit einer für die ärztliche Anschauung bedenklichen Gewalt in Banden gelegt« hat. Die Wintermonate verbringt Ludwig jetzt in Nizza, und ein Jahr später, 1863/64, in Algier. Dort erfährt er, daß sein Sohn und Nachfolger Maximilian II. am 10. März 1864 nach einem Schlaganfall gestorben ist. Zur Beerdigung kann Ludwig wegen der großen Entfernung nicht in München sein. Maximilian war 53 Jahre alt geworden.

Maximilians ältester Sohn Ludwig, der spätere Märchenkönig, besteigt mit knapp 19 Jahren den bayerischen Thron. Mit ihm, der wie Ludwig an einem 25. August um Mitternacht geboren wurde und lange Zeit sein Lieblingsenkel war, versteht sich der greise Großvater bald gar nicht mehr. Für Ludwigs Begriffe gefährdet der allzu verträumte und weltabgewandte jugendliche Regent den Fortbestand der

Monarchie in Bayern. Auch schlägt der Exkönig sich trotz eigener Kunstbegeisterung auf die Seite der Widersacher des von Ludwig II. heißverehrten Richard Wagner: Nach seinen bösen Erfahrungen mit Lola will er dem Enkel einen sogenannten Lolus ersparen. So jedenfalls die gängige Erklärung, der allerdings hinzuzufügen wäre, daß der schwerhörige ehemalige Bayernkönig für Musik aus verständlichen Gründen ohnehin nicht viel übrig hat. In Konzerten und auch im Hoftheater war er schon früher meistens eingenickt – es sei denn, eine ausgesprochene Schönheit hatte seine Aufmerksamkeit erregt.

Über den »Mangel an anmutiger Geselligkeit« klagte der greise Monarch vor allem auf seinen Reisen. Dabei hat er noch 1863 eine Spanierin namens Antonita Y. in Nizza kennengelernt. Und als er im Sommer wieder in die Heimat, nach Bad Brückenau, zurückkehrte, erhielt die dortige Badedirektion den Befehl, der Señora im Prinzenbau eine Wohnung einzuräumen. Womit sich die Spanierin – diesmal immerhin eine echte – und der 77jährige Ludwig dort beschäftigt haben, bleibt die Frage. Unterhaltungen dürften jedenfalls schwer möglich gewesen sein, denn Ludwig war seit Jahren fast völlig taub – was zur Folge hatte, daß er sich zunehmend auf den Monolog verlegte. Für Conte Corti, der sich in seiner Ludwig-Biographie vorzugsweise den Frauengeschichten des Königs widmet, ist diese letzte Liebesaffäre eine Reaktion auf die vorletzte, auf die mit Carlotta. Das Mädchen hat sich nämlich Anfang 1863 mit dem Grafen Philipp von Boos zu Waldeck verlobt. Corti kommentiert: »Der Traum mit Carlotta ist zu Ende, der Grund für Zurückhaltung anderen Frauen gegenüber verschwunden.« Als ob Ludwig sich jemals durch eine Frau von einer anderen hätte abhalten lassen! Carlotta jedenfalls heiratet und wird noch zu Ludwigs Lebzeiten zweifache Mutter. Nobel schenkt der ehemalige Verehrer ihr 50000 Gulden und stellt weitere 50000 Gulden in Aussicht. Ob er sie herausgerückt hat, wissen wir nicht definitv, dürfen es aber annehmen, denn Ludwig hat ein Versprechen, wenn es nur

Die Tänzerin Lola Montez,
Geliebte König Ludwigs I.,
deretwegen er 1848 dem Thron entsagte.
Gemälde von Carl Joseph Stieler,
um 1835

Karikatur ›Lola Montez wird
von König Ludwig von Bayern zur Gräfin Landsfeld erhoben‹.
Lithographie von W. Starck

Eigenhändiges Billett des
Königs an den Münchner Polizeidirektor,
um Lola Montez vor den Tumulten der Bürgerschaft in
ihrem Hause am 1. März 1847 zu schützen

König Ludwig I. im Alter.
Portraitfoto, um 1860

irgend ging, stets gehalten. Im Umgang mit seinem »Königswort« war er überaus gewissenhaft.

Ebenfalls 1863, dem Jahr der endgültigen Trennung von Carlotta, erlebt Ludwig seinen letzten großen Triumph als Kunstmäzen und Bauherr: Die Befreiungshalle in Kelheim wird eröffnet. Bereits 1814 hatte Ludwig dieses Denkmal geplant, unmittelbar nach der Völkerschlacht bei Leipzig, der Auflösung des Rheinbundes und dem Rückzug Napoleons. Die Befreiungshalle wurde also der Befreiung »Teutschland« von napoleonischer Fremdherrschaft gewidmet. Sie war, so Heinz Gollwitzer in seinem Buch, Ludwigs »letztes Monument seiner Bemühungen um ein Geschichtsbild, in dem die Freiheitskriege als deutsches Heldenzeitalter und Grundlage deutscher Einigkeit Aufnahme finden sollten«.

Erst 1842 wurde das Grundstück erworben und Friedrich von Gärtner mit der Planung beauftragt. Nach dem Tod Gärtners im Jahre 1847 übernahm Leo von Klenze die Weiterführung. Er schuf einen den Mausoleen der Antike nachgebildeten Rundtempel, in dessen Innerem langgeflügelte Siegesgöttinen von »teutschen« Kriegserfolgen künden. Auf dem kostbaren bunten Marmorboden prangt ein Zitat des königlichen Bauherrn: »Mögen die Teutschen nie vergessen, was den Befreiungskrieg notwendig machte und wodurch sie gesiegt!« Die Namen der Schlachten sind da verewigt und auch die der Generale, die sie geschlagen. Dem bayerischen Heer, also auch den gemeinen Soldaten, hatte Ludwig mit dem 1850 fertiggestellten Siegestor in München gedacht.

1867 besuchte Ludwig die Pariser Weltausstellung, fuhr anschließend nach Rom und im Spätherbst nach Nizza. Diese Reise wurde zu seiner letzten. Am 29. Februar 1868 verstarb Ludwig I., nachdem er wochenlang unter Schwellungen in den Beinen, Atemnot, Appetitlosigkeit und Fieber gelitten hatte. Am 25. August 1868 wäre er 82 Jahre alt geworden – ein in Anbetracht der damaligen medizinischen Möglichkeiten biblisches Alter.

In der Münchner Basilika St. Bonifaz, die der König bereits 1847 zur letzten Ruhestätte für sich und seine Gemahlin erwählt hatte, wurde er nach der Überführung aus Nizza beigesetzt, und zwar in einem steinernen Sarkophag, den er vor vielen Jahren hatte herstellen lassen. Drei Tage lang fanden in München Trauergottesdienste statt, in deren Verlauf es zu spektakulären diplomatischen Verstimmungen kam. Am 10. März 1868, dem Tag der ersten Gedenkfeier, benutzte Stiftspropst Döllinger seine Predigt zu heftigen Ausfällen gegen Napoleon I. und seine Eroberungszüge. Die Mitglieder der französischen Gesandtschaft blieben den weiteren Trauerfeierlichkeiten daraufhin fern. Ludwig II. allerdings gefiel Döllingers Trauerrede so gut, daß er ihm »freundlichen Dank« aussprach und ihn noch im selben Jahr zum lebenslänglichen Reichsrat der bayerischen Krone ernannte. Auf diese Weise demonstrierte der Märchenkönig seine Verbundenheit mit dem – geschichtlich überholten – politischen Vermächtnis seines »teutschen« Großvaters.

In einem Brief, der unmittelbar vor der Testamentseröffnung gelesen werden sollte, hatte Ludwig I. seine beiden Söhne Luitpold und Adalbert beschworen, keine Ansprüche mehr auf die griechische Krone zu erheben, es sei denn, sie würde ihnen rechtsgültig vom griechischen Volk zugesprochen. Weiter heißt es: »Als ich tätig für Griechenlands Befreiung mich bewiesen, leidenschaftlich für sie glühte, dachte ich nicht an mein Haus, und sollte kein Mitglied desselben seine Krone mehr tragen, wünsche ich auch dann noch Griechenland Gedeihen, wünsche ihm Ausdehnung…« Was Ludwig ansonsten besonders wichtig war, geht aus den folgenden Testamentsverfügungen hervor:

»Geliebte Kinder, seid fromm, hierin ist alles Gute enthalten, denn ohne Tugend gibt es keine Frömmigkeit…

Meine Söhne seid teutsch, teutsch in Wort und Tat, unzertrennlich haltet zu Teutschland…

Dank meinem Volke, die Bayern sind ein treffliches, bewährtes…

Die Walhalla und was zu ihr gehört, vermache ich Teutschland, meinem großen Vaterlande. Die Ruhmeshalle und was zu ihr gehört, Bayern, meinem engeren Vaterlande...

Mein Herz hat, dem Brauch gemäß, zu denen meiner Regierungsvorfahren nach Alt-Ötting zu kommen. Meine Eingeweide sind neben denen meiner Therese auf ihren Sarg zu stellen. Der... Ehering soll mit mir ins Grab kommen, auf meine Leiche, auf die Stelle, wo das Herz war...«

Stimmen zu Ludwigs Kunst-Königtum

Fürst Metternich 1837 an seine Frau:

»Da wäre ich also heute den 2. Tag in München, meine Liebe; den 1. habe ich zwischen Hof und Stadt verbracht... Heute morgen habe ich mich früh auf den Weg gemacht und alles, was ich bisher sah, übertrifft selbst die kühnsten Erwartungen. Man begreift nicht, wie ein Mensch ruhigen Blutes den Gedanken fassen kann, auf einmal das alles zu unternehmen, was der König bauen und machen läßt, und ich glaube nicht, daß jemals ein derartiges Werk unternommen wurde. Man baut augenblicklich die Residenz, die Bibliothek, die Universität und ich weiß nicht wieviel andere öffentliche Anstalten, dazu 4 riesige Kirchen. Dabei handelt es sich nicht um Kleinigkeiten, sondern alles ist in großem Stil. Die Glasfenster einer einzigen Kirche kosten 300000 Gulden, und diese Kirche ist nur die Pfarrkirche einer armen Vorstadt (Au). Die Hofkirche, ein Teil des Residenzneubaus, ist sehr reich an Marmor und seltenen Malereien in schönem byzantinischem Stil. Der ganze Wandgrund im Innern ist Gold, die Fresken in Farben. Die Wirkung ist wunderbar. Die Ateliers der Maler und Bildhauer sind überhäuft mit Aufträgen, Statuen von Marmor, von Bronze werden bestellt und alles gleich per 50 Stück. Wenn Nobilé noch in Wien ist, versichere ihm, daß er mir nicht zuviel davon erzählt hat, ja daß ich ihm eher das Gegenteil vorwerfen könnte...«

Franz Schuselka, Deutsche Fahrten,1849:

»Die Bayern wallfahrten nun nicht mehr allein nach Altötting, sondern auch nach München, wo sie mit andächtiger Feierlichkeit die Gebilde vaterländischer Kunst betrachten. Und vaterländische Kunst im engern und weitern Sinn blüht in München, man mag dagegen spötteln, soviel man will und kann. Es ist zunächst bayr. Kunst, denn ein bayr.

König hat diese Werke gedacht, Bayerns Geschichte, Land und Volk bot Stoff und Mittel zur Ausführung und in hervorragendem Grade war dabei bayr. Kunstsinn und Kunstfleiß tätig...

Einen ganz eigentümlichen Reiz erhält München dadurch, daß sich hier die Zauberwelt der Kunst, die idealen Gebilde aus verklungenen Zeiten und das frische Treiben der Volksnatur, die derbe, kernhafte Wirklichkeit unmittelbar aneinander reihen. Man ergeht sich in Prachtbauten, in Prunkgemächern, die ihresgleichen nicht haben, man schwärmt in die schöne Sagenwelt der Griechen zurück, man sieht die kraftvollen Gestalten der deutschen Vorzeit lebendig vor sich, die Dichtungen unserer größten Sänger werden zur schönen Wirklichkeit – und unmittelbar aus dieser Feenwelt steigt man in einen der klassischen Bierkeller oder mengt sich in das tobende Gewühl eines Volksfestes, wo man im Guten und Schlimmen die Überzeugung gewinnt, daß man im Jahre des Heils achtzehnhundert so und so viel und in der gesegneten Hauptstadt des Bierkönigs Gambrinus lebt.«

Heinrich von Treitschke,
Deutsche Geschichte im 19. Jahrhundert, 1862:

»In scharfem Gegensatze zu seinem Schwager Friedrich Wilhelm besaß er, was den Enthusiasten gemeinhin zu fehlen pflegt, eine eiserne Willenskraft, eine Hartnäckigkeit, welche fast an seinen Ahnherrn, den Schweden Karl XII. erinnerte; von den zahllosen künstlerischen Plänen, die ihn beschäftigten, kam mancher nicht zur Reife und mancher mißriet, aber keiner, den er einmal in Angriff genommen, blieb halbvollendet liegen. So ward er nach Karl August der größte Maecenas der deutschen Geschichte, und mit Recht stellt ihn heute die Nachwelt höher, als die Zeitgenossen außerhalb Bayerns zugeben wollten... Geblieben ist als das Besitztum der Nation eine Fülle edler Werke, welche ohne die offene Hand und den rastlos planenden Kopf König Ludwigs nie entstanden wären und auf allen Gebieten der Kunst wie des Kunsthandwerks neue Schaffenslust erweckt haben. Er erhob seine Hauptstadt zu einer der großen Bildungsstätten, deren das deutsche Leben nicht mehr entbehren kann, und löste fürstlich seine Zusage: ›Dahin müsse es kommen, daß niemand Deutschland kennen könne, der nicht auch München gesehen habe.‹«

Hermann Riegel, Deutsche Kunststudien, 1868:

»Es ist mehr als überraschend zu sehen, welch eine Fülle monumentaler Bauten hier in kurzer Zeit entstanden, welche Malereien und Bildwerke hier ausgeführt wurden, und wie München nun mit einem Male sein Haupt erhob und beanspruchte, die erste Stadt der Künste in Deutschland zu sein. Es ist wahr, München bietet ungeheure Massen des Stoffes, eine große Anzahl schöner Werke, aber dies allein entscheidet nicht, denn der künstlerische Gedanke des Ganzen, die geschichtliche Idee und Nothwendigkeit seiner Entstehung fehlt.

Jahrhunderte, Jahrtausende leisteten in andern Städten, was in München kaum drei Jahrzehnte bewirken sollten. Dort prägten die verschiedensten Geschlechter und Zeiten lebendig ihre Züge in ihre Werke, hier sprangen auf fürstlichen Befehl die Monumente ohne Zusammenhang mit dem Volke aus der Erde. Das Organische, Natürliche, das innige Einssein der Stadt in ihrer künstlerischen und bürgerlichen Erscheinung fehlt in München ganz, und statt der Heimlichkeit empfinden wir Frost, statt der großen geschichtlichen Beziehungen tritt uns überall die Inschrift des königlicien Urhebers entgegen... In dem alten winkligen München wird Einem ganz behaglich und wohl, aber die alten krummen Straßen und spitzen Giebel sind nicht der Stolz des heutigen München. Um die alte Stadt hat sich rings eine neue ausgedehnt und diese ist ebenso schön als – langweilig.

Als König Ludwig Neumünchen schuf, muß ihm der Gedanke vorgeschwebt haben, die Kunst aller gebildeten Völker vertreten zu sehen. Er... würfelte alle Baustyle in seiner Residenz durcheinander, so daß man wirklich mit vielen Gründen München ein monumentales Bilderreich nennen könnte...

Überblickt man so die Reihe der großen monumentalen Bauten, die in München seit Vollendung der Glyptothek im Jahre 1830 fertig wurden, so springt die Willkür, der sie ihre Entstehung verdanken, in die Augen, und der Kunstfreund muß es aufrichtig beklagen, daß so außerordentliche Mittel und so bedeutende künstlerische Kräfte in so ungleichartige Richtungen zersplittert wurden, anstatt daß ein einheitlicher, hoher Gedanke alle Bauausführungen als Glieder eines Ganzen anordnete und sie im ideellen Zusammenhange mit dem lebenden Geschlechte anerkannte. In der Kunst spiegelt sich ein Volk, die Werke einer Epoche gestatten also auch einen Rückschluß auf das Volk und das Geschlecht, das sie entstehen ließ. Wie aber in München? Wie soll man diese Monumente mit dem Volke in Verbindung und Beziehung bringen? Einsam und verlassen stehen die Pinakotheken auf freiem Felde, einsam und öde dehnt sich die Ludwigstraße zum Siegesthor hinaus. Die Bevölkerung Münchens hat sich nicht dahin gezogen, wo ihr ein Machtwort neue Stadttheile anweisen wollte; und geht man gar etwas tiefer, so findet man im Verständniß der Kunstwerke durch die Masse der Einwohner nur einen geringen Zusammenhang zwischen beiden. Man überzeugt sich, daß ein freier künstlerischer Geist, ein lebendiger Antheil am künstlerischen Schaffen in München nicht von Natur heimisch ist, und sieht ein, daß ein Königswille wohl Kunstwerke hervorzaubern konnte, nicht aber zugleich auch dem Volke eine Kunst geben. Die wahre Kunst entspringt aus der tiefsten Quelle des Genius eines Volkes und reißt alles freudig mit sich fort; Fürstengunst kann sie pflegen und beschützen, Fürstenwille aber einem Volke nicht auch Kunst verleihen.«

ANHANG

Zeittafel

1786   Ludwig wird als Sohn des Pfalzgrafen Maximilian Joseph und seiner Frau Auguste Wilhelmine von Hessen-Darmstadt in Straßburg geboren. Maximilian Joseph diente als Oberst bei dem französischen Elite-Regiment »Royal Alsace«. Ludwigs Taufpate ist der Bourbonenkönig Ludwig XVI.

1795   Maximilian Joseph wird nach dem Tod seines Bruders Karl August Herzog des kleinen Duodez-Fürstentums Zweibrücken-Birkenfeld. Das Land ist von französischen Truppen besetzt.

1796   Ludwigs Mutter Auguste Wilhelmine stirbt. Maximilian Joseph heiratet in zweiter Ehe die badische Prinzessin Karoline.

1799   Napoleon wird in Paris Erster Konsul und übernimmt praktisch die Alleinherrschaft über Frankreich.

1799   In München stirbt Kurfürst Karl Theodor kinderlos. Sein Nachfolger wird Maximilian Joseph von Zweibrücken-Birkenfeld, der jetzt den Namen Kurfürst Maximilian IV. Joseph trägt.

1803   Kurprinz Ludwig beginnt in Landshut sein Studium, das er in Göttingen fortsetzt.

1804   Ludwig beginnt im November eine fast einjährige Italienreise. Die Idee vom Kunstkönigtum wird geboren.
       In Paris krönt sich Napoleon zum Kaiser der Franzosen. An der Zeremonie in der Kathedrale Nôtre Dame nimmt auch der Papst teil.

267

1806	Bayern wird durch Napoleons Gnaden König-reich, der Kurfürst wird König. Maximilian Joseph heißt ab sofort Maximilian I. Joseph. Zum altbayerischen Kernland kommen fränkische und schwäbische Provinzen.
1810	Ludwig heiratet Prinzessin Therese von Sachsen-Hildburghausen. Das Oktoberfest wird gegründet.
1814	Ludwig empfängt den Architekten Leo von Klenze in der Münchner Residenz. Eine lebenslange Zusammenarbeit beginnt.
1814/15	Ludwig nimmt am Wiener Kongreß teil. Er spielt aber nur eine Statistenrolle. An den wichtigen Konferenzen darf er nicht teilnehmen.
1816	Leo von Klenze beginnt seine Münchner Tätigkeit. Mit der Glyptothek, dem ersten klassizistischen Bau in München, bekommt der spätere Königsplatz sein erstes Gebäude.
1817	Am späteren Odeonsplatz wird das Leuchtenberg-Palais gebaut. Es wird zum Musterbau von Ludwigs neuer Pracht-Avenue, der Ludwigstraße.
1821	Napoleon, seit 1815 entmachtet, stirbt auf der Insel St. Helena in der Verbannung.
1825	König Maximilian I. Joseph stirbt. Ludwig besteigt den bayerischen Thron.
1826	Ludwig beginnt mit dem Ausbau der Residenz. Das erste Projekt ist der Königsbau am Max-Joseph-Platz. Im gleichen Jahr beginnen auch die Arbeiten für die Allerheiligen-Hofkirche. Die Universität wird von Landshut nach München verlegt.
1827	Mit dem Bau des Odeon rundet sich das »Vestibül« der Ludwigstraße zum Odeonsplatz. Die »Via triumphalis« des bayerischen Königs wird zu einer der bemerkenswertesten Prachtstraßen Europas, das neue München nimmt Konturen an.

1829	Grundsteinlegung für die Ludwigskirche in der Ludwigstraße. Friedrich von Gärtner hat inzwischen Leo von Klenze als Architekt in der königlichen Prachtstraße abgelöst.
1840	Die Universität ist fertig.
1842	Hoch über der Donau wird bei Donaustauf die Walhalla eingeweiht. Der Festsaaltrakt der Residenz ist fertig.
1843	In der Ludwigstraße wird der Bau der Staatsbibliothek fertig.
1844	Die Feldherrnhalle nach dem Vorbild der »Loggia dei Lanzi« in Florenz wird vollendet. Sie bildet den südlichen Abschluß der Ludwigstraße.
1847	Die Basilika St. Bonifaz nach dem Vorbild einer frühchristlichen Kirche wird geweiht.
1847	Lola Montez kommt als ›spanische Tänzerin‹ nach München. Die Affäre mit Ludwig beginnt.
1850	Ludwig tritt als König zurück. Sein Nachfolger wird sein ältester Sohn Maximilian II. Joseph.
1850	Auf der Theresienwiese findet ein großes Volksfest statt. Im Mittelpunkt steht die feierliche Enthüllung der Bavaria.
1852	Mit der Einweihung des Siegestors sind die Bauarbeiten an der Ludwigstraße abgeschlossen.
1853	Die Ruhmeshalle auf der Theresienwiese wird fertig.
1854	Königin Therese stirbt an der Cholera, die damals in München Tausende von Todesopfern forderte.
1860	Mit dem Abschluß der Bauarbeiten an den Propyläen ist der Königsplatz endgültig fertig.
1863	Die Befreiungshalle bei Kelheim wird eingeweiht. Ludwigs Programm der Ruhmesbauten ist damit abgeschlossen.
1864	König Maximilian II. Joseph stirbt an einem Schlaganfall in der Residenz. Sein Nachfolger wird Ludwig II., der »Märchenkönig«. Er ist der Enkel von Ludwig I.

1864   Leo von Klenze stirbt. Sein letztes vollendetes Werk ist der Monopteros im Schloßpark von Nymphenburg.

1864   Mit der im Stil der englischen Kathedral-Gotik errichteten Regierung von Oberbayern erhielt die Maximilianstraße ihren ersten repräsentativen Bau. Der ›Maximilianstil‹ löst Ludwigs Klassizismus in München ab.

1867   Ludwig reist zur Weltausstellung nach Paris, fährt anschließend nach Nizza, um im milden Mittelmeerklima den Winter zu verbringen.

1868   Ludwig stirbt im Alter von 81 Jahren in Nizza. Seine Leiche wird nach München gebracht, wo sie in der Basilika St. Bonifaz beigesetzt wird.

Auswahlbibliographie

Aberle, Andreas: Bayerische Königsanekdoten. Rosenheim
1977

Adalbert Prinz von Bayern: Max I. Joseph von Bayern.
München 1957

Ders.: Als die Residenz noch Residenz war. München
1967

Aretin, Karl Otmar Frhr. v.: Bayerns Weg zum souveränen Staat. Landstände und konstitutionelle Monarchie 1714–1818. München 1976

Beyerle, Konrad: Das Haus Wittelsbach und der Freistaat
Bayern I. München 1921

Bitterauf, Theodor: Geschichte des Rheinbundes I.
München 1905

Blessing, Werner Karl: Staat und Kirche in der Gesellschaft. Göttingen 1982

Böck, Hanns Helmut: Karl Philipp Fürst von Wrede als
politischer Berater König Ludwig I. von Bayern.
München 1968

Boeckenfoerde, Ernst-Wolfgang (Hg.): Moderne Deutsche
Verfassungsgeschichte 1815–1918. Köln 1972

Ders. (Hg.): Probleme des Konstitutionalismus im
19. Jahrhundert. Berlin 1975

Bosl, Karl.: Geschichte der Repräsentation in Bayern.
München 1974

Ders.: Das Wittelsbachische Problem in der bayerischen
und deutschen Geschichte. München 1980

Ders.: Bayerische Geschichte. München 1980

Böttger, Peter: Die Alte Pinakothek in München. Architektur, Ausstattung und museales Programm. München 1972

Bühler, Anna Lore: Karoline, Königin von Bayern. Beiträge zu ihrem Leben und zu ihrer Zeit. München 1941

Dirrigl, Michael: Ludwig I. König von Bayern 1825–1848. München 1980

Ders.: München – Residenz der Musen. München 1968

Dobmayer, Ignaz: Zustände und Ereignisse in München im Jahre 1847. Berlin1847 (gleicher Text erschien vorher unter dem Verfassernamen Paul Erdmann und dem Titel »Lola Montez und die Jesuiten«. Hamburg 1847)

Doeberl, Michael: König Ludwig I., der zweite Gründer der Ludwig-Maximilians-Universität. München 1926

Eggert, Klaus: Friedrich von Gärtner: Der Baumeister König Ludwigs I. München 1963

Frühwald, Wolfgang: Der König als Dichter. Zu Absicht und Wirkung der Gedichte Ludwigs des Ersten, Königs von Bayern, in: Deutsche Vierteljahrsschrift für Literaturwissenschaft und Geistesgeschichte 50. 1976

Gedichte Ludwigs des Ersten, Königs von Bayern, 4 T., München 1847

Gollwitzer, Heinz: Luwig I. Königtum im Vormärz. Eine politische Biographie. München 1986

Gölz, Wilhelmine: Der bayerische Landtag 1831. Ein Wendepunkt in der Regierung Ludwig I., Diss. München 1926

Gruner, Wolf D.: Das Bayerische Heer 1825–1864. Eine kritische Analyse der bewaffneten Macht Bayerns vom Regierungsantritt Ludwigs I. bis zum Vorabend des deutschen Kriegs. Boppard 1972

Hacker, Rupert: Die Beziehungen zwischen Bayern und dem Heiligen Stuhl in der Regierungszeit Ludwigs I. Tübingen 1967

Hahn, Winfried M. P.: Romantik und katholische Restauration. München 1970

Hase, Ulrich v.: Joseph Stieler 1781–1858. Sein Leben und sein Werk. München 1971

Hederer, Oswald: Die Ludwigstraße in München. München 1942

Ders.: Leo v. Klenze. Persönlichkeit und Werk. München 1964

Ders.: Karl v. Fischer. Leben und Werk. München 1966

Heigel, Carl Theodor: Ludwig I. König von Bayern. Leipzig 1872

Hojer, Gerhard: Die Schönheitsgalerie Ludwig I. München 1983

Hüttl, Ludwig: Ludwig I. König und Bauherr. München 1986

Junkelmann, Marcus: Napoleon und Bayern. Regensburg 1985

Kircheisen, Friedrich: Fürstenbriefe an Napoleon I., Bd. II. Stuttgart 1929

Kobell, Luise v.: Unter den vier ersten Königen Bayerns, 2 Bde. München 1894

Kristl, Wilhelm Lukas: Lola, Ludwig und der General. Pfaffenhofen/Ilm 1979

Kuhn, Alfred: Peter Cornelius und die geistigen Strömungen seiner Zeit. Berlin 1921

Lieb, Norbert: München – die Geschichte seiner Kunst. München/Zürich ³1982

Maenner, Ludwig: Bayern vor und in der Französischen Revolution. Stuttgart 1927

Memoiren der Lola Montez (Gräfin v. Landsfeld). Frankfurt 1986

Messerer, Richard: Briefwechsel zwischen Ludwig I. und Georg von Dillis 1807–1841. München 1966

Möckl, Karl: Der moderne bayerische Staat. Eine Verfassungsgeschichte vom aufgeklärten Absolutismus bis zum Ende der Reformepoche, München 1979

Oertzen, Augusta v.: Die Schönheitengalerie Ludwigs I. in der Münchener Residenz. München 1927

Otten, Frank: Ludwig von Schwanthaler. Ein Bildhauer unter Ludwig I. München 1970

Pecht, Friedrich: Geschichte der Kunst im 19. Jahrhundert. München 1888

Phayer, Fintan Michael: Religion und das gewöhnliche Volk in Bayern in der Zeit von 1750–1850. München 1970

Pölnitz, Götz Frhr. v.: Die deutsche Einheits- und Freiheitsbewegung in der Münchener Studentenschaft 1826–1850. München 1930

Pölnitz, Winfrid Frhr. v.: Ludwig I. und Johann Martin von Wagner. Ein Beitrag zur Geschichte der Kunstbestrebungen König Ludwigs I. München 1929

Ders.: Münchner Kunst und Münchner Kunstkämpfe, in: Oberbayerisches Archiv für vaterländische Geschichte 72. 1936

Probst, Maria: Die Familienpolitik des bayerischen Herrscherhauses zu Beginn des 19. Jahrhunderts. München 1933

Quack-Eustathiades, Regine: Der deutsche Philhellenismus während des griechischen Freiheitskampfes. München 1984

Rattelmüller, Paul Ernst: Die Bavaria. Geschichte eines Symbols. München 1977

Raumer, Adalbert v.: Der Ritter v. Lang und seine Memoiren. München und Berlin 1923

Reidelbach, Hans: König Ludwig I. von Bayern und seine Kunstschöpfungen. München 1888

Reiser, Rudolf: Die Wittelsbacher. München 1979

Riegel, Hermann: Deutsche Kunststudien. Hannover 1868

Ringseis, Johann Nepomuk v.: Erinnerungen (Hg. E. Ringseis). Regensburg 1891

Ritter, Franz Frhr. v.: Beiträge zur Regierungsgeschichte König Ludwig I. von Bayern, 2 Bde. München 1853/55

Ross, Ishbel: The uncrowned Queen. Life of Lola Montez. New York 1972

Schäfer, Martin: Der andere Ludwig. König Ludwig I. von Bayern. München 1987

Schrott, Ludwig: Biedermeier in München. München 1963

Schuselka, Franz: Deutsche Fahrten. Wien 1849

Schwahn, Britta: Die Glyptothek in München. München 1983

Seidl, Wolf: Bayern in Griechenland. Die Geburt des griechischen Nationalstaates und die Regierung König Ottos. München 1981

Sengle, Friedrich: Biedermeierzeit. Deutsche Literatur im Spannungsfeld zwischen Restauration und Revolution 1815–1848, 3 Bde. Stuttgart 1971–1980

Sepp, Johann Nepomuk: Ludwig Augustus, König von Bayern und das Zeitalter der Wiedergeburt der Künste. Regensburg [2]1903

Spindler, Max Joseph: Briefwechsel zwischen Ludwig I. von Bayern und Eduard von Schenk 1823–1841. München 1930

Ders.: Joseph Anton Sambuga und die Jugendentwicklung Ludwigs I. Aichach 1927

Ders.: Dreimal München – König Ludwig als Bauherr. München 1958

Ders.: Erbe und Verpflichtung. Aufsätze und Vorträge zur bayerischen Geschichte (Hg. Andreas Kraus). München 1966

Stolz, Ruprecht: Die Walhalla. Ein Beitrag zum Denkmalsgedanken im 19. Jahrhundert. München 1977

Traeger, Jörg (Hg.): Die Walhalla. Idee, Architektur, Landschaft. Regensburg 1979

Treitschke, Heinrich v.: Deutsche Geschichte im 19. Jahrhundert. Leipzig [6]1908

Treml, Manfred: Bayerns Pressepolitik zwischen Verfassungstreue und Bundespflicht (1815–1837). Berlin/München 1877

Ursel, Ernst: Die bayerischen Herrscher von Ludwig I. bis Ludwig III. im Urteil der Presse nach ihrem Tode. Berlin 1974

Wagner, Ulrich (Hg.): Wilhelm Joseph Behr etc. Würzburg 1985

Weis, Eberhard: Montgelas 1759–1799. Zwischen Revolution und Reform. München 1971

Wescher, Paul: Kunstraub unter Napoleon. Berlin 1976

Wieninger, Karl: Bayerische Gestalten. 74 Lebensbilder von Herzog Tassilo III. bis Werner Heisenberg. München 1981

Zwehl, Hans Karl v.: Der Kampf um Bayern 1805. Der Abschluß der bayerisch-französischen Allianz. München 1937

Ausstellungs-und Museumskataloge:

Glyptothek München. 1830–1980. Jubiläumsausstellung zur Entstehungs- und Baugeschichte (Hg. Klaus Vierneisel und Gottlieb Leinz). München 1980

Klassizismus in Bayern, Schwaben und Franken (Hg. Winfrid Nerdinger). München 1980

Romantik und Restauration. Architektur in Bayern zur
Zeit Ludwigs I. 1825–1848 (Hg. Winfrid Nerdinger).
München 1987

Von der Aufklärung zur Romantik. Geistige Strömungen
in München (Hg. Sigrid von Moisy). Regensburg 1984

»Vorwärts, vorwärts sollst Du schauen...« Geschichte,
Politik und Kunst unter Luwig I. (Hg. Claus Grimm).
München 1986

Wittelsbach und Bayern. Bd. II/1, Krone und Verfassung.
König Max I. Joseph und der neue Staat (Hg. Hubert
Glaser). München 1980

Stammtafel Ludwigs I. (Königsfamilie)

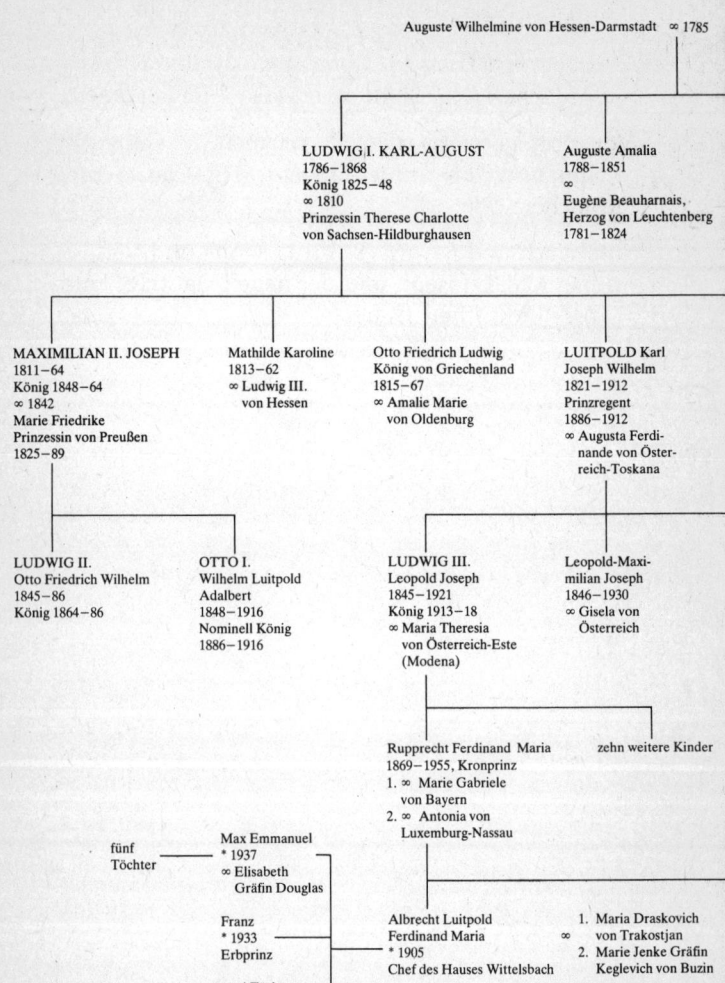

Auguste Wilhelmine von Hessen-Darmstadt ∞ 1785

LUDWIG I. KARL-AUGUST
1786−1868
König 1825−48
∞ 1810
Prinzessin Therese Charlotte
von Sachsen-Hildburghausen

Auguste Amalia
1788−1851
∞
Eugène Beauharnais,
Herzog von Leuchtenberg
1781−1824

MAXIMILIAN II. JOSEPH
1811−64
König 1848−64
∞ 1842
Marie Friedrike
Prinzessin von Preußen
1825−89

Mathilde Karoline
1813−62
∞ Ludwig III.
von Hessen

Otto Friedrich Ludwig
König von Griechenland
1815−67
∞ Amalie Marie
von Oldenburg

LUITPOLD Karl
Joseph Wilhelm
1821−1912
Prinzregent
1886−1912
∞ Augusta Ferdi-
nande von Öster-
reich-Toskana

LUDWIG II.
Otto Friedrich Wilhelm
1845−86
König 1864−86

OTTO I.
Wilhelm Luitpold
Adalbert
1848−1916
Nominell König
1886−1916

LUDWIG III.
Leopold Joseph
1845−1921
König 1913−18
∞ Maria Theresia
von Österreich-Este
(Modena)

**Leopold-Maxi-
milian** Joseph
1846−1930
∞ Gisela von
Österreich

Rupprecht Ferdinand Maria
1869−1955, Kronprinz
1. ∞ Marie Gabriele
von Bayern
2. ∞ Antonia von
Luxemburg-Nassau

zehn weitere Kinder

fünf
Töchter

Max Emmanuel
* 1937
∞ Elisabeth
Gräfin Douglas

Franz
* 1933
Erbprinz

zwei Töchter

Albrecht Luitpold
Ferdinand Maria
* 1905
Chef des Hauses Wittelsbach

∞

1. Maria Draskovich
von Trakostjan
2. Marie Jenke Gräfin
Keglevich von Buzin

MAXIMILIAN I. JOSEPH ∞ 1797 Karoline Friederike
1756–1825 Wilhelmine von Baden
Kurfürst 1799; Erster König v. Bayern 1806

fünf Kinder

Charlotte Auguste   Karl Theodor
1792–1873   Maximilian August
1. ∞ König Wilhelm I.   1795–1875
   von Württemberg   1. ∞ Sophie Petin,
2. ∞ Kaiser Franz I.   später Freifrau
   von Österreich   von Bayrstorff
                    2. ∞ Henriette Schoeller,
                    später von Frankenberg

Adelgunde   Hildegard Luise   Alexandra-Amalie   Adalbert
1823–1914   1825–64   1826–75   1828–75
∞ Franz von   ∞ Albrecht   Äbtissin im   ∞ Amalie
   Österreich-Este   von Österreich   Kloster St. Anna   Felipa Pilar
   (Modena)   von Spanien

Therese Charlotte   Arnulf Franz Joseph
Maria Anna   1852–1907
1850–1925   ∞ Therese von Liechtenstein

ein weiteres   sechs Kinder
Kind von 1   von 2

Personenregister

HEYNE BIOGRAPHIEN

*Die Großen der
Weltgeschichte –
Politik · Kultur
Wissenschaft*

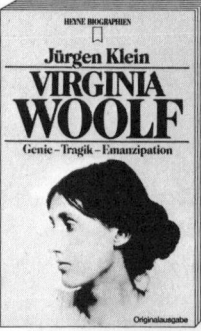